陕西省交通规划设计研究院有限公司系列专著

高速公路改扩建勘察设计关键技术

陕西省交通规划设计研究院有限公司　主编

人民交通出版社股份有限公司

北京

内 容 提 要

本书共包括13章,重点介绍高速公路改扩建过程中勘察设计方面的关键技术,内容包括:概述、工程测量、工程勘察、总体设计、路线设计、路基拼接关键技术、路面改建设计、桥涵设计、路线交叉、交通工程及沿线设施设计、交通组织设计、环境保护与景观设计、结语等。

本书可供高速公路勘察设计人员工作参考,亦可作为高等院校相关专业人员的教学参考书。

图书在版编目(CIP)数据

高速公路改扩建勘察设计关键技术／陕西省交通规划设计研究院有限公司主编. — 北京：人民交通出版社股份有限公司,2022.7

ISBN 978-7-114-18048-4

Ⅰ.①高⋯ Ⅱ.①陕⋯ Ⅲ.①高速公路—改建—道路工程—工程地质勘察—研究②高速公路—扩建—道路工程—工程地质勘察—研究 Ⅳ.①U418.8②U412.36

中国版本图书馆 CIP 数据核字(2022)第 103937 号

书　　名：	高速公路改扩建勘察设计关键技术
著　作　者：	陕西省交通规划设计研究院有限公司
责任编辑：	刘永超　石　遥
责任校对：	孙国靖　刘　璇
责任印制：	刘高彤
出版发行：	人民交通出版社股份有限公司
地　　址：	(100011)北京市朝阳区安定门外外馆斜街3号
网　　址：	http://www.ccpcl.com.cn
销售电话：	(010)59757973
总　经　销：	人民交通出版社股份有限公司发行部
经　　销：	各地新华书店
印　　刷：	北京印匠彩色印刷有限公司
开　　本：	787×1092　1/16
印　　张：	17.25
字　　数：	386千
版　　次：	2022年7月　第1版
印　　次：	2022年7月　第1次印刷
书　　号：	ISBN 978-7-114-18048-4
定　　价：	160.00元

(有印刷、装订质量问题的图书由本公司负责调换)

《高速公路改扩建勘察设计关键技术》编审委员会

审定委员会

主　　任：陈长海
副 主 任：郭永谊　石杰荣　张　弛
委　　员：张春发　王永平　赵胜林　李　克　李展望
　　　　　吴战军　胡建刚　王小锋　姚国宏　刘建梅
　　　　　田　秦　张社文　陈晓轩　沈照庆　周勇军
　　　　　栗培龙　张　敏　杨新红　张崇尚　赵乾生

编写委员会

主　　编：熊　鹰　吕　琼
副 主 编：冯联武　姚　军　王　涛　韩朝峰　杨君辉
　　　　　张小卫
参编人员：景　强　蔡同俊　荆世繁　孙兴华　梅海峰
　　　　　安登奎　王　鹏　倪　洁　李　瑞　高建勋
　　　　　白　强　陈　林　杨小冬　王卫峰　卢　博
　　　　　张　虎　任　冰　刘　宇　黄　杰　马星州
　　　　　李　飞　徐　哲　陈国柱　贺　欣　李延峰
　　　　　沙　欣　王子言　王　璐　段　琳　郭　钊
　　　　　马　青　张衡博　张俊英　王　山　樊　松
　　　　　郭　萌　胡　伟　杨　觅

前　言

2021年底我国高速公路通车里程16.91万公里，稳居世界第一。随着交通量持续增长，汽车保有量的逐年递增和荷载重型化，早期修建的高速公路车流量逐渐饱和，道路服务水平逐年下降，无法满足日益增长的交通需求和沿线经济社会发展需求。广州至佛山高速公路是我国第一条拓宽改造的高速公路，随后沪杭甬高速公路、沈大高速公路、沪宁高速公路、京港澳高速公路安阳至新乡段、连霍高速公路洛阳至郑州段、连霍高速公路陕西境内段等高速公路相继进行了改扩建。今后，随着经济进一步发展，高速公路改扩建将进入全面发展状态，并将引领我国交通基础设施建设的新高潮。

我国已完成的高速公路改扩建工程勘察设计，开展了一些研究，也积累了一定的经验，但由于改扩建工程的复杂性，勘察设计关键技术尚处于有一定经验但不全面、不准确、不透彻的状态，亟待各专业总结经验，形成共识，提升高速公路改扩建勘察设计水平。

本书共分12章，以京昆高速公路蒲城至涝峪段改扩建工程和连霍高速公路陕西境宝鸡至潼关段改扩建工程为依托，从基础资料调查分析、设计思路、四新技术(新技术、新工艺、新材料、新设备)应用、与施工工序工艺的结合等方面，对工程测量、工程勘察、总体设计、路线、路基拼接、路面改建、桥涵、路线交叉、交通工程及沿线设施、交通组织设计、环境保护与景观设计等专业，勘察设计关键技术进行了系统全面的总结和提炼，旨在为其他高速公路改扩建工程勘察设计提供借鉴和参考。

限于时间和编者水平，书中不足之处敬请广大读者及同行批评指正。

编　者
2022年4月

目　录

第1章　概述	1
1.1　国内高速公路改扩建发展及现状	1
1.2　高速公路改扩建存在的问题	1
1.3　高速公路改扩建设计原则	2
1.4　高速公路改扩建发展趋势	3
第2章　工程测量	4
2.1　高速公路改扩建工程测量特点及要求	4
2.2　车载激光移动测量技术	5
2.3　机载激光雷达测量技术	9
2.4　倾斜摄影测量技术	12
2.5　既有构造物细部特征点测量	13
2.6　高速公路改扩建工程测量成果应用	18
第3章　工程勘察	20
3.1　改扩建工程地质勘察思路及流程	20
3.2　既有勘察资料的分析利用	20
3.3　工作量布设原则	22
3.4　新旧勘察成果对比分析	23
3.5　勘察与设计结合	24
3.6　工程实例	25
第4章　总体设计	32
4.1　总体设计原则	32
4.2　总体设计要点	42
第5章　路线设计	52
5.1　改扩建设计的一般要求	52
5.2　改扩建方案的比选论证	54
5.3　路线拟合设计	59

第6章 路基拼接关键技术 ································ 74
6.1 新旧路基拼接设计 ································ 74
6.2 路基拼接湿陷性黄土地基处理 ················ 79
6.3 路基拼接湿软地基处理 ·························· 87
6.4 路基拼接低路堤排水设计 ······················· 89

第7章 路面改建设计 ·· 93
7.1 概况 ··· 93
7.2 高速公路路面改建技术 ························· 93
7.3 交通荷载数据 ······································ 99
7.4 既有路面技术状况检测与评价 ··············· 102
7.5 既有路面结构改建设计 ························ 110
7.6 新旧路面拼接设计 ······························· 115
7.7 既有路面旧料再生技术 ························ 118
7.8 既有路面排水设计 ······························· 122

第8章 桥涵设计 ·· 125
8.1 总体要求与设计原则 ···························· 125
8.2 既有桥涵检测评价 ······························· 129
8.3 改扩建桥梁设计 ·································· 134
8.4 桥梁附属结构的改造设计 ····················· 145
8.5 桥梁抗震设计 ····································· 147
8.6 涵洞设计 ·· 156
8.7 改扩建桥梁新技术应用 ························ 158

第9章 路线交叉 ·· 171
9.1 既有互通式立交的综合评价 ·················· 171
9.2 互通式立交改扩建方案比选论证 ············ 178
9.3 其他交叉工程 ····································· 188

第10章 交通工程及沿线设施设计 ····················· 192
10.1 安全设施设计 ···································· 192
10.2 机电工程设计 ···································· 203
10.3 房建工程设计 ···································· 209

第11章 交通组织设计 ······································ 215
11.1 概述 ··· 215
11.2 通行能力及分流方案 ·························· 218

11.3	施工交通组织方案论证及比选	222
11.4	项目路段施工交通组织方案	226
11.5	交通组织临时交通安全设施	231
11.6	交通组织应急预案	242

第12章 环境保护与景观设计 ··· 250
12.1 总体要求 ··· 250
12.2 景观设计 ··· 250
12.3 环境保护 ··· 258

第13章 结语 ··· 264

第1章 概 述

1.1 国内高速公路改扩建发展及现状

1988年10月31日,中国大陆第一条高速公路——上海至嘉定18.5km高速公路建成通车。此后,我国高速公路建设突飞猛进,2005年底高速公路通车里程突破4万km,2010年底高速公路通车里程达到7.4万km,2014年底高速公路通车里程为11万km,2020年底高速公路通车里程为16.1万km并居世界第一。20世纪80~90年代,我国的高速公路建设处于初始阶段,相关技术标准和规范不够完善,施工管控不够严格。近年来,随着经济快速发展,交通量持续增长,汽车荷载日益重型化,早期修建的高速公路车流量逐渐饱和,道路服务水平逐年下降,路基路面的损坏日趋严重,工程质量隐患问题逐渐暴露,已影响道路的正常使用。因此,为提升道路服务水平,改善行车舒适度,对既有高速公路改扩建是现阶段及今后交通运输主管部门和交通运输行业相关设计单位研究的重点。为节约土地,在已有高速公路走廊带内一般不会再开辟第二通道,只能对既有高速公路进行改扩建,增设通行车道。

广州至佛山高速公路、沪杭甬高速公路等相继进行改扩建,随着我国经济的可持续发展,高速公路改扩建将迎来一个持续高潮期。

1.2 高速公路改扩建存在的问题

尽管高速公路改扩建将是未来一个时期内交通基础设施建设的重要内容,但目前从宏观技术层面还存在三个方面的主要问题:一是全局性、总体性不强,基本上还没有从综合交通运输体系的角度探讨全国范围的高速公路改扩建的总体规划;二是普遍都还没有形成针对全国性或省(区、市)区域改扩建总体实施原则或指导意见,部分省(区、市)已颁布了改扩建工程的地方性技术标准,但内容多是以具体的技术措施为主,其宏观性不强;三是交通运输行业技术标准和规范体系中对改扩建工程的针对性不强、覆盖面不足,导致由不同的高速公路改扩建项目各自制定相应的设计、施工指导意见的现象比较普遍。上述问题需要从国家层面进行顶层设计,由行业主管部门结合"十四五"规划进行统筹规划来加以解决。从减少高速公路拥堵、提升道路服务水平方面来分析,提高高速公路的通行能力是最为直接的解决方法。目前,由于各省(区、市)经济发展不平衡,各省(区、市)以及各高速公路建设管理单位均按照有利于本地经济发展、有利于高速公路建设管理单位效益的原则上报高速公路网规划,形成省(区、市)域高速公路壁垒,甚至出现高速断头路。各省(区、市)在高速公路改扩建工程中也是"头痛医头、脚痛医脚",仅对重点拥堵路段和节点进行改扩建。

为有效解决上述问题,应由交通运输行业主管部门对全国路网交通量大数据进行分析和预测,预估交通拥堵状况,综合考虑交通量增长情况、道路通行能力、饱和度、道路服务水平以及地方经济发展进行,提早制订改扩建计划,提出合适的改扩建时机,并可适当超前进行建设,避免拥堵后再进行改扩建而增加施工难度,造成不良的社会影响。

1.3 高速公路改扩建设计原则

1.3.1 既有道路利用与改扩建有机结合

如何处理好既有道路利用与改扩建有机结合是关系到工程实施的科学发展、和谐一致,以及环境保护与美观的问题,具体要处理好与地方规划的关系,对既有道路路况进行针对性的客观评价,以便于合理有效利用既有道路,避免资源浪费和重复建设。同时,由于相关技术标准不断更新优化,如果完全按照新标准进行改扩建设计,则需要对既有道路进行较大规模的改建,甚至是拆除重建,造成工程浩大、资源破坏较大的不良后果。因此,改扩建设计中,在保证项目实施后运营安全和工程质量的前提下,可进行适当的宽容设计,处理好指标的宽容性原则。例如:既有道路由于受条件所限,平面指标采用原规范极限指标值,在项目多年的运营过程中均满足使用要求,没有出现安全隐患和安全事故,但若按照最新规范则不满足要求,这时设计者应通过适当的技术论证和对既有道路运营状况进行综合调查分析,并采用宽容设计理念,在满足安全和运营使用要求的前提下,维持现有平面指标,并通过增设交通安全设施等辅助手段加强安全设计,避免大规模改扩建工程量。

1.3.2 建设与运营相互协调

新建高速公路对运营影响相对较小,但高速公路改扩建过程与运营过程在同一个作业面发生,相互交叉影响较大,若处理不好,不但影响工程质量,还会存在较大安全隐患。因此,在高速公路改扩建设计中应遵循建设与运营相互协调的原则,结合项目具体情况分析侧重点,尤其是区域路网的交通组织方案设计需要与主体设计同时进行,并进行交通组织专项设计和专项评审。具体交通组织方案可采用边通车边施工模式,即采用两侧加宽,确保双向四车道保通方案,或采用半幅分段封闭施工、半幅分段双向通行模式,或采用半幅全封闭、半幅单向通行模式;也可采用全封闭模式组织施工,即过往车辆全部绕行。

1.4 高速公路改扩建发展趋势

1.4.1 "四个交通"设计理念

"四个交通"是交通运输部综合分析形势任务,立足于交通运输发展的阶段性特征,更好地实现交通运输科学发展,服务好"两个百年目标"而提出的战略任务,即全面深化改革,集中力量加快推进"综合交通、智慧交通、绿色交通、平安交通"的发展。高速公路改扩建工程必须立足于"四个交通"基本设计理念,按照高速公路技术经济特点,合理布局、扩建与新建有机结合。高速公路改扩建实施过程中,应注重重大交通科技研发,协调推进技术创新和引进消化吸收再创新,促进交通科技成果转化为交通运输生产力。交通运输是国家节能减排和应对气候变化的重点领域,以节约资源、提高能效、控制排放、保护环境为目标,加快推进绿色循环、低碳交通基础设施建设是今后高速公路改扩建关键内容之一。把保障人民群众出行安全放在首位,高速公路改扩建要把安全发展理念贯穿于各个阶段,坚决守住安全是底线、安全是红线的思想防线和责任防线。

1.4.2 创新、"互联网+"理念

高速公路改扩建是对既有道路产品进行升级改造,存在许多技术重点和难点,要求勘察设计和工程技术要具有针对性创新,在创新设计理念、创新设计组织和创新技术方面有所突破。

互联网已经成为人们生产和生活的重要组成部分,高速公路改扩建需要对既有道路进行检测,对病害调查数据进行分析,需要制订改扩建方案,这些均需要与"互联网+"技术融合创新。

第2章 工程测量

2.1 高速公路改扩建工程测量特点及要求

2.1.1 测量特点

与新建高速公路不同,改扩建工程测量工作的内容、方法具有其自身特性,主要有以下特点。

(1)测量内容。

除常规控制、地形图测量等工作,高速公路改扩建工程还需进行:对既有高速公路路面特征点进行测量,从而拟合出既有高速公路平、纵断面线形;对既有构造物特征点位进行详测,以满足高速公路既有构造物拼接设计需要。

原路平面线形测量采点要求:对于整体式拼接方式的平面线形测量应在左、右幅中央分隔带边缘和硬路肩外边缘布设测点,左、右幅的测点宜基本位于同一断面上。测点纵向间距一般可为20~25m,半径较小的圆曲线路段和特殊路基路段应适当加密。明式构造物(桥梁、桥式通道、主线上跨的分离立交桥等)桥头100m范围内测点纵向间距控制为10m。测量精度:一般路段平面点位中误差小于或等于±5cm,桥梁等重要结构物平面点位中误差小于或等于±2cm。

原路纵断面线形测量采点要求:为原路纵断面拟合而进行的测量采点,应与平面线形布设的测点一一对应,高程测量不低于四等水准技术要求施测。

(2)测量方法。

高速公路改扩建工程可采用传统的测量方法,为提高工作效率、保障人员和设备安全应积极采用新技术,如非接触式测量技术的车载激光移动测量、机载激光雷达测量等。

2.1.2 测量要求

(1)作业要求。

①测量工作对高速公路通行影响要小,保证高速公路的正常运营;

②开展高速公路路面测量及构造物细部测量等工作,作业安全要有保障;
③测量方法及测量仪器需满足成果精度要求。
(2)成果精度。
①高速公路改扩建工程需精确拟合出既有高速公路的平、纵断面线形,因此,要求既有高速公路路面测点数据精度:平面优于±5cm、高程优于±2cm;
②高速公路改扩建工程需对既有桥梁、通道、涵洞进行精确的拼接设计,要求既有构造物特征点相对于临时控制点的测量精度:平面优于±5cm、高程优于±2cm。

2.2 车载激光移动测量技术

2.2.1 车载激光移动测量技术简介

车载激光移动测量技术是一种集激光扫描、全球导航卫星系统(GNSS)、惯性导航系统(INS)、摄影测量、计算机等技术于一体的新型道路测绘数据采集技术,可在车辆行进过程中快速、精细、准确获取道路两侧三维激光点云数据。系统主要组成模块如图2-1所示。

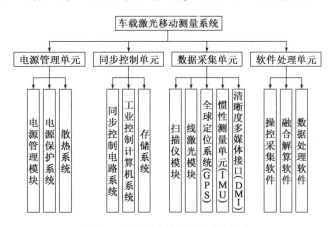

图2-1 车载激光移动测量系统组成

车载激光移动测量采集的三维激光点云数据,密度可达厘米级,结合高精度航空摄影测量定位定姿系统(POS)数据和靶标校正数据,经平差优化处理后,其平面精度可优于±5cm,高程精度可优于±2cm,不仅可生成路面高精度数字高程模型,同时可采集公路沿线实景高清影像。成果能精确提取路面车道线等特征点位,用于路线平、纵断、横断面设计。

2.2.2 车载激光移动测量技术的优势与劣势

车载激光移动测量技术的优势包括:
(1)不影响高速公路正常通行。传统工程测量方法需对高速公路行车道进行封闭,影响高速公路正常通行。车载激光移动测量方法只需测量人员沿着应急车道外侧边缘,按照固定距离间隔布设靶标点,之后驾驶载有激光雷达设备的车辆,沿着应急车道行驶,即可获得路面激光点云数据,无须封闭行车道,不会对高速公路的正常通行带来影响。

(2)保障作业安全。传统工程测量方法在开展高速公路路面测量时,测量人员需持仪器设备至高速公路路面逐一进行散点测量,存在极大的现场作业安全隐患。车载激光移动测量仅需测量人员在应急车道外侧边缘进行短暂的作业,外业安全得到一定保障。

(3)路面点云成果制作周期短。车载激光移动测量外业作业效率以及内业数据处理自动化程度高,有效缩短成果制作周期。

(4)路面点云成果精度高。车载激光移动测量获取的点云数据,平面精度优于±5cm,高程精度优于±2cm,完全符合现行《公路勘测规范》(JTG C10)要求。

(5)大数据采集。传统工程测量方法得到的高速公路路面数据为离散的点,点间间距大,后续线位有所调整时只能重新进行路面测量。而车载激光移动测量可获取详尽的高速公路路面点云数据,点云间距为1~2cm,相当于将路面信息进行完整数字化,不仅能够更精确地拟合高速路面平、纵断面线形,还可以避免线位调整时再次外业测量,只需内业提取即可。依据这一特点,还可对现状高速公路横坡进行坡度分析。

(6)提取其他数据成果。根据获取的车载点云数据,可对上跨高速公路的桥梁梁底、高速公路两侧桥梁墩柱位置以及上跨高速公路高压线的悬高进行平面、高程数据提取,无须再进行人工测量。同时,可获取现状高速公路两侧标志标牌等各种道路信息。

车载激光移动测量技术的劣势主要有:数据量冗余,数据处理困难,受行车和路侧设施影响大,隔一段距离要重新建基站等。

2.2.3 车载激光移动测量技术流程

车载激光移动测量分为外业工作和内业工作两部分。外业工作主要有控制测量、靶标点布设、靶标点施测、数据采集;内业工作主要有数据预处理、点云精度优化、成果制作。

2.2.3.1 车载激光外业测量

(1)控制测量。控制测量是整个车载激光移动测量工作的起算基准,高速公路改扩建工程控制网等级为平面四等、高程四等,平面采用GNSS静态测量,高程采用水准测量。

(2)靶标点布设。靶标点一般布设于应急车道外侧边缘,布设尺寸为30cm×30cm,涂刷白色快干醇酸油漆。靶标点布设间距为单侧400m,双向交叉200m,路线起点处两侧应急车道均应布设靶标点,互通枢纽匝道靶标点间距应适当加密,匝道首尾处应布设靶标点,同时在GNSS信号受影响区域应适当加密(如进出收费站口前后均应补充靶标点,见图2-2)。为保证最终点云数据精度和便于评价点云数据成果质量,应按间距不大于1km均匀分布于测线上,左右车道均应布设。

图 2-2 收费站靶标点布设示意图(红色点位)

(3)靶标点施测。靶标点测量以路线控制网中的控制点为起算点,平面采用 GNSS RTK(Real-time Kinematic)方法施测,高程采用四等水准测量方法施测。

(4)数据采集。车载激光移动测量外业工作主要包括测区内 GNSS 基站架设和车载激光移动测量。数据采集时,在测区内控制点上架设 GNSS 基站,基站选址应满足:点位应适合安置接收设备和便于操作;点位周围应具备视野开阔、对天空通视情况良好的条件,高度角 15°以上不得有成片障碍物阻挡卫星信号;点位至大功率无线电发射台(如电视塔、微波站等)的距离不宜小于 200m,至高压输电线的距离不宜小于 50m;点位的基础应坚实稳定;点位周边交通方便,应易于找到和到达;基站架设控制点必须和靶标控制网保持同一平面和高程系统;确保基站覆盖半径一般不大于 15km。

(5)移动激光测量移动站。按照一定的速度行驶,尽量匀速,保证数据通信和传输正常,设置好各项参数连续地开展扫描,实时观察基站数据和扫描的数据,若出现问题及时停止扫描,查找原因,调整正常后再继续扫描。

2.2.3.2 车载激光内业数据处理

外业数据采集完毕,需要进行点云数据预处理及点云质量增强,总体作业流程包括:外业数据采集、POS 数据解算数据融合处理、POS 纠偏软件处理、再次 POS 解算及再次融合处理,流程如图 2-3 所示。

(1)数据预处理。在 POS 数据处理软件中解算轨迹线文件,并通过解算精度图表进行数据质量分析,初步确定点云精度和质量,之后基于控制网数据进行坐标转换。

(2)点云精度优化,包括车载点云平差、点云精度优化和地面点云分类等数据处理。利用道路两侧200m交叉布设的靶标控制网进行点云平面和高程精度优化,精度优化后的车载点云平面中误差优于±5cm、高程中误差优于±2cm。

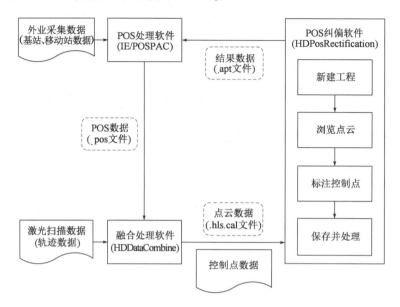

图 2-3　内业数据处理流程图

(3)成果制作。在以上车载移动激光扫描测量成果数据基础上,进行原路路面及两侧数据有效范围内地面点云分类,分类提取出高速公路路面点云数据,并基于点云数据中记录的灰度信息提取路面特征点。

车载点云反射强度示意如图2-4所示,提取特征线高程改正示意如图2-5所示。

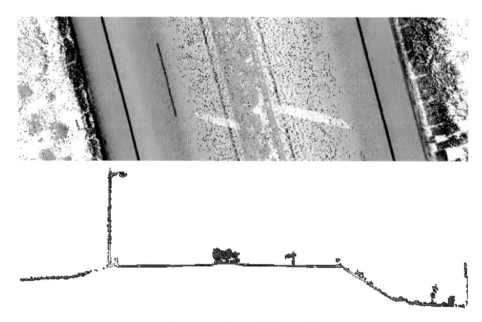

图 2-4　车载点云反射强度示意图

图 2-5 提取特征线高程改正后示意图

根据处理后最终点云成果,道路信息提取包括道路边界线、道路中线、车道、中央隔离带、硬路肩边缘等信息,根据道路中线自动提取道路纵断面,可人工采集公路沿线地物要素信息(架空高压线限界、横穿立交净空、桥墩位置等)。

2.3 机载激光雷达测量技术

2.3.1 机载激光雷达测量技术简介

机载激光雷达测量或者激光扫描(Airbone laser scanning 或者 Airbone Lidar)技术可以说是近数十年来摄影测量与遥感领域最具革命性的成就之一。机载激光雷达测量技术是在差分全球定位系统(dGPS)、INS 支持下,通过激光扫描器和距离传感器,经由计算机对测量资料进行内部处理,显示或存储,输出距离和角度资料,并与距离传感器获取的数据相匹配,最后经过相应软件进行一系列处理,获取被测目标的表面形态和三维坐标数据,从而进行各种量算或建立立体模型。该技术的最初目的是为了在困难地区、森林地区、沙滩以及其他一些使用常规摄影测量方法费时、费力,或者困难,直到不可能完成获取数字高程模型数据的难题而发展起来的一种高效、直接获取高精度数字高程模型的技术,如图 2-6 所示。

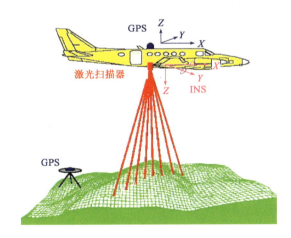
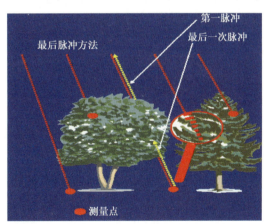

图 2-6 机载激光雷达测量技术示意图

机载激光雷达+摄影测量技术一次飞行即可快速精确获取地表三维信息及影像数据,同时由于具有多回波特性,还可获取树下地形点(图 2-7),可快速制作、数字正射影像(DOM)大比例尺数字线划图(DLG)及数字高程模型(DEM),如图2-8～图2-10所示,特别适用于条带状区域大比例尺数字测图。

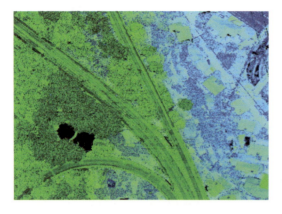

图2-7 原始激光点云

图2-8 数字正射影像

图2-9 数字线划图

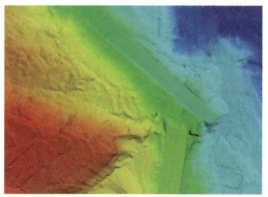

图2-10 数字高程模型

2.3.2 机载激光雷达测量技术的优势和劣势

机载激光雷达测量技术的优势包括:

(1)数据产品丰富,可制作大比例尺数字线划图(DLG)、数字正射影像(DOM)及数字高程模型(DEM)。

(2)与传统航空摄影测量相比,机载激光雷达测量搭载了激光雷达设备,采用主动性工作方式,主动发射激光脉冲,并接收目标反射回来的信息,能获取树下地形,可直接获取真实地面的高精度三维空间坐标信息数据。

(3)生产周期短,自动化程度高,受地形条件影响小,能够快速、准确地获取大面积的目标空间信息,实现空间数据及时采集,快速制作大比例尺数字线划图、数字正射影像及数字高程模型。

(4)由于使用了惯性导航和GNSS差分技术,减少了大量外业像控点测量工作。

(5)获取的高清数字正射影像可为后续征地拆迁调查工作提供极大便利。

机载激光雷达测量技术的劣势和缺点包括:精度低,受植被干扰大等,可作为大区域的选线使用,对地形地物细部细节刻画能力弱。

2.3.3 机载激光雷达测量流程

机载激光雷达测量分为外业工作和内业工作两部分,外业工作主要有航飞准备、航线设计及航飞前测试、航摄飞行;内业工作主要有数据预处理、点云平差、影像匀光匀色、成果制作。

(1)航飞准备。综合考虑飞行速度、航行高度、设备装置、安全性能等因素,确定航飞设备,同时进行空域协调。

(2)航线设计及航飞前测试。结合测区地形、路线走向、安全因素、航测成本、航向及旁向重叠度等因素,进行航线分区与航线设计。航飞前需对整个系统设备进行严格检查和测试,确保系统内各个设备工作正常。

(3)航摄飞行。在完成航线分区与航线设计后,可进行航摄飞行数据采集,飞行时在地面架设基准站,与机载接收机同时接收卫星信号。数据采集主要包括GNSS数据、惯性测量单元(IMU)数据、激光点云数据和数码影像数据的采集。

(4)数据预处理。利用激光雷达配套软件对原始数据进行处理,结合POS系统记录的定位定姿信息,输出点云数据,解压影像。

(5)点云平差。同一飞行架次内不同航带、不同架次间同名点云数据往往存在匹配误差,需结合航迹线解算精度进行点云平差,消除匹配误差,使重叠区的同名点云数据匹配误差满足规范要求。

(6)影像匀光匀色。由于不同飞行架次作业时间不一致,天气情况往往相差较大,为保证数字正射影像色调一致,需在成果制作前对全部原始影像进行匀光匀色处理。

(7)成果制作。在上述数据处理基础上,进行点云分类,得到地面点云数据,生成数字高程模型,对影像进行纠正,得到数字正射影像,根据正射影像矢量化法配合外业调绘及补测得到数字线划图。

2.3.4 点云融合

利用高精度车载激光点云数据对机载激光点云数据的精度进一步优化,并将精度优化后的机载点云与车载点云进行融合(图2-11),可生成测区内高精度数字高程模型,获取高精度道路全断面(平、纵、横)数据,满足高速公路改扩建工程设计需求。

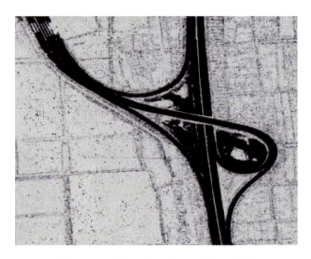

图 2-11 机载点云与车载点云融合示意图

2.4 倾斜摄影测量技术

2.4.1 倾斜摄影测量技术简介

倾斜摄影测量技术是指通过在同一飞行平台上搭载多台传感器,同时从垂直、倾斜等不同角度采集影像,获取地面物体更为完整准确的信息,如图 2-12 所示。其主要有以下几个特点:

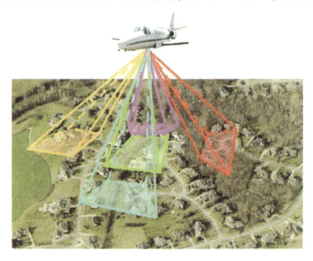

图 2-12 倾斜摄影测量技术示意图

(1)传统影像数据主要来源于垂直角度或倾角很小的航空或卫星影像,这些影像大多只有地物顶部信息特征,缺乏地物侧面详细轮廓及纹理信息,不利于全方位模型重建和场景感知,且这些影像上的建筑物容易产生墙面倾斜、屋顶位移和遮挡压盖等问题,不利于后续的几何纠正和辐射处理。倾斜摄影同时从垂直、倾斜多角度采集影像,获取的地表信息更为完整准确。

(2)自动建模,生成逼真、直观的现状三维模型。

(3)倾斜摄影测量技术生成的三维模型可全方位展示测区真实地形地貌,将高速公路改扩建设计模型与倾斜摄影模型进行叠加,可基于真实地形地貌进行三维方案的比选,在满足各方面需求的情况下控制工程规模。

2.4.2 与BIM技术的结合

利用建筑信息模型(BIM)技术可建立虚拟三维模型,在三维可视化情境中进行高速公路改扩建工程勘察设计。倾斜摄影测量技术可通过先进的融合、建模等技术,生成真实三维模型。将倾斜摄影测量技术与BIM技术相结合,实现宏观地理与微观结构的融合,同时生成的三维可视化实体模型可应用在高速公路改扩建工程勘察设计中,不仅能快速获取数据来进行分析,还能保证信息准确可靠,设计过程中各专业人员可根据需求对设计方案进行实时动态修改,不断更新、丰富和充实数据库信息,为各专业提供协同工作的平台。

2.5 既有构造物细部特征点测量

高速公路改扩建工程对既有桥梁、通道、涵洞进行拼接设计时,需要对既有构造物的细部特征点进行精确测量,为构造物拼接设计提供精确的基础资料。

2.5.1 既有构造物测点位置

(1)既有桥梁测点位置。

①桥梁上部结构测点主要包括:伸缩缝位置(图2-13)、护栏内侧位置及高程、中央分隔带边缘位置及高程(图2-14)。

伸缩缝测点:主要用于确定桥梁起点、角度及分孔线。

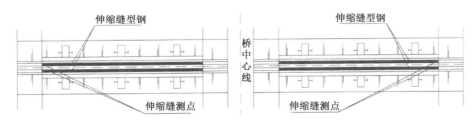

图2-13 伸缩缝测点位置

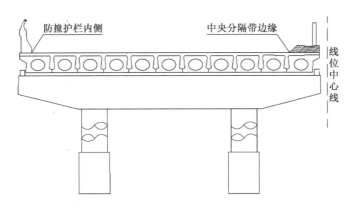

图 2-14　护栏内侧、中央分隔带边缘测点位置

护栏内侧测点：主要用于拟合拼接处高程。若采用车载激光移动测量技术，则可直接采用激光点云数据。

中央分隔带边缘测点：主要用于拟合桥梁位置平、纵断面，确定桥梁实际横坡。若采用车载激光移动测量技术，则可直接采用激光点云数据。

②桥梁下部结构测点主要包括：盖梁位置及高程、桥墩位置、桥台位置及高程、梁底位置及高程。

盖梁测点：主要用于确定既有桥梁每孔准确分跨位置及墩顶高程，与梁体悬臂外边缘测量数据一起作为新、旧桥梁拼接位置的主要依据。其位置如图 2-15 所示。校核分孔线，用于确定拼接处盖梁位置、长度和角度是否与梁体拼接缝冲突。

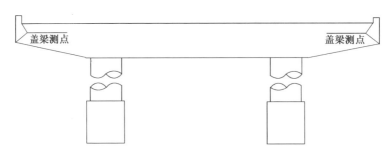

图 2-15　盖梁测点位置示意图

桥墩测点：主要用于确定桥梁桥墩柱径和墩位，与盖梁测量数据一起，辅助校核拼接缝位置及新桥墩的合理位置，检查既有桥墩结构对称性等是否有异常情况。其位置如图 2-16 所示。

图 2-16　桥墩测点位置示意图

桥台测点：主要用于拟合桥台背墙线位置，校核桥梁起终点位置及跨径。其位置如图 2-17 所示。

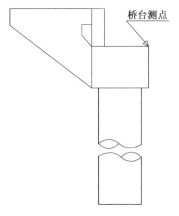

图 2-17　桥台测点位置示意图

梁底测点：主要用于核查桥下净空，并辅助校核桥面系组成厚度。其位置如图 2-18 所示。

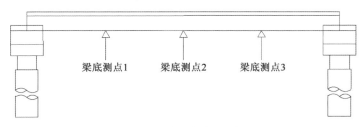

图 2-18　梁底测点位置示意图

（2）既有通道测点位置。

通道测点主要包括内壁四个顶角的位置及高程，主要用于确定通道洞口位置及拼接处高程。其位置如图 2-19 所示。

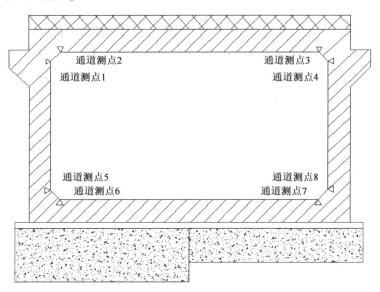

图 2-19　通道测点位置示意图

（3）既有涵洞测点位置。

圆管涵测点主要包括内顶和涵底的位置及高程,主要用于确定涵洞洞口位置及拼接处高程。其位置如图 2-20 所示。

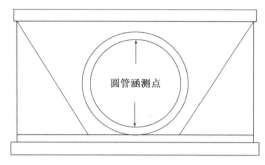

图 2-20　圆管涵测点位置示意图

箱涵测点主要包括内壁四个顶角的位置及高程,主要用于确定箱涵洞口位置及拼接处高程。其位置如图 2-21 所示。

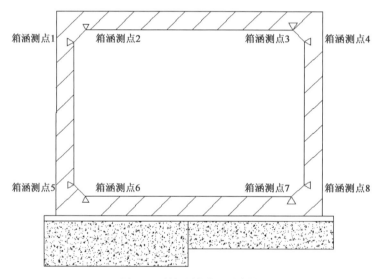

图 2-21　箱涵测点位置示意图

2.5.2　既有构造物细部特征点测量流程

既有构造物细部特征点测量采用架站式扫描仪进行点云扫描,通过建模技术生成可视化模型。测量流程分为外业工作和内业工作两部分:外业工作主要有材料准备、控制点布设、标靶布测、数据获取;内业工作主要有点云配准拼接、点云降噪抽稀、点云平差、构造物建模等。

（1）材料准备。数据采集前应收集施测及邻近区域的正射影像,对于地下空间还应收集其设计图或普查数据,了解测区概况和数据采集日期的天气情况。架站式激光扫描仪宜配备彩色数码相机,架站式激光扫描仪的测量距离(反射率不大于 80%)不宜低于 100m,测距精度不宜低于 $\pm(1.2\text{mm} + 10 \times 10^{-6} d, d$ 为测距),测角精度不宜低于 25″,扫描速度不宜低于 100

万点/s，水平视场角不宜低于360°，垂直视场角不宜低于290°。数据采集前应规划测站的位置，对不熟悉的测区应进行实地踏勘。数据采集前应进行系统的综合检校，检校应符合现行《地面三维激光扫描作业技术规程》(CH/Z3017)的规定。

(2)控制点布设。每个构造物布设至少3个临时控制点，其中1个作为检查点。临时控制点平面采用GNSS RTK测量，高程采用四等水准联测。构造物细部特征点测量成果相对于临时控制点，平面精度优于±5cm、高程精度优于±2cm。控制点的布设应综合考虑标靶分布、扫描仪的性能以及测区面积等因素，在特殊困难地区，检查点成果在原有精度基础上可放宽0.5倍。

(3)标靶布测。在特征较少的场景下宜布设标靶，标靶布测应符合以下规定：标靶应在扫描范围内均匀布置，且高低错落；相邻两测站的公共标靶个数不宜少于3个；标靶与测站距离不宜超过50m；标靶可使用地物特征点、扫描仪配套标靶以及标靶纸等，标靶的制作宜符合现行《地面三维激光扫描作业技术规程》的规定；当标靶需要测量几何位置时，其平面精度不低于3cm，高程精度不低于5cm的要求，在特殊困难地区，纠正点成果在原有精度基础上可放宽0.5倍。

(4)数据获取。扫描仪应设置在视野开阔、地面稳定的区域，设站数量要尽量少，应按照设计位置和设计技术参数进行设站；扫描分辨率在30m内不宜低于6mm，扫描范围应覆盖整个扫描对象，待扫描对象复杂、通视困难时应增加测站，相邻测站有效点云数据重叠率不宜低于30%，困难地区不宜低于15%；设有标靶的测站宜对标靶进行识别或精扫，点云扫描完成后，宜进行影像采集，全部完成后进行下一站扫描；如架设标靶，应在全部扫描完成后再撤走标靶，扫描结束后检查数据是否完整。

(5)点云数据处理与建模。数据解算前应将随机格式的点云数据转为通用格式数据，如*.las等；各站点云数据应进行配准拼接，相邻站点云配准精度不应低于2cm，宜对点云数据进行降噪和抽稀，抽稀后的点间距不应低于2.5cm；影像数据配准时应保证影像细节表现清晰，无配准镶嵌缝隙，处理后的影像应与实地情况相符合；影像处理完成后，应将点云和影像进行配准，制作彩色点云；当点云进行坐标转换时，同名点不应少于3个，转换残差应优于2.5cm；点云的点间距不应低于2.5cm，特征点相对精度不应低于5cm，地上空间的点云平面绝对精度不应低于7cm，高程绝对精度不应低于5cm；地下空间的点云平面绝对精度不应低于20cm，高程绝对精度不应低于15cm。建模成果图如图2-22~图2-26所示。

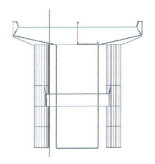

图2-22 桥墩建模三视图(主)

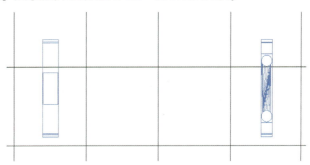

图2-23 桥墩建模三视图(顶)

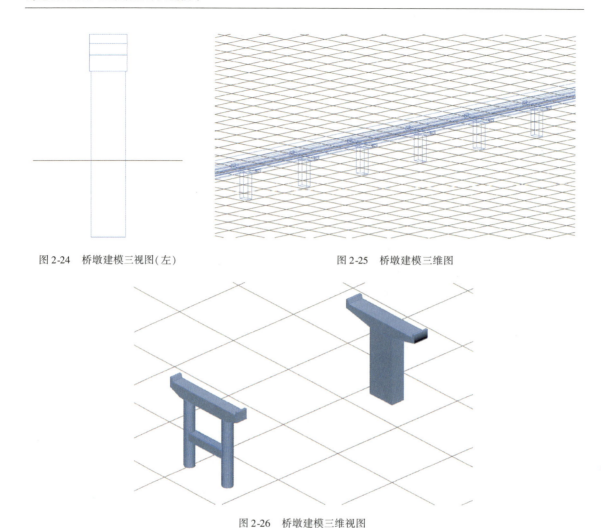

图 2-24 桥墩建模三视图(左)　　　　图 2-25 桥墩建模三维图

图 2-26 桥墩建模三维视图

2.5.3 细部特征点成果使用注意事项

(1)在既有构造物细部特征点测量前,设计人员需对测量人员进行技术交底,明确既有构造物测点位置。

(2)在细部特征点成果使用过程中,设计人员需结合原施工图或竣工图资料进行校核。

(3)遗漏的细部特征点需要进行补测。

2.6 高速公路改扩建工程测量成果应用

高速公路改扩建工程测量工作应结合改扩建工程特点,积极稳妥地采用新技术。采用新技术可得到丰富的测量成果,合理、高效地应用高速公路改扩建测量成果,可进一步提升高速公路改扩建工程勘察设计的质量。

（1）车载点云与机载点云的融合可生成高精度数字高程模型,为高速公路改扩建道路平、纵、横几何设计提供全断面测量数据。

（2）建立既有高速公路三维模型。基于车载激光移动测量、机载激光雷达测量获取的点云数据,可建立既有高速公路沿线现场三维模型,在设计阶段为设计人员提供精确的设计数据和一个虚拟化、数字化的工程现场。

（3）高速公路改扩建方案拟定及虚拟现实。高速公路改扩建工程勘察设计可基于激光点云以及倾斜摄影成果建立的三维模型,拟定改扩建方案,同时可基于设计方案进行改扩建虚拟现实,实现设计成果三维可视化。

（4）与BIM技术的结合。BIM技术具有可视化、协调性、模拟性、优化性等特点,结合激光点云、倾斜摄影成果建立的三维模型,并利用数字化技术,为三维模型提供完整的、与实际情况一致的项目信息数据库。利用BIM技术,高速公路改扩建勘察设计可在三维可视化情境中,不断调整、优化、更新设计方案。

（5）建立高速公路改扩建工程数字化公路。高速公路改扩建勘察设计过程也是高速公路基础地理数据采集和建立的过程。利用数字化手段,对高速公路的空间信息、环境信息进行集成,实现对高速公路的多分辨率三维描述,建立高速公路数字化成果,可为实现"智慧高速"提供完整的公路几何模型核心数据。

（6）提供运营养护数据支撑。利用高速公路基础地理数据及BIM技术,为高速公路运营养护提供数据信息,对高速公路及其桥梁、隧道的运行状态和边坡灾害监测与防护进行智能化管理,从而大大提高养护水平和养护效率。

第3章 工程勘察

3.1 改扩建工程地质勘察思路及流程

3.1.1 勘察思路及流程

改扩建工程地质勘察是在已建项目工程地质勘察资料的基础上,查明公路沿线及各类构筑物建设场地的工程地质条件。

对于高速公路改扩建项目开展工程地质勘察,首先应收集已建项目的工程地质勘察资料、竣工资料及即有道路运营期间的养护、病害整治等资料。对这些资料成果进行详细的分析和利用,可为改扩建工程地质勘察提供参考。

在改扩建工程地质勘察过程中,应注重对各类构筑物、不良地质和特殊性岩土等的勘察,并结合项目难点及特点有针对性地开展工作;改线段偏离已建工程的,按新建项目进行工程地质勘察。内业工作时,应及时整理新项目勘察成果,进行新旧资料成果对比分析,为设计提出翔实准确的勘察成果。

3.1.2 勘察流程图

改扩建工程勘察流程如图 3-1 所示。

图 3-1 勘察流程图

3.2 既有勘察资料的分析利用

3.2.1 原有地形图资料分析利用

受高速公路修建期施工及后期人类活动影响,地形容易发生改变,特别是会出现原有河、沟、塘的掩埋、改道等情况,以及人工填(弃)土的变化等,这些地段的地质勘察都需要加以注意。通过对照已建项目建设时的地形图资料,圈定改扩建范围内的地形变化,并加以分析,有利于查明前期被淹没河塘、暗塘河及掩盖的人工填土等。此外,还需关注排水设施资料的收集分析和应用。

3.2.2 专项报告应用

通过对前期专题报告的研究和分析,如工程场地地震安全性评估报告、文物调查报告、压覆矿产资源调查报告、地质灾害评估报告、环境保护评价报告等,可深入了解项目存在的关键性技术难题,了解项目重难点的处理措施,为改扩建工程项目的重难点及关键性技术专项分析提供指导意见及技术依据。

3.2.3 道路运营养护、维修资料

既有公路在运营期间的道路养护、病害处治等是指导改扩建工程地质勘察的重要资料,如路基的沉陷、边坡坍塌、桥台沉降、锥坡开裂等。加强对旧路病害及防护设计的调查,重点查明病害路段、长度、规模及边坡、桥台、不良地质路段防护措施,分析工程病害中的地质因素,通过分析既有公路病害处治后的效果,检验设计的合理性,为改扩建工程地质勘察报告中的建议措施提供参考。

3.2.4 原有勘察成果分析利用

改扩建工程地质勘察一般是在前期地质勘察资料的基础上进行的,勘察之前应该仔细分析前期成果并加以利用,对主要工程地质问题、易发生地质病害路段、重要工程段落进行补充,充分融合新旧勘察资料,对比分析,形成勘察报告。

在路基和小型结构物的勘察资料利用中,一般选择试验项目齐全、能揭示代表性地层、钻孔深度较深的控制性钻孔,加以分析,其余钻孔可做一般性利用。

在桥梁的勘察资料利用中,首先核对钻孔位置与新建桥梁位置的关系,若原钻孔位于现有桥梁墩台附近,则加以利用,若偏离较远且桥址区地层复杂,则不予利用。其次对原有钻孔深度进行核查,如原勘探孔深度可以满足新建桥梁桩长设计需求,则可以利用,若不满足现设计方案桩长需求,则应部分利用,并重新布置钻孔,探明所需深度范围内的地层结构和性状。

在不良地质体勘察资料利用中,如不良地质体未进行治理或部分治理,改扩建时仍对路线造成影响,可利用原勘察中的成果,并适当补充勘察实物工作量,结合改扩建的路线方案,进一步分析其危害程度,提出治理措施建议。此外,还要对不良地质区域植被和破坏情况进行调查。

在取土料场勘察资料利用中,若现阶段设计的取土料场位于原料场,或在原料场附近,且料场地质条件基本一致时,可对原有资料加以利用,并加以适当的勘察试验进行验证和比对;如现料场重新选址或者外购,则应重新进行相应的取土料场勘察。

在附属建筑物勘察资料利用中,可通过对原有资料的收集,了解场地内地质的基本条件,通过对既有建筑物的地基处理、基础形式和埋深及沉降观测数据等资料的收集,检验原有勘察资料和设计的结合程度,为改扩建方案中新增建筑物的勘察方案、勘察深度以及基础的选型提供指导作用。

3.3 工作量布设原则

改扩建工程地质勘察应在已建项目地质资料的基础上进行。根据项目进行的阶段不同,勘察重点及工作量布设也有所不同。一般来说,工程可行性报告阶段地质勘察主要以收集利用既有道路地质资料为主,了解项目总体工程地质条件、主要不良地质现象与特殊性岩土的类型、分布范围、影响程度及采取相应的治理加固措施。初勘及详勘阶段根据规范要求并结合设计方案特征,在综合分析利用既有资料的基础上布设勘察工作量。

3.3.1 工程可行性报告阶段

以收集利用既有地质资料为主,并辅以相应的地质调绘,掌握项目总体工程地质条件。对可能影响路线方案或需要验证的主要不良地质现象及特殊性岩土可布设适当勘察工作量。

3.3.2 初步设计阶段

在充分分析利用既有道路地质资料的基础上,结合改扩建工程构筑物特点,依据勘察规范和设计要求布置勘察工作量。工作量大小根据可利用资料情况、地层复杂程度及构筑物特征综合确定。其目的主要是:通过加密勘察及相互验证,对新旧资料在不良地质规模、特殊性岩土发育情况、工程地质参数等方面形成对比分析,并进行适当优化调整。具体布设情况如下:

路基工程:主要以利用既有资料为主,适当增加勘察工作量。具体可按每 1~2km 增加 1 个钻孔布设。其中对路基病害段(如沉陷、半填路基侧滑、开裂等)应进行重点勘察,明确病害的类型、规模以及病害发生的诱因及发展程度。

桥涵工程:在利用既有资料基础上,根据构筑物特点及地层复杂程度增加勘察工作量。总体要求为"利用+新增"工作量应符合新建项目构筑物勘察相应规定。

不良地质现象及特殊性岩土:在利用既有资料基础上,根据其规模大小、对路线影响程度等因素综合确定新增加勘察工作量,总体要求为"利用+新增"工作量应符合新建项目相应规定。

改线段:应按新建项目进行工程地质勘察。

3.3.3 施工图设计阶段

在利用初勘资料(包括既有道路地质资料)的基础上,根据规范及设计要求,有针对性地进行工程地质勘察。重点对主要构筑物、初勘未查明路段及地质变化较大段进行必要的加密勘察,其工作量大小应符合相应规范要求。

3.4 新旧勘察成果对比分析

3.4.1 钻孔成果

主要内容:根据设计要求,在充分利用旧钻孔的同时,根据规范及设计要求布设新钻孔,通过新旧钻孔成果对比分析,判断地层是否稳定及地下水位的变化等问题。

改扩建工程外业勘察过程中,根据项目情况的不同,分为两类进行成果对比分析:

(1)改建项目新旧线位距离较远,下部地层、地下水位等差异性较大。成果对比分析过程中,主要对路线相近、同地貌单元勘察区上部地层湿陷性等级、液化指数等进行分析研判。

(2)扩建项目新旧线位距离近,原有道路路基下部及其两侧地层因施工及运营的影响性质已发生改变,地下水、地表水因改河、施工开挖造成局部水位发生变化,在钻孔成果对比分析中应进行重点分析判断。对于新旧钻孔成果变化较大的路段,宜适当补充工作量,查明其性质。

3.4.2 物理力学指标

主要内容:原有道路多年运营后,受车辆碾压等多种上部荷载压实固结作用;因地表水改河、地下水位升降变化等引起的岩土层含水率、压缩固结剪切等参数变化情况。

原有高速公路经过多年运营,路基下部地基土(如湿陷性黄土、软土)受车辆碾压等多种荷载作用及地下水位升降的影响,已与原有道路两侧的地基土发生性质上的改变。结合原有资料,合理布设工作量,通过新旧勘察成果对比分析研究,查明两者之间的差异,为设计、施工提供更加安全准确的设计参数。

新旧道路地基土的对比勘察,一般可采用钻探、挖探、原位测试、物探等综合手段,地质情况复杂的可结合现场原位测试、静力触探、旁压试验等新工艺、新方法综合开展,具体工作量布置可根据实际工程需要确定。

除采用现场钻探、挖探等方法对比外,还可以结合室内试验成果,如含水率、压缩、剪切等参数指标进行对比分析,从而分析判断新旧道路地基土的性质变化情况,以便设计人员进行设计方案的优化。

3.4.3 构筑物地基主要参数

主要内容:地基承载力、摩阻力的选择。

构筑物地基主要参数的对比主要体现在地基承载力参数、桩基参数及持力层的选择等方面,相关参数可通过现场钻探法、原位试验并结合室内试验结果统计分析法、计算法、查表法等综合手段得出。

多年来,高速公路设计与施工技术进步迅速,在长期的工程实践中积累了大量的经验及教训。同时由于原有道路修建时间较早,相关专业标准、规范发生了变化及更新。受上述各方面变化的影响,新资料中相关设计参数也会有适当的变化和优化。

修订后的《公路工程地质勘察规范》(JTG C20—2011)与《公路工程地质勘察规范》(JTJ 064—1998)相比,增加了如花岗岩残积土、填土、红黏土的勘察内容,特别是填土和红黏土勘察是对原规范的补充;调整了如砂土液化判别公式等。规范的变化,对不良地质、特殊性岩土的划分、施工治理方案、工程造价等有较大影响。

通过对规范变化的消化和理解,结合原有道路施工及后期养护资料,可对原有资料进行适当的优化,更好地服务于设计。

3.4.4 不良地质与特殊性岩土

主要内容:根据新旧勘察成果对比,分析判断其规模大小变化情况,看其有无进一步发展的可能,以及其对路基影响程度的变化;经过防护治理后的效果情况;新旧规范变化引起的特殊性岩土判别变化(如液化、软土)等。

收集整理原有道路资料,结合最新规范,分析原有钻孔描述、原位测试、室内试验等相关成果,对改扩建项目的不良地质现象(如滑坡、崩塌、砂土液化等)、特殊性岩土(如软土、填土、湿陷性土等)的类型、范围、空间分布特征、工程性质等进行对比分析。若原有资料满足设计及规范要求,可利用原有资料进行分析判断。在原有资料不满足规范及设计要求时,可适当布置工作量,结合新旧资料推断出其基本分布规律及变化情况和影响范围,为工程建设、造价控制等提供分析判断的依据。

此外,还需重点关注各类立体交叉处的地质调查、排水情况资料收集和调查等。

3.5 勘察与设计结合

主要内容:根据新旧勘察成果对比,为原有道路利用及新建道路设计提出真实准确的建议及设计参数。

应充分理解设计意图,有针对性地开展改扩建工程地质勘察工作,为高速公路改扩建设计服务。

(1)路基:收集原有道路勘察资料及后期运营相关病害治理资料,核查新旧路基不良地质与特殊性岩土性质及分布范围;选取典型湿陷性土路段进行新旧路基地基土物理力学对比研究,为路基拼接、湿陷性治理方案选取、减少差异沉降提供准确的设计参数。

(2)桥梁:对改扩建工程中的拼接加宽桥梁,应分析旧桥勘察资料,包括钻探数据、原位试验、室内试验、物探等资料,若原有资料满足改扩建桥梁设计要求,则根据已有资料为改扩建桥梁推荐合理的桩基持力层;若原有资料不满足改扩建桥梁设计要求,则应根据要求补充工作量,再根据最新勘察资料,推荐合理的桩基持力层。旧桥拆除重建时,应根据新建桥梁钻孔地层性质和桩基参数,推荐合理的桩基持力层。

(3)房建:收集分析原有服务区、收费站等勘察设计资料。了解建筑物场区地基土分布及特殊性岩土发育情况、原有建筑物基础形式,结合改扩建建筑设计总图,按《岩土工程勘察规范》(GB 50021—2001)布置勘探孔和深度,取得改扩建建筑物地基设计参数,推荐合理的建筑物基础形式。

3.6 工 程 实 例

主要内容:以连霍高速公路杨凌至宝鸡段、京昆高速公路蒲城至涝峪段改扩建工程为例,对改扩建工程中设计资料的利用、现场实施、成果对比等内容进行总结,对因规范的改变导致评价结果的变化进行分析研究,为改扩建项目地质勘察提供参考。

3.6.1 连霍高速公路(G30)杨凌至宝鸡段改扩建工程

(1)项目概况及原有资料利用情况。

项目起点位于杨凌揉谷乡的田西村(K236+400),与西安至杨凌段路线顺接,经常兴、眉县、蔡家坡、虢镇,终点位于千河以西宝鸡化工厂(K306+500),该段路线全长70.100km。

项目线路里程长,多次跨越渭河及其支流。沿线穿越了渭河一级阶地、渭河二级阶地及渭河河谷区(渭河及其支流河床及河漫滩区)三个地貌单元。路线范围内地层结构复杂多变,主要为第四系风积黄土、古土壤及冲洪积粉质黏土、砂卵石层。沿线不良地质现象为强震区、地震液化等;特殊性岩土主要为湿陷性土、软土、填土等多种类型。

结合项目的特点、难点及关键技术,连霍高速公路(G30)杨凌至宝鸡段改扩建工程合计完成钻孔157孔、进尺3516.5 m,人工挖探121孔、进尺779.9m,其中利用旧路钻孔72孔、进尺1099m,新增钻孔95孔、进尺1499.21m。从项目资料利用情况分析,利用旧路钻孔资料占比约46%。旧路资料的充分利用主要有以下两点好处:

①节约了项目的外业勘察时间,保证了项目地质勘察工作的快速完成,能更快地为主体设计工作提供可靠的设计参数;

②原有资料的充分利用,大大减少了勘察工作量,节约改扩建工程项目地质勘察成本的效果显著。

（2）地基土物理学性质对比。

通过对旧路勘察资料的分析研判,结合改扩建工程新增勘察成果,对连霍高速公路(G30)杨凌至宝鸡段改扩建工程地基土的物理力学性质进行了对比分析评价。

对 K268+500~K268+700、K285+100~K285+300 处旧路资料与改扩建工程新勘察资料进行对比分析,旧路修筑前与改扩建时相比地基土物理力学性质有一定差异。其对比见表3-1。

旧路修筑前后地基土主要物理力学指标对比表　　表3-1

取样断面		K268		K285	
试样钻取时间		旧路	目前	旧路	目前
天然含水率(%)		21.3~24.2	18.2~20.0	20.7~23.5	19.2~22.7
天然密度(g/cm³)		1.897~2.035	1.973~2.119	1.876~2.051	1.927~2.124
孔隙比		0.594~0.714	0.524~0.593	0.674~0.751	0.654~0.788
塑性指数		10.6~17.3	10.2~12.8	13.7~16.3	11.2~14.2
压缩指标	压缩系数(MPa⁻¹)	0.25~0.39	0.22~0.34	0.16~0.41	0.16~0.34
	压缩模量(MPa)	2.14~6.7	4.64~6.57	3.11~8.22	4.67~8.57

①原地基土天然含水率为 20.7%~23.5%,目前为 18.2%~22.7%,含水率略有降低。

②原地基土天然密度为 1.876~2.051g/cm³,目前为 1.973~2.119g/cm³,略有升高。

③原地基土孔隙比为 0.594~0.751,目前为 0.524~0.788。

④液性指数原地基土为 10.6~17.3,目前为 10.2~14.2。

⑤压缩系数和压缩模量:原地基土分别为 0.16~0.41MPa^{-1}、2.14~8.22MPa;目前为 0.16~0.34MPa^{-1}、4.64~8.57MPa。

修筑前后地基土主要物理力学指标有所变化,天然含水率平均降低了 10%,天然密度平均减小了 6%,天然孔隙比平均升高了 4%,塑性指数平均降低了 10%,压缩性指标变化不明显。

通过成果对比可以看出,原有高速公路经过多年运营,旧路地基土在上部车辆行驶等多种荷载作用下,土体得到一定的变化和改善。

3.6.2 京昆高速公路(G5)陕西境蒲城至涝峪段改扩建工程

（1）工程概况。

京昆高速公路(G5)是国家高速公路网规划放射线之一,是陕西省"2367"高速公路网的重要组成部分。其中,陕西境蒲城至涝峪段路线全长 125.878km,设计速度 120km/h,为双向四车道高速公路,项目全线采用沿既有公路两侧加宽方案。

主要构筑物:全线大中桥 8306.239m/50 座、小桥 371.894m/21 座(含立交主线桥)、分离式立交桥 18 座、天桥 32 座、渡槽 1 座、互通式立交桥 18 座。

（2）勘察思路及工作量布设。

①勘察思路。

第一阶段：收集分析原有道路地质勘察资料以及道路后期运营中病害处治资料，确定该项目主要工程地质问题为黄土湿陷性及饱和砂土液化，也是后期勘察的重点。

第二阶段：对原有地质资料特别是钻孔及试验资料的利用。对偏离较远（一般偏离大于100m）钻孔不予利用，其余钻孔原则上作为地层鉴别孔均可利用。随后对可利用资料进行重新编辑，在编辑过程中对因规范变化引起的岩性定名变化进行相应修正。

第三阶段：在既有资料的基础上，对路线进行 1∶2000 工程地质调绘。调绘重点为重要路段、主要构筑物、不良地质及路基路面病害问题。

第四阶段：根据构筑物布设及可利用资料情况，依据相关规范布设合理勘察工作量，随后进行外业勘察。

第五阶段：资料分析整理、编写工程地质勘察报告。

②工作量布设。

原有道路主要地质资料利用情况：京昆高速公路（G5）陕西境蒲城至涝峪段改扩建工程共利用钻孔 275 个，探井 96 个，试验资料 8288 件，原位测试 138 点次。

工作量布设：根据以上可利用资料情况结合构筑物布设特点以及地层复杂程度等因素，依据相关规范，共布设主要勘察工作量为钻孔 12872.4m/332 个，探井 2139.7m/162 个，物探 4.2km。其中，对于单侧加宽段，勘探点布设于加宽侧；对于双侧加宽段，勘探点两侧交替布设。

（3）项目工程地质条件简介。

①地形地貌。

勘察区总体位于关中平原中部，地形开阔平坦。路线由北向南分别跨越黄土台塬区、渭河河谷区及秦岭山前洪积扇区（图 3-2 ～图 3-4）。

图 3-2　黄土台塬地貌

图 3-3　渭河河谷地貌

图 3-4 秦岭山前洪积扇地貌

②地层岩性。

勘察区地层均为第四系。其中,路线北段黄土台塬区地层岩性主要为上、中更新统风积黄土,上更新统黄土一般具湿陷性;路线中段渭河河谷区地层岩性主要为全新统、上更新统冲洪积粉质黏土、粉土、砂砾石及少量卵石,该区部分地段上部饱和砂土具有液化现象;路线南段山前洪积扇区地层岩性主要为全新统洪积粉质黏土、漂卵石。

③地质构造。

地质勘察区在大地构造单元上属于中朝准地台汾渭断陷之渭河断陷盆地,为新生代形成的复式地堑型构造盆地。区内主要有 9 条断裂,均为隐伏活动性断裂,其中 8 条断裂与路线以路基形式相交,对路线基本无影响。另外 1 条断裂经过桥址区。

(4)典型工点勘察。

①路基主要病害勘察。

该项目旧路路基主要病害为高填路段的路基沉陷,对所有沉陷严重路段均进行了勘察,每处工点不少于 2 个勘探孔,深度一般控制在路基以下 5m,应着重查明路基土物理性质特征,并结合试验资料对病害原因进行分析、评价,提出相应处治措施。

K1014+000~K1014+340 荆山塬高填段路基沉陷,路基最大填方厚度为 12.6m,最大沉陷量约为 30cm,并沿路线横向出现多条张拉裂缝。通过勘察显示:0.0~1.5m 为路面结构层;1.5~12.6m 为素填土,以粉质黏土为主,含石灰渣、碎石,土质不均,含水率为 13.8%~20.7%,孔隙比为 0.47~0.89,液性指数小于零;12.6~18m 为黄土状土,具针状孔隙、植物根系、虫孔,含水率为 8.1%~13.8%,孔隙比为 0.66~0.97,液性指数小于零。通过现场勘察并结合试验资料,分析认为发生沉陷的主要原因为:填方路基阻碍地表径流,路面雨水集中两侧排泄、下渗,导致路基下部素填土、下部地基土含水率增加、填料选取欠合理、局部施工控制不足,导致路基填料压实度偏低。

针对路基沉陷,建议改扩建工程对沉陷路段高填方路基采用挤密桩等措施进行加固。对新建段填方路基,首先对原地面进行清表碾压,施作盲沟便于疏通路基底部积水,其次对路基分层填筑至设计高度,压实度需满足规范要求。

另外需要说明的是,为充分了解旧路路基填料性能,该项目改扩建过程中对路基土进行取芯钻探试验,对原路路床顶面以下40cm、80cm、120cm位置进行取样,对路堤及地基部位每隔1m进行取样、试验,对砂砾填料进行原位测试判定其密实程度,并形成路基路面检测专项报告。

②湿陷性路段勘察。

根据前期资料可知,湿陷性土主要分布于黄土台塬区。在利用既有资料的基础上,沿路线两侧平均1km间隔布设1个探井,深度一般为10~20m。依据试验资料计算可知,全线湿陷性段落总长95292m,其中自重湿陷性段落长度43987m。另外,根据路线挖方后湿陷性结果,建议Ⅱ级自重湿陷性场地采取强夯法或挤密法处理后铺筑路基;Ⅲ~Ⅳ级自重湿陷性场地采取挤密法处理后铺筑路基;对于Ⅰ级(轻微)非自重湿陷性和湿陷性黄土完全开挖路段,建议进行冲击碾压处理。探井施工现场如图3-5所示。

图3-5 探井施工现场

③高边坡路段勘察。

全线深挖路堑共1段,长度约400m,最大边坡高度39.0m,岩性为上、中更新统黄土,位于路线北部黄土台塬区。根据现场调查,原有深路堑边坡为台阶型,综合坡率为1:1.15~1.20,坡体无坍塌变形现象。根据勘察试验资料,在采用Bishop法计算边坡稳定性的基础上,主要参考既有边坡现状,建议采用台阶式边坡形式,综合坡率为1:1.15~1.20,既有边坡现状如图3-6所示,设计边坡横断面如图3-7所示。

图 3-6　既有边坡现状

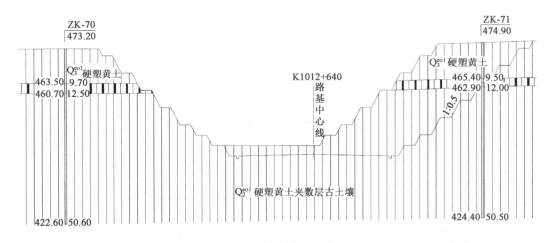

图 3-7　设计边坡横断面

④渭河特大桥勘察。

概况:该桥全长 1385m,属特大桥,采用单侧加宽形式。由于旧路钻孔普遍偏浅,故初、详勘在桥梁加宽侧共布设钻孔 15 个,孔深 60~80m,利用旧路钻孔 1 个。

地层岩性:根据勘察结果,桥址区地层岩性主要为第四系冲洪积粉质黏土、砂土及卵砾石土。

断裂构造:为查明桥址区有无断裂构造通过,在桥址区布设高密度电法测线一条(GM2),测线长度 1460m。结果表明桥址区无断裂构造通过。

工程场地类别划分:根据桥址区钻孔剪切波速测试成果表,地层等效剪切波速 v_{se} = 282.9~286.8m/s,场地土类型为中硬土,工程场地类别为Ⅱ类。

主要不良地质现象:桥址区地震基本烈度为Ⅷ度,属于强震区,分布有砂层,且水位埋藏较浅,根据钻探资料计算分析,上部砂土具有液化现象,其中,K1041+925~K1042+205 段液化等级为中等,液化深度为 5~14.5m;K1042+205~K1043+300 段液化等级为轻微,液化深度为 6~14.0m。液化影响范围内折减系数为 2/3~1。建议根据折减系数对相应段落的地基土承载力予以折减。

桥梁墩、台稳定性评价:桥址区地形整体上较平坦,小桩号桥台位于渭河北岸,桥台下边坡人工开挖形成高陡边坡,现状稳定,桥台施工应做好边坡防护。

⑤新旧地质勘察成果对比。

该项目新旧地质勘察成果变化主要体现在旧路修筑后引起的部分地段地下水变化,从而使得地基土工程性能发生较大变化。该项目最明显变化位于设计路线 K993+100~K998+700 段,该段地势两端高、中间低洼,地下水位埋深一般为 2.0~5.0m,局部出露于地表,多道通道中部积水,两侧蒸发池常年有水。由于旧路修筑后阻止了地表水、地下水原有排泄通道,使得该段地下水普遍抬升 2.0~4.5m。受地下水长期浸泡影响,该段分布 2~8m 厚的湿软黄土,含水率一般为 25.7~29.8,饱和度大于 90%,对路基稳定性影响较大,建议根据湿软黄土埋深深度、厚度对其采取必要的加固处理措施,并加强该路段地表排水、降水设施设计。

第4章 总体设计

4.1 总体设计原则

根据项目的实际功能及交通保畅要求,结合项目的路网分布条件、沿线大型构造物和互通立交工程的分布情况,以及结合沿线地形条件、地质条件、人文环境、生态环境等特点,总体设计遵循以下原则:

(1)注重改扩建工程的基础资料调查与搜集,确保设计依据准确可靠

改扩建工程设计中,基础资料的准确性是设计方案合理的必要前提,总体设计应根据项目特点及各专业设计需要,充分研究确定设计阶段需收集的基础资料清单,并在策划阶段明确各项基础资料搜集的方式、责任人,确保搜集的基础资料满足设计要求。

(2)以需求为引导,注重改扩建项目中各项需求调研

各项需求的调查是设计阶段需重点完成的专项之一,包括:高速公路系统内的各项需求(服务区规模、收费车道数确定、交通机电设施更新提升等)、沿线关联工程的需求(城市道路、地方公路、铁路、航道等升级扩建规划,沿线管线设施规划等)、沿线居民出行的需求等。

(3)明确新旧标准差异,做好新旧标准衔接

新旧标准的差异是改扩建工程中不可避免的问题。设计阶段充分掌握项目相关的新旧标准之间的差异,分析其变化原因及权威部门的相关文件精神,是合理研究两者衔接方案的基础。只有做好衔接方案,才能在充分利用既有道路资源的基础上,使改扩建后的高速公路满足新的功能需求。

(4)提前研究改扩建的交通保畅方案

应在保畅方案的基础上研究工程设计方案。高速公路在公路交通运输中的作用日益显著,沿线交通运输对其依赖性日益增强。对既有高速公路进行改扩建,无论采用何种施工组织方式,必然对原有的高速公路交通流产生干扰。因此,在高速公路改扩建过程中如何使工程设计能与建设期的交通组织充分结合,减小因改扩建施工对交通流的影响、保证道路行车安全,是改扩建设计中的一个重要问题,它直接关系到改扩建后高速公路所在路网的运行效率,以及其在建设期的社会影响。

(5) 借鉴成功经验，做好专题研究

充分吸收国内外高速公路改扩建工程建设的成功经验和先进理念，特别是类似地质、地形条件下的道路拓宽工程的成功经验，认真做好路基拼接、桥梁拼接、互通立交工程改造、局部分离路线方案的比选工作，对改扩建中可能遇到的技术问题及早开展专题研究。

(6) 道路资源的充分利用

合理利用既有道路范围内的大量资源(路面铣刨废料、桥涵圬工拆除、安全设施拆除、既有的房建设施等)，是新建工程设计中各专业需要重点解决的问题。

(7) 充分利用安全性评价结论

在原路拟合及安全性评价的基础上，结合地物、地质、水文、筑路材料等自然条件，通过综合研究分析安全性评价结论，在妥善处理整体与局部、远期与近期的关系的同时，合理优化工程设计方案，改善改扩建后高速公路的使用质量。

(8) 科学创新、节约投资

根据项目的实际需求，从节约用地、合理组织施工工序、保证安全等角度出发，积极采用新技术、新结构、新材料和新工艺，尽可能控制投资规模。

4.1.1 起终点衔接方案

4.1.1.1 起终点位置选定原则

(1) 改扩建起终点除考虑现状路段交通量外，还应考虑建设期通道交通量的变化

改扩建项目从方案研究到建成通车一般需要 4~5 年，由于经济发展的原因，可能出现通道内前一段刚扩建完后一段交通量就达到了需要进行改扩建的条件，如果对后一段再进行改扩建，就会导致整个通道长期处于改扩建施工影响中，极大影响通道的服务水平，造成较差的社会影响。基于上述考虑，建议在起终点选择时应充分考虑建设期的相邻路段交通量增长，确保改扩建后的通道能维持一个稳定的服务周期，减少通道连续建设的不良影响。

(2) 改扩建起终点宜设置于路网节点处，便于建设期有效进行交通分流

大部分需改扩建的四车道高速公路一般是所在区域的运输干线和交通主骨架，所承载的交通量巨大，增长迅速，其改扩建工程与沿线社会经济发展息息相关，也将会给沿线路网带来巨大的交通分流压力。在"在不中断交通情况下进行施工"模式下的高速公路改扩建交通保通方案，是目前国内各改扩建项目通用的做法。施工期间结合改扩建段落交通流分布情况，需进行路网分流。起终点设置于路网节点处，能有效实现对长途过境车辆的有效分流。

(3) 改扩建起终点选取应考虑主线车道过渡方案

考虑到大部分改扩建高速公路都是由四车道改为八车道，项目起终点主线必然涉及主线车道变化超过两个车道的情况，加之改扩建起终点普遍选择以立交为节点，如何设置车道过渡方案及近远期结合的建设方案是改扩建起终点选取需要考虑的问题。

(4)改扩建起终点选取应考虑相邻项目的建设计划

受地形、路网调整及通道整体改扩建计划的影响,通道部分路段可能已采取分离式扩能的方式实现了扩建功能,改扩建起终点应充分考虑,并对相关段落节点选择进行充分的论证。

4.1.1.2 对前一阶段确定的改扩建起终点进行适应性分析

(1)前一阶段起终点节点方案本身是否合理

因原节点方案所处的路网、服务对象、承担功能发生了改变,需要对节点自身的方案合理性进行充分论证。如方案合理,则进一步分析增加车道过渡功能的节点方案是否合理;如方案不合理,则应考虑在承担主线车道过渡功能的基础上优化节点自身方案。

(2)前一阶段起终点节点建设方案是否具有可实施性

受研究深度的影响,在设计阶段应进一步核查前一阶段节点建设方案的可实施性。如方案合理,则在原方案的基础上增加主线车道过渡功能;如方案不具备可实施性,应对节点建设方案进行深入研究,提出承担主线车道过渡功能的节点实施方案。

(3)前一阶段起终点方案作为通道改扩建终点是否合理

当前一阶段确定的起终点作为整个通道改扩建的起终点时,应分析其增加主线车道过渡功能后是否合理;同时,应对其与相邻的互通立交工程共同组成的节点方案进行比选论证。

4.1.1.3 实例

(1)前一阶段起终点方案自身需要优化调整(京昆高速公路谢王枢纽立交)

谢王枢纽立交为京昆高速公路与西安绕城高速公路进行交通转换的枢纽立交,立交形式为环形+半定向匝道组合式立交形式,该立交同时兼顾两条高速公路的车辆接入东三环,该处立交为京昆高速公路西安以北路段设计终点。现状立交中京昆高速公路通往北绕方向匝道位于车道内侧,通往南绕方向匝道位于车道外侧,去往南绕方向车辆需沿右侧行驶,与驾驶员行车习惯存在偏差,实际运行中误行车辆较多,交警部门建议优化设计。针对这种情况,初步设计中通过对误行连接部进行土建改造设计解决运营中存在的绕行问题。具体方案如下:通过增加一座匝道桥梁,将去往西绕方向的 C 匝道流出位置移至去往东绕方向 B 匝道流出位置之前,实现了行车方向与驾驶员行车习惯一致,大大降低了误行可能性,如图4-1和图4-2所示。

(2)前一阶段起终点节点建设方案不具有可实施性(京昆高速公路东杨枢纽立交)

东杨枢纽立交为京昆高速公路与榆蓝高速公路进行交通转换的枢纽立交,立交形式为环形+半定向匝道组合式立交形式,京昆高速公路下穿渭蒲高速公路,该立交于2010年11月通车运营。该立交主线预留了京昆高速公路两侧扩建为八车道的条件,但C、D两匝道未预留京昆高速公路两侧扩建为八车道的条件,该立交通车时间相对较短,改造重建对社会影响较大,东杨立交作为京昆高速公路的节点建设方案且作为京昆高速公路蒲城至涝峪段节点本身不具备可实施性,如图4-3所示。

图 4-1 谢王枢纽立交优化前

图 4-2 谢王枢纽立交优化后

（3）前一阶段起终点方案作为通道改扩建终点（京昆高速公路涝峪互通式立交），如图 4-4 所示。

涝峪互通式立交为京昆高速公路与 S107（一级路）进行交通转换的服务型立交，立交出口与关中环线平面交叉，由于收费站距离平交口距离较近，运营过程中车辆排队现象经常发生，对 S107 的正常运行也造成了一定影响。由于京昆高速公路主线在涝峪立交后由平原区进入山区,设计速度由120km/h变为80km/h,受秦岭地形限制,相当长一段时间京昆高速公路秦岭段不具备原位改扩建的条件。考虑到涝峪立交作为通道改扩建终点的特殊情况,以及秦岭隧道群危险品检查站距离涝峪立交仅2.2km,设计中将涝峪立交和危险品检查站合并为共同节点作为京昆高速公路秦岭以北路段改扩建的终点,合理地解决了节点功能与主线车道过渡的叠加,大大提高了运营的安全性。

图 4-3　东杨枢纽立交

图 4-4　涝峪互通式立交位置

4.1.2　新旧技术标准的衔接

4.1.2.1　起终点新旧技术标准的差异分析

考虑到大部分改扩建高速公路旧路设计时采用的技术标准为以《公路工程技术标准》(JTG B01—2003)为主的原标准体系(以下简称原标准),了解以《公路工程技术标准》(JTG B01—2014)为主的现行技术标准体系(以下简称现行标准)与原标准之间的差异,有利于改扩建设计更好地适应社会经济的发展需要,有利于适应国家相关政策的调整,有利于更好地指导施工,有利于改善运营安全。

(1) 设计理念的差异

现行标准明确了以公路功能作为确定技术等级和主要技术指标的主要依据,而原标准为了便于操作,实践中都是以交通量作为技术等级选用的决定因素,忽视了其他因素的影响,造成了路网等级结构不合理,功能与实际脱节等问题。

(2) 运行速度及安全性评价理念的引入

现行标准明确了设计应采用运行速度检验的规定。运行速度综合考虑了驾驶行为、心理、视觉要求、汽车性能、线形要素,能显著提升路线各指标的协调性、一致性和安全性。现行标准还规定二级及二级以上的干线公路应在设计时进行安全性评价。安全性评价是为了进一步优化设计方案,提高总体设计质量,通过对全线设计成果、方案进行运行速度的测算与分析,针对各专业之间单项指标衔接组合的协调性、一致性进行速度方面的安全性分析与评价,同时通过测算运行速度的分析与评价对平、纵断面技术指标,横断面组成,视距安全等方面进行安全检验,对有安全隐患问题的路段提出建设性设计修改意见。同时,也为特大桥、隧道、立交等特大工点、交通工程及沿线设施设置的安全性提供一些补充完善措施和手段。

(3) 路线平面、纵断面、横断面设计主要指标的调整

平面设计指标与最大超高取值相结合。现行标准调整了原标准中平曲线半径与设计速度单一相关的关系,改为与设计速度及最大超高取值多因素相关,提高了设计的灵活性及适应性。

纵坡控制指标的调整。现行标准将原标准中120km/h设计速度最大纵坡4%调整为3%,是由于较陡的纵坡会影响上坡车辆的运行速度,进而影响道路的通行能力。同时,由于我国高速公路长大纵坡路段交通事故相对集中,为提高道路运营的安全性,对最大纵坡进行了修正。

横断面的主要指标调整遵循功能主导原则,现行标准规定:八车道及以上高速公路,在内侧1、2车道主要通行小型车辆时,其车道宽度可采用3.5m。现行标准不再规定中央分隔带推荐值,调整为"根据公路项目中央分隔带功能确定",此外,现行标准取消了路基总宽度指标。

(4) 路面设计标准的细化

路面设计轴载标准对高速公路的建设成本、运营养护和路面使用寿命等问题有着显著的影响,现行标准在综合考虑原标准的延续性、现行汽车荷载标准、工程建设和路网运营的基础上,补充增加了"对于重载交通路段,可采用分向、分道根据实际的轴载谱进行路面结构设计"的导向性规定,为重载路段轴载标准的确定预留了灵活选择的空间。

此外,现行标准细化了设计车辆类型,增加了设计车辆总体尺寸。在原标准的基础上,新增大型客车、铰接客车两种车型,车辆类型由三类增至五类。最大总长铰接列车为18.1m,较原标准增长4.1m,最大总宽由2.5m增至2.55m。

(5) 桥梁的安全性和耐久性要求提高

随着全社会越来越关注桥梁等结构工程的安全性和耐久性,结合相关标准对各类结构工

程设计使用年限的调整,现行标准参考了铁路、市政、建筑等行业规定,给出了结构设计使用年限,尽量避免频繁的维修、拆除与重建。具体到桥涵结构,现行标准在利用车辆荷载计算时,将 1.4 的分项系数提高至 1.8;对涵洞、桥台等局部加载提高约 28.5%。现行标准沿用原标准中的结构重要性系数概念,但设计安全等级对应桥涵结构有调整:中小桥由原 1.0 提高至 1.1;涵洞由原 0.9 提高至 1.0,效应增幅 10%;公路—Ⅰ级比汽车-超 20 级平均增加约 18%,最大负弯矩时公路—Ⅰ级比汽车-超 20 级平均减小约 9%。

(6)交通安全设施规范的重大调整

①强化以人为本、预防为主的设计原则,鼓励优先设置主动引导设施,充分发挥其预防交通事故发生的作用。《公路交通安全设施设计规范》(JTG D81—2017)更是从交通标志的设置原则、结构形式和交通标线的材料耐久性等方面突出了主动引导设施在方便驾驶员认知、合理引导交通流等方面的功能和作用。

②加强公路交通安全设施的系统化设计和总体设计,使人、车、路和环境形成一个用户友好、良性互动的安全保障系统。任何活动都可能归结于人、机与环境组成的系统,事故是由人的不安全因素、车的不安全状态和不良环境造成的。公路交通运营系统是由人、车、公路环境等三部分组成。与火车在轨道上行驶、船舶在海洋中航行相比,公路交通运输属于更为开放的运营环境,公路使用者、车辆、公路环境相互影响,使得公路交通运输系统异常复杂,公路使用者的不安全行为极易诱发交通事故,而车辆和公路环境的不安全状态会增加事故的严重后果。

③突出安全防范重点,对隧道出入口、长大陡坡等特殊路段、交通标志的支撑方式和交通标线的夜间反光性等给予了高度关注,并提出改善措施。《公路交通安全设施设计规范》(JTG D81—2017)对隧道出入口等特殊路段,提出了"特殊路段应作为一个独立的设计单元,并考虑交通标志、标线和护栏等设施的综合设置"的思路。

④宽容性设计与无缝防护理念相结合。《公路交通安全设施设计规范》(JTG D81—2017)提出了净区宽度的计算方法,对位于计算净区宽度范围内的行车障碍物,分类提出了处置措施;在计算净区宽度不能得到满足,而导致驶出路外产生的事故严重程度高于碰撞护栏的严重程度时,才考虑设置护栏。《公路交通安全设施设计规范》(JTG D81—2017)首次对中央分隔带活动护栏提出了防护等级的要求,规定"中央分隔带开口护栏防护等级宜与相邻路段保持一致。线形良好路段经论证可低于相邻路段 1~2 个等级,但高速公路中央分隔带开口护栏不得低于三(Am)级。"《公路交通安全设施设计规范》(JTG D81—2017)还首次增加了缓冲设施的设置规定,对未进行安全处理的位于公路计算净区宽度内的路侧护栏上游端部,提出了设置防撞垫或防撞端头的要求,对高速公路的互通立交主线分流端、匝道分流端等位置提出了设置防撞垫的要求。上述规定体现了高速公路无缝防护的理念,与宽容性设计一起最大限度地降低交通事故的严重程度。

⑤以事故风险分析为基础,科学量化护栏防护等级的选取原则,合理选取护栏形式。根据《公路护栏安全性能评价标准》(JTG B05-01—2013)的规定,护栏防护等级在原有五级的基础

上,增加了两级高性能护栏(HB、HA级)和一级经济型护栏(C级)。《公路交通安全设施设计规范》(JTG D81—2017)采用事故风险分析理论,提出了护栏各防护等级的选取原则,不再定性提及"一般事故""重大事故""特大事故",而是根据车辆驶出路外或进入对向车行道可能产生的事故严重程度等级,科学选取护栏防护等级,为进一步提高我国高等级公路的防护水平提供了技术依据,为占我国总里程约75%的低等级公路提供了经济实用的防护保障,总体做到了"基本保障、按需调整"的防护等级选取方法。在选取护栏形式时,《公路交通安全设施设计规范》(JTG D81—2017)规定:路侧或中央分隔带护栏面距其防护的障碍物的距离,应大于护栏最大横向动态位移外延值(W)或车辆最大动态外倾当量值(V_{In})。根据防护车型和障碍物的类型来选取护栏的变形值,可最大限度地保障被防护对象免受车辆碰撞;对于大型车辆所占比例较大的路段,《公路交通安全设施设计规范》(JTG D81—2017)规定,除位于冬季风雪较大的地区外,中央分隔带护栏宜使用混凝土护栏。这是从工程实践的角度作出的一个重要规定,对于中央分隔带土基比较松软、大型车辆较多的路段,可有效避免大型车辆穿越中央分隔带造成二次严重事故。

(7)交通工程及沿线设施配置标准

现行标准取消了交通工程及沿线设施等级划分,改为以公路功能分类、技术等级和交通量为基础,三大设施各自建立相对独立的规模配置体系。对服务设施提出了按功能需要配置的规定,总体上提高了公路的服务水平,对管理设施提出了与公路功能相适应的配置规定,对监控设施根据公路功能划分为四个等级并明确了适用范围,对高速公路根据需求分为全程监控和分段监控两种模式。对收费设施的交通量规划年限、ETC(Electronic Toll Collection)收费系统的设置、通信管道的容量与适用效率、配电系统的负荷等级、照明设施的设置与技术要求做了修订。

4.1.2.2 新旧技术标准的衔接方案

(1)原路路线平、纵断面指标不满足现行标准规范的处理方案

原路技术指标不满足现行规范下限要求,但在现行规范提出的可论证后实施的增加范围内时,应对该路段结合运营年限内的事故资料进行综合分析评价,同时考虑该路段在全线的占比、优化该路段增加的工程规模、影响范围及交通保畅难度等多种因素,进行经济技术比选论证后,确定是否需要满足现行规范。

(2)路基路面拼接设计

①改扩建方式采用分离式路基断面时,在新建路基上进行路面结构设计时应按照现行标准进行设计。

②利用原路基进行路面拼接设计时,应协调原路面结构及结构层材料类型进行设计,路面结构的总体承载能力要一致。旧路基强度不足时,要进行相应的处置,使拼接后的路面衔接平整,强度与稳定性符合规定要求。

③软弱地基以及采用特殊填料(填石、膨胀土、粉煤灰、粉土)的特殊路基地段,路面拼接

设计应注意路基沉降观测,应根据试验结果或经验确定路基允许沉降标准和新旧路基差异沉降标准,并严格控制,防止拼接后路面间产生差异沉降。

(3)构造物拼接中新旧标准的衔接

应充分认识新旧标准差异、充分认识检测评定与设计规范之间的差异、充分考虑拼接施工方法和特点。

①桥梁加宽必须建立在对旧桥检测评定与加固维修的基础上,即根据两者的综合评估结论确定加固与否,再进行拼接优化设计,综合考虑结构受力、施工工艺、交通组织、造价等因素确定拼宽方式。在保证安全的前提下,按尽量利用的原则设计,即尽量利用原有结构或构件。

②现状构造物评价应由具有相应公路工程综合检测资质的单位进行评价。桥涵评价的程序和内容应符合现行《公路桥涵养护规范》(JTG 5120)的规定,并符合现行《公路桥梁技术状况评定标准》(JTG/T H21)和《公路桥梁承载能力检测评定规程》(JTG/T J21)的规定。

4.1.2.3 实例

(1)结合利用既有工程和全线土方调配情况解决原纵断面指标不满足现行标准(京昆高速公路荆山塬深挖段)

京昆高速公路荆山塬段路基平均挖深25m,旧路下塬段纵坡采用3.5%,为全线最大纵坡。考虑到《公路工程技术标准》(JTG B01—2014)规定的120km/h设计速度条件下的最大纵坡为3.0%,且挖方边坡经过多年运营的检验,已趋于稳定,设计中结合全线填缺的特点,为了最大限度地利用现有挖方边坡,提出该段采用右侧单侧加宽的方案,同时调整最大纵坡使全线都满足现行标准要求的方案。京昆高速公路荆山塬段纵坡示意图如图4-5所示。

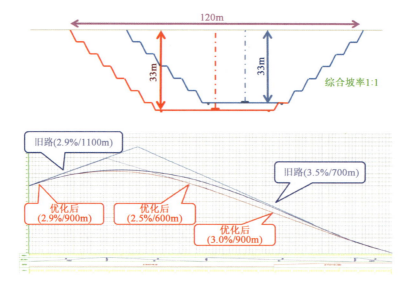

图4-5 京昆高速公路荆山塬段纵坡示意图

(2)在局部受限路段压缩右侧硬路肩宽度(沪宁高速公路昆山互通内被交路长江大道和苏州工业园互通匝道桥)

在沪宁高速公路江苏段改扩建工程昆山互通内被交路长江大道和苏州工业园互通匝道桥设计中,两桥桥下净宽为 2×19.5m,若按标准八车道建设,两桥均需拆除重建,结合互通内硬路肩不准停车的实际交通规定,通过桥下减小硬路肩宽度,保留现有桥梁,以护栏和硬路肩外边缘标线渐变的方式解决了桥梁的拆除和互通的交通问题。

4.1.3 交通保畅设计

对原有高速公路进行改扩建,无论采用何种施工组织方式,必然对原有的高速公路交通流产生干扰,从而影响道路的正常行车。为降低道路施工对区域公路交通格局以及周边路网带来的影响,提前做好施工期交通保畅设计,可以降低对沿线区域经济社会、区域交通出行以及对改扩建工程自身带来的负面效应。

1)保畅设计原则

(1)充分研究区域路网整体作用,尽最大可能提高路网运行效率,降低项目交通组织难度。

(2)确定项目施工期间总体交通保畅方案,为建设单位提供管理和控制的基本建议。

(3)细化保畅方案设计,将施工造成的交通运行影响和财务效益影响降低至合理可接受范围。

(4)合理利用道路自身资源。

2)保畅方案设计的意义

(1)对改扩建工程的意义:在不中断交通的情况下,降低施工与正常交通秩序的相互影响。合理有计划地组织局部路网交通和详细交通组织预案,对改善施工条件、保证工期、提高施工质量有重要意义。

(2)对出行者的意义:合理的保畅方案设计能在项目实施期间对整个路网和节点进行合理诱导和管制,最大限度地降低沿线出行者的不便。

3)保畅设计思路

首先对项目的技术现状与交通运输现状以及所在区域的公路网现状进行调查,同时收集有关 OD 调查(交通起止点调查)资料、各相关道路技术现状与交通量等资料。在此基础上,结合施工方案计算项目在改扩建施工期间不同服务水平下的通行能力,分析施工期间在期望的道路服务水平条件下项目需要分流的交通量。结合基础资料,确定交通诱导策略,进而提出改扩建工程交通组织的总体思路。

4)路网分流方案

(1)分流车型选择

选择分流车型要考虑通过车辆运行特性以及对改扩建施工影响程度;要分析区域次级公路网的技术状况和通行能力;还应根据区间交通需求的性质和交通出行分类以及通行安全、经济收益、管理措施等综合因素,以交通组织设计原则为基础确定适合通行环境和条件的车型进行科学合理的分流。

(2)分流路径选择

根据区域路网的技术状况、交通量预测结果、通道交通承载能力,并结合交通流向预测结果,将车辆出行分长途过境和区间出行两部分进行分流路径的设定。

(3)分流点设置

①诱导点:设置在区域路网内各主要高速公路互通枢纽交叉口处,并通过媒体宣传发布项目道路改扩建施工信息。在改扩建施工期间主要以交通疏导为主,提示过往车辆择路绕行。

②分流点:设置在区域内路网主要交叉口,以强制性交通疏导为主,必要定向的交通管制措施为辅,实现关键路段、关键节点的分方向强制性交通分流。

③管制点:设置在项目沿线所有重要互通出入口处。在节假日及交通异常事件下以强制性交通管制为主要手段,强制疏导主线与关键相交路段各方向车辆,控制项目路段交通流量。

5)制定交通组织应急预案

为保障项目路段改扩建期间的行车安全以及降低项目路段改扩建期间各种突发事件对影响区内人民生活的影响,需结合项目特点制定项目路段周边路网分流应急预案以及施工期间发生交通事故、恶劣天气、节假日、特殊事件下的交通组织应急预案及交通突发事件应急处理流程。将交通事故细分为路段、互通、主线桥来考虑,并根据不同事故地点所发生交通事故的严重程度,提出具体的交通组织措施。当发生重(特)大交通事故时,应立即启动紧急救援系统,并明确改扩建期间交通事故紧急救援的任务,以及紧急救援点的位置、救援范围、救援车辆和人员配置。

4.2 总体设计要点

4.2.1 改扩建主要控制因素分析

4.2.1.1 测量手段及精度

测量是改扩建项目空间信息数据采集十分重要的手段,对于改扩建项目来说,现有公路最重要的基础数据是拟改扩建高速公路实际平、纵断面线位数据及沿线构造物的定位及高程。考虑到我国公路建设情况及现有竣工资料的实际情况,仅依靠竣工资料难以满足改扩建要求,此外,由于改扩建工程对测量精度的要求远高于新建工程,加之现有高速公路交通量大,难以在旧路上进行过多的定点测量,故应以现实中成熟的空间地理信息技术为依托,结合先进的测量手段,充分整合现有数字化资料。

4.2.1.2 桥梁检测加固

(1)桥梁检测结果是确定采取拆除重建、加固改造或直接利用等方案的基础

公路改扩建的根本目的,在于提高公路通行能力和服务水平。考虑到节约资源、保护环境和节省投资的需要,对原有桥涵必须加以充分利用。准确合理的检测结果是高速公路改扩建桥梁利用的依据,也是设计方案制定的基础。

(2)拼接加宽的原有桥涵部分应采取加固措施后满足现行标准要求

加固方案是原有桥涵进行拼接利用的前提,加固后的桥梁承载能力需要满足原标准极限状态荷载要求。在设计时应控制出现承载能力极限状态的概率,使其处于很低的水平,这是确保结构安全的重要前提和基础。

4.2.1.3 桥涵拼宽方案

1)规范体系的理解

改扩建设计涉及对旧桥涵、新加宽桥涵和拼宽后新、旧桥涵组成整体桥涵的设计验算评价。由于改扩建项目中旧桥涵依《公路钢筋混凝土及预应力混凝土桥涵设计规范》(JTJ 023—1985)或(JTG D62—2014)设计,2014 年 9 月 30 日、2015 年 9 月 9 日交通运输部分别颁布了《公路工程技术标准》(JTG B01—2014)与《公路桥涵设计通用规范》(JTG D60—2015),但因当时新的规范体系中的《公路钢筋混凝土及预应力混凝土桥涵设计规范》《公路桥涵地基与基础设计规范》尚未颁布,相关内容仍按 JTG D62—2004 执行。改扩建项目桥涵设计基本涉及三套规范体系,必须正确理解和衔接,明确所采用的规范。

2)规范体系的选用

针对高速公路改扩建工程的特点,围绕技术标准采用、既有资源利用、改扩建方案选择、人工构造物拼接、建设与运营协调等方面,在充分总结近二十年国内实践的经验,以及保障安全的前提下,提出以下规范选用理念。

(1)新建桥涵及整体式拼接桥涵新建部分按照《公路桥涵设计通用规范》(JTG D60—2015)的要求执行,承载能力极限状态和正常使用极限状态均需满足《公路桥涵设计通用规范》(JTG D60—2015)的要求。

(2)整体式拼接桥涵既有桥涵部分,根据桥梁检查与检测结果,采用引入分项检算系数修正极限状态表达式的方法进行结构检算,其承载能力极限状态应满足《公路桥涵设计通用规范》(JTG D60—2015)的要求,正常使用极限状态应满足《公路钢筋混凝土及预应力混凝土桥涵设计规范》(JTJ 023—1985)的要求。

(3)必要时以荷载试验的方式评定桥梁承载能力。

(4)分离式桥涵增建时,既有桥涵的检测评价按照《公路钢筋混凝土及预应力混凝土桥涵设计规范》(JTJ 023—1985)进行,承载能力极限状态和正常使用极限状态均需满足《公路钢筋混凝土及预应力混凝土桥涵设计规范》(JTJ 023—1985)的要求。

(5)对不满足上述条件的既有桥涵结构或构件采取加固补强措施,加固后仍不满足的应拆除重建。

4.2.1.4 路基路面拼接技术

1)路基路面的检测评价

现有路基及路面结构经过多年的使用,由于在车流荷载的作用、路基天然地基的受力变形、地下水环境的改变等方面的影响下,路基填土的物理、力学性质已发生了很大的变化,加之施工期的遗留问题,使得部分路段现有路基、路面结构已经产生了不同程度的病害现象。针对现有路基及其路面结构的基本性能检测与评价直接关系到路基路面改扩建工程设计的合理性和整体工程规模。

2)旧路路面改扩建利用

高速公路经历多年的运营后由于多方面因素的影响,不少路段出现了不同程度的病害、损坏,普遍存在旧路路面检测弯沉值偏大的问题。针对改扩建后的交通分布,引入分车道设计的思想,提出旧路路面改扩建利用遵循以下基本原则:

(1)满足弯沉要求;

(2)满足结构层厚度要求;

(3)消除旧路现有病害。

3)路基拼接设计

由于路基基底差异沉降对拼接处应力变化最为明显,同时最大拉应力位于路床及路面部位,拼接方案应调整新旧路基拼接部位的应力状态,保证加宽路基与旧路基的良好衔接,避免或减少横向错台和纵向裂缝的发生。

4)路面拼接技术

由于路面层承受外荷载作用较大,路面的拼接主要考虑新旧路面拼缝处的受力状态和整体强度。设计中结合旧路路面结构及所在地区成功经验进行多方案比选,择优选择。

4.2.1.5 收费站改造方案

1)现有收费站的适应性分析

现有收费站投入使用时期不同,部分交通量较大的收费站已经进行了改扩建,主线改扩建时,应采用改扩建工程预测交通量、交通组成、交通流特性、安全性评价结果及新技术的应用等指标,分析收费站的通行能力和服务水平是否满足高速公路改扩建项目末期的使用要求。

2)收费站改扩建模式选择

(1)通过增加收费车道

通过扩大广场规模,增加收费车道数,提升收费站通行能力。车道数增加包括横向增加和纵向增加两种方式。

(2)设置单岛多亭车道或往复式车道

单岛多亭收费是在原车道收费设备的基础上,再增加一套或多套收费设备,按照交通量大小灵活开启,提升收费车道的通行能力和服务水平。

(3)增加不停车收费车道,缩短服务时间

增加不停车收费车道,对于以小型车辆为主的收费站,可以显著提高收费站的通行能力。

4.2.1.6 控制性工程改扩建方案

控制性工程的改扩建方案宜结合前一阶段的审查意见,对控制性工程存在的技术问题及审批特点通过专题研究、多方案分析比较后确定。方案中应落实技术方案,计算工程数量,提出施工及交通保畅方案,修正投资规模。

4.2.2 技术指标的采用

指标选用原则:

1)最大限度地利用原有工程

最大限度地利用原有工程是改扩建工程的基本要求,需要用理念的创新和技术的保证实现最大限度的利用。

2)合理选择方案

合理的改扩建方案需要体现以下几个方面:

(1)严格的土地政策;

(2)降低施工期交通组织的难度,确保建设期公路的连续运行;

(3)因地制宜,采用成熟、合理的工程技术,控制工程风险;

(4)工程费用合理。

3)体现可持续和安全发展理念

公路工程是一个随时间发展的动态工程,改扩建工程既要充分考虑项目建设期的条件,又要为未来交通发展留有空间。具体表现在以下几个方面:

(1)积极适应沿线发展规划,为沿线经济发展提供相应的空间;

(2)采用合理的方案实现全寿命周期的成本最低化;

(3)充分重视运营安全,涉及运营安全的指标,改扩建时应优先考虑。

4.2.3 特殊路段的安全性设计

4.2.3.1 特殊路段的组成

由于我国最早的高速公路建设跨度较大,建设方式多样,不同路段的技术标准不一样,不同时期采用的技术标准也不一样。针对上述情况,结合我国交通发展新的要求,提出了改扩建特殊路段的概念,特殊路段组成如下:

(1)原则上对不满足现行公路工程技术标准的路段,应进行充分论证。在满足公路运行安全性要求和公路总体通行能力要求的基础上,局部可以适当降低标准的路段。

(2)旧路满足相关的交叉工程强制性标准的要求,但改扩建后与相关标准存在争议的路段,在通过安全性评价后获得相关单位认可的路段。

(3)结合运营期的事故资料,经分析论证存在与道路相关的事故黑点的路段。

4.2.3.2 特殊路段的安全性设计决策原则

(1)特殊路段改扩建的基本原则仍然是最大限度地利用原有工程。强制性标准应无条件执行。对降低工程投资有明显作用又对运行安全影响较小的技术指标可以灵活选用。

(2)充分了解并深入研究相关交叉工程的强制性标准,严格落实相关单位安全性评价提出的必须整改的意见。对工程规模影响较大的方案在征得相关单位同意后,进一步优化该区域内交通安全设施设计,确保运营安全。

(3)结合交通运输管理部门的事故认定,认真研究事故的道路相关性,在工程规模可控的基础上,以提高运营安全性为目标,尽量完善该区域的交通安全设施设计。

4.2.3.3 特殊路段的安全性设计决策实例

沪宁高速公路改扩建工程中的昆山互通内被交路长江大道、苏州工业园互通匝道桥等路段,桥下净宽为 $2\times19.5\mathrm{m}$,若按标准八车道两侧拼宽方案建设,两桥均需拆除重建,工程规模及社会影响巨大。为了充分利用现有工程,在满足行车安全侧向余宽(路缘带宽 $S1+$ 相应设计速度的 C 值)的基础上,设计中结合规范中对最小硬路肩宽度的规定,以及结合互通式立交内硬路肩不准停车的实际交通规定,在高速公路下穿桥梁段落将标准硬路肩宽度由 3m 压缩至 1.5m,同时设置变宽过渡段,硬路肩跨度渐变率不大于 $1:50$。沪宁高速公路改扩建压缩硬路肩宽度路段如图 4-6 所示。

图 4-6 沪宁高速公路改扩建压缩硬路肩宽度路段

4.2.4 既有道路资源的利用

1)道路资源的概念

当前,我国道路交通资源利用形势严峻,土地资源约束日益凸显。为探索行之有效的资源节约型、环境友好型高速公路改扩建发展模式,实现公路发展对资源与能源的少用、用好、循环用,增强发展的全面性、协调性和可持续性,首先要建立道路资源的概念。道路资源包括现有道路占用的土地资源、现有道路的结构工程、路基路面工程、交通安全设施、机电工程等公路占地界内的各种设施。

2)整体利用思路

(1)增强改扩建设计中的集约、节约用地意识,充分利用新技术,尽最大可能减少占地。

(2)充分重视道路工程建设中的废物再生利用技术。

改扩建工程建设,在产生大量的废旧道路工程材料的同时需要大量的土木工程材料,改扩建工程为废物再生利用提供了重要的场所,因此,改扩建工程中使用再生材料具有重要的社会和经济效益,参考国内外相关建设经验,涉及以下几种技术:

①废旧沥青混凝土再生利用技术。

沥青路面的再生利用,是将旧沥青混凝土路面经过翻挖、回收、破碎和筛分后,与再生剂、新沥青材料或新结合料、新集料等按一定比例重新拌和成混合料,在满足路用性能的条件下重新铺筑于路面的技术。

②废旧水泥混凝土再生利用。

废旧水泥混凝土再生利用应依据废物的发生源和品质不同而选择不同的方法,通常采用的再生利用方法有:利用预填集料技术或后填集料技术生产大型混凝土构件,利用再生集料生产再生混凝土、生产再生路基材料等。

③城市周边项目建筑垃圾的利用。

通过参考已实施工程的经验,以及改扩建路用建筑垃圾的分类方法和标准,将其按标准进行等级分类,并结合现场试验,了解建筑垃圾的性能,进而提出建筑垃圾填筑路基合理的施工机械组合、碾压工艺、松铺厚度及压实质量控制方法,为大面积推广提供指导。

④原有护栏和交通标志的利用。

在对现有钢板护栏进行客观的材料性能评估、腐蚀程度评估、外观评估后,制定符合项目实际的标准,同时结合相关规范确定再利用的要求和方案。

在对现有交通标志进行客观的材料性能评估、腐蚀程度评估、外观评估后,制定符合项目实际的标准,结合版面内容确定利用方案。

3)实例

京昆高速公路涝河桥以南段落,结合路基原有填料的特点,通过多次论证和现场试验检验,实现了建筑垃圾与既有路基的拼接,成功填补了该领域的空白,也进一步丰富了改扩建路基的拼接技术。

4.2.5 数字化技术和信息化技术应用

高速公路改扩建工程作为国家基础设施的重要组成部分,按照《交通强国建设纲要》《数字交通发展规划纲要》的要求,提出了改扩建工程设计的目标:充分利用现有的高新技术,以空间地理信息技术为依托,借助计算机和公共信息网络,把与高速公路相关的数据信息化、数字化,实现高速公路改扩建工程全要素、全周期数字化。

4.2.5.1 高速公路改扩建的信息化特点

1)改扩建基础数据数字化复杂

改扩建设计基础数据来源于设计施工、检测评定、运维养护、服务交互四个方面,基础数据组成多样,既有工程线长、点多、面广,其数字化实现往往需要采取基于快速数字化的后建模处理方法,一般可以采取倾斜摄影+BIM、三维激光扫描+BIM或图像摄影测量处理技术,实现道路路线、沿线基础设施、长大桥梁和长大隧道等特殊结构物的快速数字化信息提取,逆向建立BIM模型,实现既有工程数字化。

2)顶层设计和数据联通难度大

在具体实施层面,当前大多以具体的某一项或某一类功能应用着手,过多突出条块化的功能设计,对于数据采集、管理、分析与应用,缺少自上而下的顶层设计。因为缺乏数据与功能的顶层设计,当前服务于不同功能的数据往往是相互分割孤立的,数据之间还没有深度"握手",数据资源的集群合力效应有待提升。

4.2.5.2 高速公路改扩建数字化和信息化中的关键技术

1)数据分析与应用问题

实现改扩建基础数据数字化,如何将数据资源变为数据价值,赋能项目设计,是数字化和信息化改扩建设计的关键技术问题。实际操作中要做到先数据、后应用,数据是本源和根基;应用是数据数字化这棵大树的果实和枝叶。因此,需要坚持以数据驱动为导向,牢牢把握数据核心,做好、做全数据基础。

2)BIM技术应用

BIM技术的应用,将设计线路以三维立体实物图的形式展示,将各部分构件之间形成互动性和反馈性的可视,在设计、施工、运营过程中进行沟通、讨论、决策。施工前,BIM信息模型对各专业的碰撞问题进行协调检验,帮助设计人员进行修改解决。BIM技术还可以模拟不能在真实场景中进行操作的事物。招标和施工阶段可以加上时间进度进行四维(4D)模拟,还可以加入造价控制进行五维(5D)模拟,运营阶段可以进行日常紧急情况和处理方式的模拟。在设计、施工、运营过程中,能很好地提高信息量,将复杂问题简单化,极大地节省时间,更高效、更便捷地提高设计、施工及运营管理的质量。

4.2.5.3 应用实例

京昆高速公路改扩建工程空间信息数据的采集中,应用高分辨率卫星遥感技术,实现全线地形、地貌、地物数据的收集,应用低空大比例航空摄影技术实现卫星信号受限区域道路既有工程数据的收集,应用车载激光雷达技术实现了更高精度要求的路面信息采集。充分整合收集到的各种基础数据,共同构建了空间数字地面模型和数字化路基模型,实现了一个数据模型多种用途兼容。利用BIM技术实现了渭河特大桥的工点管理。通过桥梁设计信息模型和形象视觉效果可以把施工中的每一道施工工序、施工方法呈现在设计人员的眼前,可以及早发现设计中存在的一些问题,能明显提高设计质量,进而提升项目管理水平。

4.2.6 相关专题研究

4.2.6.1 研究专题内容确定

1) 专题研究背景

各地的自然、社会、经济等基础条件不同,路网分布差异较大,高速公路进行改扩建的技术条件迥异,导致各地在实施高速公路改扩建工程时存在着建设理念与指导原则不统一、建设方式差别较大,对关键技术指标的理解存在着异议,以及改扩建实施期间对沿线经济社会正常运转和人民出行方式产生的影响不一等问题。

现行技术标准和规范体系中对改扩建工程的针对性不强、覆盖面不足,导致不同的高速公路改扩建工程各自针对项目需求独立开展专题研究,各自制定相应的设计、施工指导意见的现象比较普遍,研究成果比较分散,且内容多为具体的技术措施,可复制的推广性较差。

涉路技术标准的变化导致出现如何理解改扩建工程所指的"原路"所定义的范围这一问题,以及如何理解"老路老标准,新路新标准"和"老桥老标准,新桥新标准"的问题。

2) 一般专项内容

结合前一阶段的研究成果,对设计阶段涉及地震安全性评价、交通安全性评价、交通组织设计、公路桥梁和隧道工程安全风险评估、涉黄河水利委员会及长江水利委员会的桥梁技术要求专项、涉铁路技术要求专项等方面,同时结合各改扩建工程的特点,结合工程实际需要增加专项、专题。

4.2.6.2 常见专题需求分析

1) 工程场地地震安全性评价

根据《地震安全性评价管理办法(暂行)》(中震防发〔2017〕10号)的规定,第五条为"下列建设工程应当进行地震安全性评价:(一)国家重大建设工程;(二)受地震破坏后可能引发水灾、火灾、爆炸、剧毒或强腐蚀性物质大量泄露或者其他严重次生灾害的建设工程,包括水库大坝、堤防和贮油、贮气,贮存易燃易爆、剧毒或者强腐蚀性物质的设施以及其他发生严重次生灾害的建设工程;(三)受地震破坏后可能引发放射性污染的核电站和核设施建设工程;(四)省、自治区、直辖市认为对本行政区域有重大价值或者有重大影响的其他建设工程。"

工程场地地震安全性评价,应根据对建设工程场址和场址周围的地震与地震地质环境的调查,场地地震工程地质条件勘测,通过地震地质、地球物理、地震工程等多学科资料的综合评价和分析计算,按照工程类型、性质、重要性,科学合理地给出与工程抗震设防要求相应的地震动参数,以及场址的地震地质灾害预测结果。

勘察设计单位应把项目信息提供给省地震局报请是否需要开展地震安全性评价。若需要,则按省地震局要求开展相关工作。

2)涉航道工作

根据《航道通航条件影响评价审核管理办法》(中华人民共和国交通运输部令 2019 年第 35 号)规定,航道通航条件影响评价应在工程可行性报告阶段完成,以稳定航道等级、合理拟定跨航道桥梁总体方案。高速公路改扩建时,其一般均已通车运营 10 年以上,沿线跨越的航道通航要求可能有所提升,直接对旧桥进行拼宽处理会不满足要求,因此需在工程可行性报告阶段,按航道所属审批权限对航道等级及通航要求进行重新确认,并获得相关许可,稳定总体改造方案。

3)涉铁路工作

涉铁路工作需要沟通的单位为铁路主管部门和产权单位。一般涉铁路工作只需上报工程可行性报告方案审批,特殊情况下(需改造铁路构造物、跨铁路施工、与铁路新的运营设计技术标准冲突等)需上报初步设计及施工图设计方案审批。涉铁路工作须委托涉及铁路的原设计单位开展专项研究,专项成果经评审后上报铁路主管部门审批。

4)防洪影响评价

根据《中华人民共和国防洪法》规定,建设跨河、穿河、穿堤、临河的桥梁、码头、道路、渡口、管道、缆线、取水、排水等工程设施,应当符合防洪标准、岸线规划、航运要求和其他技术要求,不得危害堤防安全,影响河势稳定、妨碍行洪畅通。按中华人民共和国水利部《河道管理范围内建设项目防洪评价报告编制导则》的要求,根据建设项目的基本情况、所在河段的防洪任务与防洪要求及其他工程设施的分布情况等,委托有资质的单位编制防洪评价报告。

5)项目安全性评价

根据《公路项目安全性评价规范》(JTG B05—2015)对改扩建项目进行安全性评价。项目安全性评价是从公路使用者行车安全的角度对公路设施的规划、研究、设计成果或现有公路路况影响行车安全的潜在因素进行评价。主要目的在于调查分析现有设计存在的安全问题,提出整改措施,主要包括:交通事故形态分析及事故黑点路段诊断、运行速度与设计速度的一致性评价、道路设计指标的规范符合性检查、道路条件现状安全性评价等。此外,还要加强对改扩建引发的新的安全性问题分析,如交通量增大、车道数增加、驾驶员对沿线交通设施的视认性变化,车道变换危险程度上升,立交扩宽、增加或形式变化引起分合流等引起的交通流随机性增加引发的交通管理问题。

6)施工期交通组织

施工期交通组织专题研究是高速公路改扩建工程的必要工作,贯穿着整个工程建设的前期方案、设计、实施各个阶段。要结合改扩建项目的初步设计方案和特殊节点的工程方案,深入研究项目的交通组织方案。在功能保障、成本、社会效益、经济效益多因素条件下,寻求合理的交通组织方案。施工期交通组织设计应与主体工程设计同步进行或先于主体工程设计,并应进行动态设计,联动优化。

7)公路桥梁和隧道工程安全风险评估

根据《关于在初步设计阶段实行公路桥梁和隧道工程安全风险评估制度的通知》(交公路发[2010]175号)的要求,在初步设计阶段对公路桥梁和隧道工程方案实行安全风险评估制度,增加安全风险评估工作环节。桥梁工程主要评估范围:桥址处地震烈度大于7度且跨径大于150米的桥梁;隧道工程主要评估范围:偏压、大断面、变化断面等结构受力复杂的隧道,长度大于3000米或通风、照明、救援等要求特殊的隧道。勘察设计单位负责编制或委托有资质的单位编制安全风险评估报告并开展相关评审工作。

4.2.6.3 应用实例

1)涉铁路工作

以京昆高速公路改扩建工程蒲城至涝峪段为例,项目下穿运营的货运北线及西成高速铁路,铁路虽预留了两侧加宽至八车道的宽度条件,但受铁路运营对铁路范围内土建施工要求的变化,为减小高速公路拓宽施工对邻近铁路桥墩及基础的不利影响,根据中国铁路西安局批复意见,既有京昆高速公路下穿货运北线及西成高铁段采用将路基改为桥梁形式通过。

以京昆高速公路改扩建工程蒲城至涝峪段为例,项目下穿运营的西延铁路及咸铜铁路,铁路未预留京昆高速公路沿两侧加宽至八车道的条件,通过与铁路运营管理部门及原铁路设计单位的沟通,从提高京昆高速公路运营安全性的角度出发,提出了改建现有铁路桥的方案。在设计过程中,结合施工及交通保畅方案对铁路运营的影响,经过多次与铁路主管部门的沟通,提出了增加中央分隔带宽度布置两孔独立铁路框架桥的方案。该方案能将对铁路运营的影响时间减少3个月,同时取消了一座保通用铁路桥。

2)涉防洪影响

以京昆高速公路改扩建工程蒲城至涝峪段为例,项目在西安市北面,跨越渭河,现有渭河特大桥采用$35\times30m$预应力混凝土连续箱梁结构,桥梁全长1056.64m。渭河特大桥建成时间较早,全桥均采用30m跨径桥梁。根据项目防洪影响报告及黄河水利委员会的最新要求,跨越渭河主河道桥梁跨径必须不小于80m(黄河河道管理范围内建设项目技术审查标准:渭河咸阳铁路桥下游,间距不小于4km,主河槽跨径不小于50m,上下游4km范围内有跨渭河桥梁),结合工程可行性报告的批复要求,确定项目渭河特大桥采用旧桥拆除,下游新建八车道渭河桥的方案,为减少旧桥存在期间的桥墩阻水,主跨径采用120m波形钢腹板,其余为60m的钢箱梁。

第5章 路线设计

5.1 改扩建设计的一般要求

5.1.1 路线设计对总体设计的响应

与新建高速公路工程设计相比,改扩建工程设计所包含的内容更多、牵涉面更广。工程设计必须解决好原路评估、新旧路拟合、路基拼接、路面拼接、桥梁拼接及加固改造、互通改扩建和交通组织等技术难题。

改扩建工程中的重要环节,也是改扩建工程方案研究的基础,即对拟改扩建高速公路的特点进行评价和分析。主要包括:拟改扩建高速公路运行安全性评价、拟改扩建高速公路状况评价(包括路基、路面、桥梁、排水等工程的评价)、交通量分析、通行能力评价等内容。

1)拟改扩建高速公路运行安全性评价

拟改扩建高速公路运行安全性评价可参考《公路项目安全性评价规范》(JTG B05—2015)进行评价,重点找出拟改扩建高速公路中不利于运行安全的路段与原因,进行有针对性的措施,尤其需重视拟改扩建高速公路路线线形组合不良或者事故多发段等重点或危险路段。

2)拟改扩建高速公路工程状况评价

拟改扩建高速公路工程状况评价包括两部分,一是道路符合性评价,二是道路质量评价。道路符合性评价是依照确定的改扩建标准与拟改扩建高速公路进行对比,找出标准、指标不满足要求之处,在方案研究中制定相应的对策。

道路质量评价工作是为了充分利用既有工程,通过评价工作提出改扩建方案。进行拟改扩建高速公路工程评价需要开展全面的调查工作,包括:

(1)拟改扩建高速公路建设资料的收集;

(2)拟改扩建高速公路几何形态的测量、各项工程位置的测量,包括路面、路基和公路范围的现有宽度,公路的平面、纵断面指标等;

(3)各项工程使用状况的调查,包括外观调查、路基勘察、结构物检测、可能对改扩建工程造成影响的村镇的地物、规划等。

准确掌握拟改扩建高速公路的基础资料,包括路况调查、桥梁等专项检查和检测等,这些都将为研究项目确定改扩建的规模、标准及为合理选择改扩建方案打下了基础。

5.1.2 路线设计原则

针对高速公路改扩建项目的勘察特点,应重点研究项目空间信息数据,路基、路面、桥涵等相关数据,桥梁结构构件的材质强度数据,交通量、安全事故等数据。同时,对高速公路改扩建工程平、纵断面,不能简单地进行理想化设计,也不能简单地完全利用旧路平、纵断面,而是需要研究拟改扩建高速公路的平面线形和纵断面线形拟合技术及其精度控制指标。

1)平面拟合

高速公路的改扩建,宜根据左、右侧中央分隔带边缘实测点位的平面坐标资料进行平面拟合。一般应基本保持原路设计的平面线形不变,尽量减小拼接设计难度和工程规模。在拟合分析中利用左、右幅硬路肩外缘资料进行校核,绘制拟合误差分布图,计算误差平均值和标准偏差值,同时结合原路设计、施工、运营情况进行拟合误差分析。

平面拟合设计原则与方法

拟改扩建高速公路的平面线形拟合设计应遵循以下原则和方法:

(1)参数的选用必须满足现行规范要求。

(2)根据旧路左右幅实测资料,以明式构造物和隧道等为主要控制因素进行拟合设计,并进行误差分析。

(3)对于两侧拼接路段应通过拟合设计,基本保持原路设计的平面线形。

(4)对于长度较大的圆曲线,设计中宜采用"多圆复曲线拟合法"减小拟合误差,从而提高拟合精度。

(5)明式构造物等主要控制要素误差原则上宜控制在10cm以内,一般路基段宜控制在10~20cm以内,误差指标可结合旧路技术标准适当调整。

2)纵断面拟合

高速公路纵断面线形拟合,宜按左、右幅分别进行拟合。拟合设计应基本保持原路设计的纵断面线形,根据左、右幅中央分隔带边缘实测点位的纵断面高程资料进行拟合,同时利用左、右幅硬路肩外缘的测点资料进行校核,绘制拟合误差分布图,计算误差平均值和标准偏差值,同时结合原路设计、施工、运营情况进行拟合误差分析。

纵断面拟合设计原则

(1)参数的选用必须满足现行规范要求。

(2)纵断面拟合应分段进行拟合设计。旧路纵断面满足技术指标时,重新设计的纵断面线形尽量与原有线形保持一致。

(3)纵断面拟合中,应以现有明式构造物和隧道等为控制点,确保构造物的安全。

(4)除受净空以及构造物限制的路段外,一般路段应遵循"宁填勿挖"的旧路改造原则,即根据路面实施的需要和构造物的限制采用路基宁填勿挖、桥梁不填不挖的原则进行拟合。

(5)充分考虑沿线桥梁的使用情况,针对每一座桥梁的使用情况,采取相应的措施具体设计(如选择新建、顶升或者维持原设计高程)。

(6)尽可能维持现有特大桥、大桥路面高程(现采用的铺装厚度)。

(7)条件受限时,路基与桥梁结合部可采用满足现行规范要求的低限指标,既满足行车舒适性,又减少现有道路设施的拆除。

(8)纵断面线形设计中应考虑与桥梁、路线交叉(互通立交、分离立交、通道)、路面设计、沿线设施改造方案等的协调性,保证工程方案经济、合理。

(9)为进一步提高路面施工控制精度和行车舒适性,在路面施工前一般需对旧路纵坡进行二次分幅调坡设计。调坡设计主要以路面施工技术方案和构造物的桥面加铺层厚度为控制指标,为解决桥头跳车问题,在桥头路段需设置过渡段。

(10)明式构造物的拟合误差需结合其应力储备,宜控制在 $-3\sim3$cm,并满足结构安全需要。误差指标可结合旧路技术标准适当调整,平均值宜控制在 $-5\sim5$cm。

3)线形设计

(1)根据安全性评价建议,结合旧路的平、纵断面组合情况(如危险的曲线半径、曲线线形衔接情况等),对原路的线形指标进行相应调整。对于原路线形组合不良或事故多发路段等重点或危险路段,应提出补救措施。

对凹形竖曲线底部排水不畅路段,应对其纵断面和横坡设计进行综合调整,减小排水不畅路段长度,S 形曲线、同向曲线(含 C 形和卵形)以及长直线的转弯路段,宜增加设置线形诱导标志。

(2)对于新线,应灵活运用技术指标,保证新线与旧路线形标准的连续、均衡,并与沿线相适应。

5.2 改扩建方案的比选论证

5.2.1 新建路段与旧路改扩建方案的比选

纵观国内外高速公路建设情况,提高既有高速公路服务水平的方式不外乎新建分流道路和利用旧路改扩建两种,即扩容与改扩建两种方式。

在现有公路的基础上为提高公路技术等级、通行能力或改善技术指标而提高通行能力、改善旧路沿线设施的称为改扩建工程;在旧路相近或同一走廊带内以新建一条走向基本平行、功能相近的高速公路,用以提升通道通行能力的称为扩容工程。早期沿海平原地区高速公路的改扩建工程一般在论证后二选一,近年来国内山区高速公路改扩建工程中改扩建和扩容组合使用的扩建方式呈增长趋势。

在项目前期研究阶段,是选择扩容还是改扩建是需要回答的第一难题。进行决策主要依据两个方面:一是交通量的发展是否可以通过路网规划加以解决;二是经济布局和交通源需求与既有道路服务水平的适应性。扩容与改扩建方式比较见表5-1。

扩容与改扩建方式比较表 表5-1

比较内容	扩容方式	改扩建方式
与路网规划的关系	对路网起明显的加密作用,不利于远期路网的再发展	对路网布局无影响,但会导致沿线交通流的重分布
与地方路网的协调性	对地方路网产生不同程度的影响,甚至重新规划	对地方路网的布局无影响,但会对地方路网建设的时间安排产生一定影响
与地方经济发展的协调性	新建路线将或多或少对社会经济发展规划产生影响,有些路段影响严重	对经济发展规划不但无影响,还可起到进一步的促进作用
道路功能特点	可以起到分流交通量的作用,但不利于原有道路功能的发挥	完全满足道路功能要求
走廊带资源利用情况	沿线可供道路建设的走廊带资源匮乏	充分利用现有走廊带资源
土地资源	至少需增加40m宽的用地,拆迁工作量大	八车道扩建需增加15~16m宽的用地,十车道扩建需增加26~40m宽的用地,均小于新建,且基本不需拆迁
工程规模	需独立建设管理设施、服务设施、互通式立交、分离式立交等工程,总体工程量明显加大	充分利用现有管理设施、服务设施,总体工程量明显小于新建道路
施工组织难度	施工组织难度低,但不能实现旧路性能提升	利用路网交通组织和项目交通组织,可以顺利实施

改扩建方式与扩容方式相比,能节约土地,工程规模相对较小,有利于后期交通管理和养护。既有道路的存在已经对沿线经济发展等各方面都产生了深远影响,选择改扩建方式更加符合现实需求。所以,现阶段我国高速公路大多选择改扩建方式。

5.2.2 改扩建方案分析

根据国内外的建设经验,结合我国的实际情况,高速公路改扩建方案选择应遵循以下原则:

(1)合理选择方案减少对现有道路交通的影响。

保持既有高速公路正常运营是选择方案的原则。拟改扩建高速公路往往交通量较大,一旦实施全封闭施工方法中断交通,将会给沿线的国省道带来巨大的交通压力,甚至会导致交通瘫痪,给社会生产生活和经济发展带来巨大的影响。因此,保持既有道路的畅通,是工程建设的必要条件,也是设计中必须考虑的基本原则。

(2)利于项目的可持续发展以及区域经济的发展。

随着社会、经济的快速发展,互通立交的改造,应充分考虑路网的规划和发展,同时要尽量减少高速公路改扩建对地方道路畅通的影响。

(3)有利于道路维护和管理。

项目不仅要有利于近期的施工,也要考虑远期维护和管理的便利。

(4)最大限度地利用现有工程。

在保证设计标准的前提下,要尽可能地有效利用现有道路及构造物。

(5)因地制宜,采用成熟合理的工程技术,控制工程风险。

降低施工对既有道路正常运营的影响,要考虑施工机具、设备的适用性,构造物的加宽施工要以简便、安全、可靠为原则。

(6)工程费用合理。

5.2.2.1 改扩建方案加宽方式

1)单侧加宽方案

单侧加宽方案一般用于原有道路一侧加宽受限的情况,通过在另一侧修筑新路来实现拼接,需在新旧路之间设置新的中央分隔带。同时,原有道路需改造为单向车道,在车辆需要进入或驶出高速公路的匝道与服务区等地带对原有路段的中央分隔带进行填土压实处理,将原有"两块板"形式的路面结构连接为"一块板",并在拼接时注意路基压实,避免新、旧路基发生不均匀沉降等问题。

2)双侧加宽方案

双侧加宽方案在应用时需继续使用既有路段在设计时确定的线形指标,如圆曲线半径、超高及平曲线长度等,加宽时直接在旧路两侧填土压实即可,而现存中央分隔带可适当处理后作为扩容后新路中心线,中部的其他设施,如内部的排水、通信管道、防撞护栏等也可充分利用。该方案最符合通常的车辆行驶习惯,车道划分与新路基本一致,便于实现交通运营和组织管理。

3)分离加宽方案

分离加宽方案用于原有道路沿线地形复杂多变的情况,如重丘交错地区,通过在旧路的两侧或一侧适当距离新建平行(单向或双向)道路,对地形的适应性强,道路保通无压力;对于道路的平面和纵断面均互不干扰,能够避开所有互通和主要被交道路,并可以充分利用线形,灵活规划交通组织。

5.2.2.2 改扩建方案加宽方式优缺点比较

1)单侧加宽方案

优点主要有:

①路基不加宽侧的防护、排水沟、防撞护栏等设施可继续使用;

②施工对公路上的交通影响小,原有的公路可继续维持交通;

③施工工作面大,有利于大型机械开展工作。

主要缺点有:

①路基中心线因发生偏移,平面线形需重新拟合;

②原有的中央分隔带用作行车道,其内部原有的设施需拆除,新中央分隔带内的设施需重建,路基加宽侧的防护、防撞护栏等设施不能利用,也需拆除新建;

③上跨桥梁须拆除新建,原主线桥梁分两幅设置,合并为一幅技术难度大,施工困难且对旧路造成交通干扰,加宽侧互通匝道线形调整较大。

2)双侧加宽方案

优点主要有:

①为改扩建方案的实施提供了有利的条件,将大大减少征地和拆迁费用;

②中央分隔带和内部的排水、通信管道、防撞护栏等设施可充分利用;

③新旧路幅横断面可有效组合,路拱形式可继续使用,路面排水简单;

④部分上跨桥梁净空影响不大,主线桥拼宽难度较小,施工也较方便;

⑤沿线互通立交大多为单喇叭形和苜蓿叶形,大部分立交可通过调整匝道半径,达到匝道拟合来完成改建,改动量较小。

主要缺点有:

①新旧路基之间的差异沉降难以控制,增加了施工技术难度;

②施工对交通影响较大,必须做好施工期间的交通组织和安全工作;

③路基两侧的防护、防撞护栏等设施不能利用,须拆除新建;

④施工工作面小,不利于大型机械开展工作。

3)分离加宽方案

该方法的优缺点基本同新建方案。

优点主要有:

①施工期对现有交通干扰小,可基本维持现有高速公路的功能;

②施工质量相对易于控制和保证,技术风险小;

③新路部分可采用以桥带路,适应性较强;

④支线上跨桥梁可最大程度得到利用,减少废弃工程量;

⑤能较好解决直接拼接所引起的主线桥梁下净空不足问题;

⑥有利于形成快速+集散的交通组织方式,提高整条道路的通行能力。

主要缺点有:

①用地较多,工程直接投资相对较高;

②快速车道与集散车道之间车辆转换的灵活性受到一定的限制。

总体比较可知,单纯从降低工程拼接难度、降低交通组织难度的角度,采用分离加宽方案不具优势。

方案设计时,拼接加宽和分离加宽并不完全孤立使用,根据不同路段的具体情况,可联合使用。

5.2.2.3 实例分析

通过上述比较可见,各种改扩建方式均有各自的优点与不足。对拟改扩建高速公路来说,采用哪种方案,应结合每条高速公路所在地区的规划、交通状况、地形地质条件、沿线土地利用等,综合比较论证,择优选择。由于不同路段的地形地貌条件、构造物的结构与规模、地质条件等均存在差异,应根据不同路段具体特点选择适宜的改扩建方式,灵活选择改扩建方案。

下面对京昆高速公路蒲城至涝峪段改扩建工程荆山塬段、渭河特大桥段加宽方案进行介绍。

1)荆山塬段

京昆高速公路改扩建工程原则采用两侧加宽方案。荆山塬段属于深挖路段,平均挖深25m,挖方边坡经过多年运营的检验,已趋于稳定。该段初步设计布设了两个加宽方案,方案一为两侧加宽,方案二为单侧加宽。为了最大限度地利用现有挖方边坡,同时为了减少该段的拆迁,最终采用右侧单侧加宽方案,如图5-1所示。

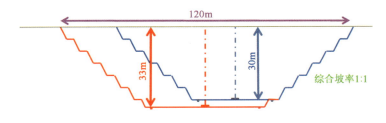

图5-1 京昆高速公路荆山塬段改扩建

2)渭河特大桥段

渭河特大桥于2001年建成通车,采用35×30m预应力混凝土连续箱梁结构,桥梁全长1056.64m。2013年渭河特大桥桥梁检测报告显示,目前桥梁运行状况良好,评定等级为Ⅱ级。

结合旧桥最近的运行和检测情况,沿旧桥两侧加宽能最大限度地利用旧桥,同时改扩建交通组织相对简单,施工期对京昆高速公路的影响较小。该方案存在的主要问题是两侧拼宽桥梁跨径须采用与原桥相同的跨径,原有渭河特大桥的设计高程较低(梁体已嵌入河堤),桥梁跨径较小(30m),不满足现在黄河水利委员会对该段跨渭河桥梁的要求。此外,旧桥不满足现行标准的承载力要求,拼宽桥梁未来存在养护标准不一致的问题。初步设计提出原桥东侧新建一座四车道桥梁作为八车道高速公路半幅,原有桥梁作为另外半幅,远期将旧桥拆除,原位新建四车道桥梁方案,该方案在最大限度上利用了旧桥。存在的问题是新建半幅桥梁在设计标准和防洪要求上的差异会导致新旧桥桥梁长度及桥面高程不同。京昆高速公路改扩建工程渭河特大桥单侧加宽效果如图 5-2 所示。

图 5-2　京昆高速公路改扩建工程渭河特大桥单侧加宽效果图

初步设计评审阶段，经与交通运输部及黄河水利委员会沟通，为了一次性解决京昆高速公路跨越渭河的问题，最终采用于原桥东侧新建全幅八车道渭河特大桥的方案。

5.3　路线拟合设计

改扩建工程既要满足相关的技术标准，又要实现最大限度利用现有工程，平、纵断面设计不能简单地进行理想化的设计，也不能简单地完全利用旧路平、纵断面，而是需要进行合理的平、纵断面拟合设计，这是改扩建工程特有的技术问题。

公路由于被长期使用和自然影响等各种原因，路基会产生变形，既有公路实际平、纵断面线形不可能与原设计完全吻合。拼宽路段的平、纵断面设计不能简单地按新建工程进行设计，而需以既有公路的实际位置为控制点来设计，以拟合既有公路来实现充分利用。

5.3.1　拟合误差控制

5.3.1.1　误差的来源

公路改扩建工程中的路线拟合误差主要来源于以下几个方面：

(1)设计文件与工程施工之间的误差。受施工过程中施工方法、人员操作、测量、外界环境、设备等因素的影响，公路工程的施工精度很难与设计完全一致。

另外，受到施工过程中路线优化、技术变更等因素的影响，设计文件与实际工程可能在局部路段路线上有所偏差，不宜单纯依靠设计文件来指导改扩建工程的路线设计。

(2)竣工文件与现状公路之间的误差。竣工文件与刚施工完毕的公路工程较为吻合，但是考虑到长时间的工后沉降,一般性质的工程养护,定期不定期的大中修,路面的加铺维护等,竣工文件与实际工程可能在局部路段路线上有所偏差,也不宜单纯依靠竣工文件指导改扩建工程的路线设计。

(3)为了更准确地拟合现状公路具体参数,需要对现状公路进行平面及高程数据采集。测量工作是在一定条件下进行的,外界环境、观测者的技术水平和仪器本身构造的不完善等原因,都可能导致测量误差的产生。

公路改扩建工程中的路线拟合设计应以既有道路的设计资料、竣工资料、养护及大中修资料为基础,结合实际测量资料等开展综合分析拟合工作。

5.3.1.2 误差控制要求

(1)测量仪器的选择应符合误差控制的要求。

(2)运用适宜的测量手段,控制测量仪器误差在允许范围内。

(3)实际测量资料与设计资料之间的误差符合误差控制要求时,可以设计资料作为基准位置控制,位置关系相对一致,离散误差较少。以实际测量资料为基础,结合设计资料、竣工资料、养护及大中修资料综合判定基准位置控制时,基准位置受实际测量误差、施工误差的影响,误差相对较多,应去除明显的离散误差和大段落不合理误差后,综合分析误差控制。

5.3.1.3 原始数据的提取及整理

控制测量是公路改扩建工程勘察设计最基础的工作之一,通过控制测量对既有高速公路线形数据进行提取和整理,是既有公路改扩建线形拟合的前提和基础。下面以京昆高速公路蒲城至涝峪口段改扩建工程为例,进行具体说明。

该项目测量采用激光机载雷达对旧路路面进行平面及高程数据采集,并对采集数据进行技术处理,修正误差,同时抽查4段采用RTK(载波相位差分技术)和电子水平仪进行复测比对,抽查结果精度指标满足规范要求,平面点位中误差≤±5cm,高程误差≤±2cm;对全线构造物采用RTK和电子水平仪测量,严格控制构造物平面及高程精度。

测点位置如图5-3所示,高速公路一般路段每间隔约10m各测4个点,并尽量保持在同一横断面上,互通、桥梁路段测点按设计需要对测点进行加密。测点按桩号递增的规律从左至右编为:A、B、C、D,形成4条测线,为路线平、纵断面拟合以及路基、路面、桥涵、通道的拼接和互通立交的改扩建提供基础依据。

5.3.2 路线平面拟合设计

5.3.2.1 道路现状对平面拟合设计的影响

(1)根据自然条件及用地条件合理确定改扩建方案。综合考察旧路两侧地形、地貌、水文、地质等自然条件及改扩建方案的公路用地条件,确定改扩建方案路线方案的可行性及合理性。

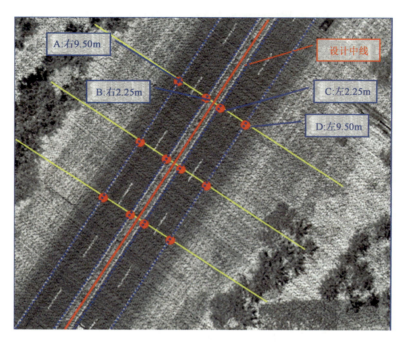

图 5-3 主线测量点位分布图

（2）路线方案的确定要有利于施工期间的交通组织。高速公路改扩建要尽量减少改扩建工程对旧路交通的干扰，交通组织方案的可行性是确定路线方案的重要条件。

（3）综合考虑原有构造物结构形式及使用状况。原有道路构造物较多，结构形式多样，使用状况也不同，路线改扩建方案要考虑构造物改扩建方案的可行性、合理性以及其合理利用的问题。

（4）尽可能节约土地资源，减少拆迁数量。

（5）检验旧路平面标准是否满足现行相关规范要求。

（6）最大限度利用现有工程。在旧路满足现行公路技术标准要求的前提下，尽可能最大限度地利用旧路，既可以节约工程造价，减少占地，又有利于改扩建工程的整体性。

（7）路线平、纵断、横断面设计要求对沿线构造物进行控制。旧路改扩建，平、纵断、横断面设计要求应重点考虑构造物的位置及高程，拟合线形尽可能与实际一致，并对需要加铺的构造物进行验算，确定其平面、纵断面以及横断面设计的合理性。

（8）尽量避免干扰其他设施。路线方案确定要尽量避免与沿线天然气管道、电力电信设施等的干扰。

5.3.2.2 平面拟合设计方法

（1）根据收集的资料对平面线形进行初步拟合，结合选用的技术标准对旧路平面线形进行符合性评价，从经济合理的角度，提出平面线形利用、改造或新建的方案。公路改扩建平面指标宜灵活运用，为提高旧路利用率，可合理采用标准低限值。改善局部路段及互通的技术指标,最大限度利用现有工程来提高道路的通行能力,提高改扩建工程整体的性价比。

(2)在平原微丘区,一般应尽量采用整体的拼接加宽方式;在重丘区和山岭区等复杂地形地区,可灵活采用桥梁、隧道、分离式路基、半路半桥等多种设计方案。对于在平原微丘区,新建的局部分离路段,其平面线形应尽量靠近原有工程,减少占地。

(3)对于整体式拼接路基,考虑到精确拟合设计的需要,左右两幅可采用独立的设计线。对局部分离的新建路段,其平面线形应按现行规范设计,同时应保证新建路段线形与旧路线形指标的连续均衡。对于拟利用原有工程的路段,应在按相关规定对旧路测量采点的基础上,进行平面线形的精确拟合设计。

(4)高速公路的改扩建宜根据左、右幅中央分隔带边缘实测点位的平面坐标资料,左右两幅宜独立进行平面线形拟合设计,一般应基本保持原路设计的平面线形,尽量减小拼接设计难度和工程规模。

(5)平面拟合的主要控制点为桥梁的跨中与桥台、隧道、互通式立体交叉和分离式立体交叉的交叉点等。

(6)平面拟合设计线形应由直线、圆曲线、回旋曲线三要素组成。

(7)对于长度较大的圆曲线,设计中可采用多圆复曲线进行拟合设计,以减小拟合误差。复曲线在进行设计中,应保证各个结构部分的半径、长度等数据都要满足实际测量的需要,然后根据具体的参数变化绘制"桩号-曲率分布图",同时各段复曲线的长度宜满足规范对最短圆曲线长度的要求。

(8)拟合精度:明式构造物等主要控制点宜控制在10cm以内,一般路基路段宜控制在10~20cm以内。

(9)在拟合分析中应利用左、右幅硬路肩外缘的测点资料进行校核,绘制拟合误差分布图,计算误差平均值和标准偏差值,同时结合原路设计、施工、运营情况进行拟合误差的原因分析。

(10)一般情况下,条件允许时,平面拟合应充分利用既有道路,平面拟合时应考虑尽可能利用现状中分带及行车道。

(11)跨线桥于中分带处设置桥墩时,应综合考虑中分带及桥墩宽度、中分带及中分带护栏利用情况、视距影响情况等控制平面拟合位置。

(12)对于隧道、桥梁及其他明式构造物等对拟合精度有更高要求的路段,则需要针对控制性工程的要求,提高拟合精度,达到所需的平面拟合设计要求。

5.3.2.3 平面拟合设计的误差控制

以设计资料作为基准位置控制时,位置关系相对一致,离散误差较少。以竣工资料、养护及大中修资料、实际测量资料等资料中的某一项或者结合设计资料的某几项综合判定作为基准位置控制时,基准位置受实际测量误差、施工误差的影响,误差相对较多,应去除明显的离散误差和大段落不合理误差后,综合分析误差控制。

在平面拟合设计中,考虑到实际条件,结合公路质量验收标准,提出了平面误差小于10cm的平面拟合要求,圆曲线拟合时,拟合半径与旧路设计半径之间的误差小于3%时,可采用旧路的圆曲线半径值计算相应指标。

多圆复曲线拟合是指在拟合设计中,将拟合误差较大的单个圆曲线分割成几段半径不等(差值较小),但可径相衔接的圆曲线,从而提高拟合精度。

拟合精度应在拟合线位符合规范及相关要求的前提下,根据具体情况灵活调整。结合京昆高速公路蒲城至涝峪段改扩建工程的设计经验,为充分利用既有道路,一般情况下对路线平面拟合误差控制提出下列要求:

①改扩建路线设计与基准位置的距离 $S \leq 5$ cm 的段落应不小于60%;
②改扩建路线设计与基准位置的距离 $S \leq 10$ cm 的段落应不小于80%;
③改扩建路线设计与基准位置的距离 $S \leq 20$ cm 的段落应不小于95%。

在考虑利用既有道路结构物的路段,对路线平面拟合误差控制提出下列要求:

①改扩建路线设计与基准位置的距离 $S \leq 5$ cm 的段落应不小于60%;
②改扩建路线设计与基准位置的距离 $S \leq 10$ cm 的段落应不小于95%;
③在保证拟合线位符合规范及相关要求的前提下,受技术经济指标变化影响较大的路段,可以适当放宽误差控制要求。

以京昆高速公路蒲城至涝峪段改扩建工程的平面拟合为例,在车载激光雷达采集旧路路面4点数据和1:2000数字地形图的基础上进行拟合和误差分析,最大限度地拟合出旧路的实际线位。

从拟合误差分析样本图上可以看出,正负误差在中线两侧基本呈现正态分布,表明平面拟合状况良好。

5.3.3 路线纵断面拟合设计

5.3.3.1 道路现状对纵断面拟合设计的影响

(1)综合考虑原有构造物的既有净空、结构形式及使用状况。原有道路构造物较多,结构形式多样,使用状况也不同,路线扩建方案要考虑构造物改扩建方案的可行性、合理性以及其合理利用问题。

(2)旧路改扩建时,纵断面设计要求应重点考虑构造物的位置及高程,拟合纵断面尽可能与实际一致,并对需要加铺的构造物进行验算,确定其平面、纵断面以及横断面设计的合理性。

(3)检验旧路纵断面标准是否满足现行相关规范要求。

(4)最大限度利用现有工程。在旧路满足现行公路技术标准要求的前提下,尽可能最大限度地利用旧路,节约工程造价。

(5)尽量避免与其他设施的干扰。路线纵断面拟合时要尽量满足与沿线天然气管道、电力电信设施等在净空净距上的相关要求,避免相互限制、干扰。

(6)现状排水困难或有其他特殊要求的路段,可考虑适当调整纵断面拟合,以满足特定要求。

5.3.3.2 纵断面拟合设计方法

(1)两侧拼宽路段,不论平面线形是否采用两条独立设计线,纵断面线形均按左、右幅分别进行设计来提高拟合精度。根据左、右幅中央分隔带边缘实测点位的高程资料进行拟合,同时利用左、右幅硬路肩外缘的测点资料进行校核,绘制拟合误差分布图,计算误差平均值和标准偏差值,同时结合旧路设计、施工、运营情况进行拟合误差的原因分析。

(2)纵断面线形设计中应考虑与桥梁、路线交叉互通立交、分离立交、通道、路面设计、软基处理、沿线设施改造方案等的协调性,保证工程方案经济、合理。旧路纵断面满足技术标准时,重新设计的纵断面线形应尽量与原有线形保持一致。纵断面拟合设计可分段进行。

(3)条件受限的困难路段,可根据需要进行纵断面线形的多次拟合,线形可采用具有连续、流畅、控制精度高等特点的高次抛物线。

(4)改扩建工程的纵断面线形设计受控因素比较多,不同的纵断面方案对改扩建工程的造价也会产生很大的影响,纵断面设计应结合隧道的结构要求、桥梁允许的最小加铺厚度、明式构造物拼宽方式、构筑物由于路基加宽后横坡产生的高度、路面的利用方式等开展纵断面设计。适当降低拟合后的桥面铺装平均厚度,可降低桥梁的恒载,增加桥梁的安全性。

(5)原路面结构是否利用和利用的不同方式往往会产生不同的纵断面设计方案,如在原路面上直接加铺、铣刨面层后再加铺一层或两层、挖除原路面调整纵断面、原路面直接利用而进行纵断面拟合等,应进行深入分析、综合比较,选定适宜的方案。

(6)对于桥式构造物的桥头拟合纵坡差值,为解决桥头跳车,应设置桥头渐变段进行高程渐变。其桥头渐变段长度应按渐变率为1∶1000,且最小长度不小于10m的要求进行设置。

(7)除受净空以及构造物限制的路段外,一般路段宜遵循"宁填勿挖"的设计原则。对于利用原路面结构层进行路面直接加铺的路段,纵断面拟合设计误差宜控制为 −1~3cm。对于软基路段要尽可能维持现有路基高程,同时应尽量满足规范要求。特殊困难路段,应进行多方案分析论证。

(8)纵坡拟合设计时,其精度应合理控制,拟合误差的平均值宜≤±5cm。明式构造物等控制点的拟合误差宜≤±3cm,并应满足构造物的结构安全需要。

(9)当纵断面拟合受构造物控制且纵坡不大时,对于不能满足最小坡长的局部路段,在考虑了视距、舒适度等因素的前提下,可采用3s行程来控制竖曲线的最小长度。是否需要满足最小坡长要求的问题,可考虑通过竖曲线长度进行控制。最小坡长主要是从行车的舒适性考虑,不影响行车安全性前提下的主要控制指标,设计中可以灵活运用。

(10)在改扩建施工中,为进一步提高路面施工控制精度和行车舒适性,在路面施工前需要对旧路纵坡进行二次拟合设计。由于工程建设的复杂性,原有旧路状况无法在既有设计文件和竣工资料中获取完全准确的信息,一些隐蔽数据在调查检测中也难以准确查清(如桥梁现浇层厚度、路面结构厚度、准确的养护情况等),这些问题只有通过及时详细的动态设计跟踪加以解决。

5.3.3.3 纵断面拟合设计的误差控制

纵坡拟合设计时,其精度应合理控制,拟合误差的平均值宜≤±5cm。明式构造物等控制点的拟合误差宜≤±3cm,并应满足构造物的结构安全需要。

为充分利用既有道路,根据路面补强要求及桥面荷载承受能力,一般情况下对路线纵断面拟合误差控制提出下列要求:

①改扩建路线设计与基准位置的距离 $h \leqslant 5\text{cm}$ 的段落应不小于80%;
②改扩建路线设计与基准位置的距离 $h \leqslant 20\text{cm}$ 的段落应不小于95%。

在考虑利用既有道路构造物的路段,对路线平、纵断面拟合误差控制提出下列要求:

①改扩建路线设计与基准位置的距离 $h \leqslant 3\text{cm}$ 的段落应不小于80%;
②改扩建路线设计与基准位置的距离 $h \leqslant 5\text{cm}$ 的段落应不小于95%;
③保证拟合线位符合规范及相关要求的前提下,受技术经济指标变化影响较大的路段,可以适当放宽误差控制要求。

以京昆高速公路蒲城至涝峪段改扩建工程的平面拟合为例,根据拟合后路线平面,每10m逐桩提取行车道边缘4点高程数据,根据横坡推算原有公路左右侧高程,比对左右幅设计高差,确定纵断面拟合方案。

从误差分析样本图上可以看出,纵断面拟合与实测点高程差在0~0.05m区间内分布均匀,表明纵断面拟合状况基本良好。

5.3.3.4 纵断面拟合误差分析及矫正方法

1)构造物段落的纵断面拟合误差分析及矫正方法

结构工程的利用对纵断面设计的要求:纵断面要符合纵向的要求;纵断面设计要符合横坡要求。

对于采用整体式拼接的路段,超高设计时应根据原有路面横坡拟合,以原有明式构造物的横坡进行控制,减小扩建后横坡与原横坡之间的差值,保证构造物的安全。

2)双幅纵断面拟合高差分析及矫正方法

旧路为超高路段时,左右两幅纵断面拟合设计会产生一定的高差,应增加高程核查点及构造物范围内的误差控制,保证尽可能地利用既有构造物。

5.3.4 路线横坡拟合设计

5.3.4.1 横坡拟合原则

(1)改扩建中路面横坡应符合现行规范要求,原有路面横坡小于1.5%时应同步进行改造。

(2)原有路面直接利用,拼接加宽时,拓宽部分和原路部分的横坡宜采用顺接的方式。

(3)对于路面较宽,超高过渡段中出现路拱坡度过缓的情况,可采用分段设置超高,调整超高渐变率。

(4)应根据交通组成,结合路段代表车型的运行速度,合理确定超高值。

(5)对于采用整体式拼接的路段,超高设计时应根据原有路面横坡拟合,以原有明式构造物的横坡进行控制,减小扩建后横坡与原横坡之间的差值,保证构造物的安全。

(6)对于利用旧路,但行驶方向发生改变的路段,应根据实际的线形指标,分析判断原超高的合理性,以决定是否需要改扩建或采取相关管理措施。

(7)对于受明式构造物限制的地方,横坡拟合应考虑既有构造物的利用、构造物横坡设计、构造物加铺厚度、受构造物限制的净空情况,等等。综合考虑,合理拟合横坡。

5.3.4.2 横坡拟合方案

通过对旧路横坡统计分析,平整度较好,正常路拱及超高段横坡能满足路基拼接设计要求,根据工程规模及施工组织提出以下三种拼接横坡处理方案:

方案一:顺接旧路横坡拼接。

路基加宽部分顺接旧路利用部分外边缘,并采用与旧路一致的横坡值。

该方案优点在于拼接后路面横向无折线点,平整度好,对行车有利。但该方案在旧路施工路面前,需对旧路进行全面复测,实施交通管制,对旧路交通影响大;同时,由于旧路实测横坡变化频繁,可能导致最外侧路面高程纵向不连续,影响外侧车道行车的舒适性。横坡拼接方案一如图5-4所示。

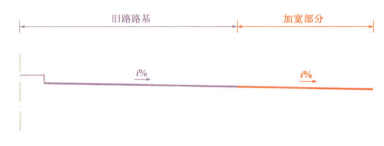

图5-4 横坡拼接方案一

方案二:按设计横坡拼接。

以中分带边缘A点为基准,按设计横坡(正常路拱段2%,超高路段按设计超高值)推算路基外边缘C点设计高程,拼接部分内侧B点顺接旧路利用部分外边缘。由于旧路路基存在误差,拼接后横坡会产生折线状。横坡拼接方案二如图5-5所示。

该方案优点在于按设计高程进行控制,工程实施可控性强,路基边缘C点高程连续性好。缺点在于路面横向存在路拱线,对行车不利,且对于旧路实测路面横坡大于2%的路段,拼接部分横坡将小于2%,且出现凹形折线坡,对路面排水不利。

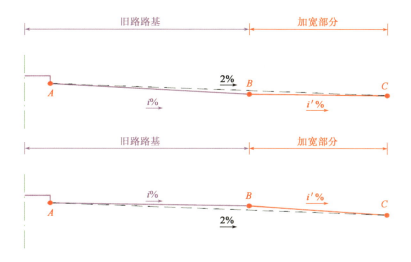

图 5-5 横坡拼接方案二

方案三:加宽部分按设计横坡拼接(正常段 2%,超高段按设计超高值)。横坡拼接方案三如图 5-6 所示。

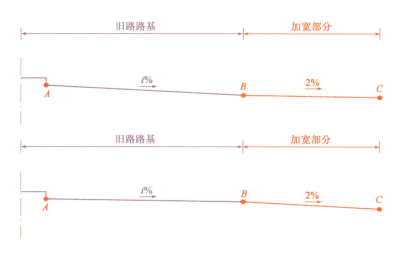

图 5-6 横坡拼接方案三

加宽部分内侧 B 点顺接旧路利用部分外边缘,横坡维持设计横坡(正常路拱段 2%,超高路段按设计超高值)。

该方案优点在于仅需复测 B 点高程,对旧路交通的影响小,也避免了方案二加宽部分横坡较小的情况。同时,对纵坡较缓的段落,可以适当加大横坡以提高路面排水能力。缺点在于路面横向存在路拱线,对行车不利。

5.3.4.3 横坡拟合误差控制及误差分析

以京昆高速公路蒲城至涝峪段改扩建工程为例,进行道路现状横坡统计分析。

根据拟合后路线平面,北段每 10m、南段每 20m 逐桩提取行车道边缘 4 点高程数据,根据平距、高差计算原有公路左右幅横坡值,现状横坡值与设计横坡值统计见表 5-2 和表 5-3。

北段正常路拱及超高段横坡分布统计表　　　　　　　　　　　　表 5-2

横坡范围	左侧		右侧	
	点数	所占比例(%)	点数	所占比例(%)
$i<$设计横坡值-0.3%	1344	14.331	1370	14.609
设计横坡值$-0.3\%\leqslant i\leqslant$设计横坡值$+0.3\%$	6795	72.457	6655	70.964
$i>$设计横坡值$+0.3\%$	1239	13.212	1353	14.427

南段正常路拱及超高段横坡分布统计表　　　　　　　　　　　　表 5-3

横坡范围	左侧		右侧	
	点数	所占比例(%)	点数	所占比例(%)
$i<$设计横坡值-0.3%	102	6.383	247	15.457
设计横坡值$-0.3\%\leqslant i\leqslant$设计横坡值$+0.3\%$	1041	65.144	1162	72.716
$i>$设计横坡值$+0.3\%$	455	28.473	189	11.827

按照旧路横坡统计结果,正常路拱及超高段横坡在设计横坡值 ±0.3% 范围内的约占 71.3%。因此,正常路拱段及超高段横坡设计值与实际值局部路段相差较小,但设计中仍需加强横坡拟合设计。

5.3.5 视距核查及安全性分析

5.3.5.1 中央分隔带视距核查方法

在具体工程设计中,平、纵断面安全视距往往争议较大。目前我国安全评价视距为停车视距,平曲线半径主要由中央分隔带外侧视距控制。一般在高速公路设计过程中,平曲线半径基本由设计速度确定,视距核查亦取值于由设计速度计算得来的停车视距值。在设计速度与运行速度符合性较好的路段,由设计速度来控制停车视距长度,从而推算得出满足视距要求的平曲线半径是合理的。但由于我国目前高速公路改扩建后平纵指标通常高于原路,此时就出现了设计速度与运行速度不协调,运行速度远超出设计速度的情况。

(1)平面指标除了需满足规范规定的最小平曲线半径外,尤其要注意在条件允许的情况下,需采用大的平曲线半径以保证内侧车道停车视距要求。设计时除了对路线最外侧车道进行停车视距检验外,还需根据规范中对视点、物点的定义以及平曲线几何原理对平曲线路段内侧车道进行视距检查。停车视距所对应平曲线半径计算示意图如图 5-7 所示。

不同设计速度下停车视距所对应的平曲线半径计算结果见表 5-4。

第5章 路线设计

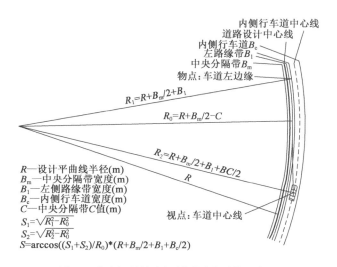

图 5-7 停车视距所对应平曲线半径计算示意图

满足停车视距要求的圆曲线最小半径 表 5-4

设计速度（km/h）	平曲线半径 R（m）	中央分隔带宽度 B_m（m）	左路缘带宽度 B_1（m）	行车道宽度 B_c（m）	中央分隔带 C 值（m）	停车视距 L_s（m）	R_0（m）	R_1（m）	R_2（m）	计算视距 S（m）
60	459.3	1	0.50	3.50	0.25	75	459.55	460.30	462.05	75.00
	458.8	2	0.50	3.50	0.25	75	459.55	460.30	462.05	75.00
80	968.1	1	0.50	3.75	0.25	110	968.35	969.10	970.98	110.00
	967.6	2	0.50	3.75	0.25	110	968.35	969.10	970.98	110.00
100	1749.5	1	0.75	3.75	0.25	160	1749.75	1750.75	1752.63	160.00
	1749.2	2	0.75	3.75	0.25	160	1749.95	1750.95	1752.83	160.00
120	2634.8	1	0.75	3.75	0.50	210	2634.80	2636.05	2637.93	210.00
	2634.2	2	0.75	3.75	0.50	210	2634.70	2635.95	2637.83	210.00
	2633.6	3	0.75	3.75	0.50	210	2634.60	2635.85	2637.73	210.00

注：S 的计算值为 S_1+S_2 对应弧长的近似值，与停车视距略有偏差，但对结果影响很小。

根据计算结果分析，考虑到远期改扩建方案的实施，当设计速度为 120km/h 时，在有条件的情况下，平曲线段内侧车道满足停车视距要求而所需的最小半径建议提高至 2640m。

驾驶员的反应时间 t 和路面摩擦系数 f 是视距计算中的重要参数。在视距计算中，驾驶员反应时间取值为 2.5s，包括驾驶员的判断时间和运行时间，路面摩擦系数 f 与运行速度成非线性反比，取值在 0.29~0.33 之间；大货车驾驶员的反应时间取值为 2.5s，其中包括驾驶员的判断时间和运行时间，大货车路面摩擦系数 f 取值为 0.17 恒定值。这样的取值方法，无论从人的角度或路的角度都更加符合我国高速公路运营现状，可使道路交通运营更为安全。

（2）对旧路横向净距进行验算分析。

车辆在中央分隔带外侧超车道行驶时，需保证超车道停车视距的要求。横向间距取值通常以内侧行车道中心线起算至中间带护栏边缘，包括半个行车道宽度、路缘带宽度、路缘带与中间带护栏距离三部分。

横净距是指行车轨迹与视距曲线之间的距离,需计算小车的内侧视距、大货车的外侧视距。

横净距的计算公式为:

$$m = R\left[1 - \cos\left(\frac{28.65S}{R}\right)\right]$$

式中:m——所需横净距(m);

R——内车道中线处的曲线半径(m);

S——小客车的相应停车视距(m)。

小车内侧横净距的宽度:m = 1.875m(驾驶员距离内侧车道边缘的距离,按规范取值) + 0.75(路缘带宽度) + 0.25m(中央分隔带边缘距离护栏面距离) = 2.875m。

大车外侧横净距的宽度:m = 1.875m(驾驶员距离外侧车道边缘的距离,按规范取值) + 3(硬路肩宽度) + 0.25m(土路肩边缘距离护栏面距离) = 5.125m。

对于小车内侧视距进行检验,确定全线最小圆曲线半径,依据运行速度,v = 120km/h 和规范中相应的小客车的停车视距 S = 210m,计算得满足视距要求的圆曲线半径为1913m。核查全线圆曲线是否满足小车内侧视距要求。

对于大车外侧视距进行检验,还需根据全线最大纵坡,对货车停车视距进行修正,修正后的停车视距为269m,计算得出满足外侧视距要求的圆曲线半径为1780m。核查全线圆曲线是否满足大车外侧视距要求。

(3)对旧路纵断面视距进行验算分析。

通过对旧路平、纵断面进行拟合设计,并参照收集的竣工图资料,对旧路进行视距检验。经现场调查,对实测纵断面数据拟合,同时比对施工图资料,核查是否满足纵断面视距要求。

根据凸曲线半径 $R = s_c^2/4$,计算所得满足视距的最小竖曲线半径为11000m。s_c 为停车视距(设计速度为120km/h,取210m),R 为竖曲线半径。

5.3.5.2 中央分隔带视距不满足的解决方案

在具体项目审查中,建议按照运行速度进行安全性评价,分析得出视距不足路段后,宜通过加宽中央分隔带、平曲线内侧加宽、调整中央分隔带绿化植株位置等方式来保证横向净距,否则应通过采取强制减速措施来达到降低运行速度满足视距要求的目的。对最小平曲线半径小于视距要求的路段,可通过设置整体式混凝土护栏缩窄中间带宽度而不外移内侧车道,或者加宽中间带宽度外移内侧车道等措施来满足内侧车道停车视距要求,且要求远期高速公路在运营过程中,避免中央分隔带绿植野蛮生长而侵入至公路建筑限界范围内,以保证内侧车道停车视距要求。

1)调整中央分隔带,增大中央分隔带横净距

在用地条件受到制约的情况下,对于中央分隔带横净距不能保证的弯道路段,改变平曲线半径已经难以实现,因此,将中央分隔带向路缘带渐变加宽,中央分隔带保持宽度不变、整体左移的

方式来保证左转弯车辆左侧的停车视距。中央分隔带右侧加宽示意图如图 5-8 所示。当然,调整中央分隔带来增大的横净距是有限的,若调整后仍不能满足,则应辅以其他交通安全措施。

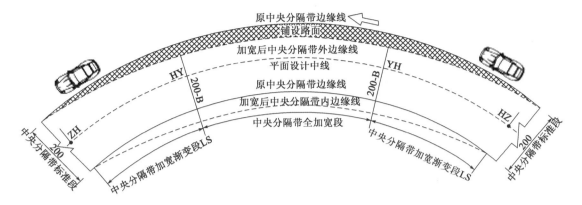

图 5-8　中央分隔带左侧加宽示意图(尺寸单位:cm)

2)采用水泥混凝土墙式护栏

当用地紧张、路基宽度和路线走向已经确定时,采用防撞等级较高的中央水泥混凝土墙式护栏(上方设置防眩板进行防眩)也是较为理想的选择,相对绿化隔离带而言,优点是视距较大,日后不存在修剪植株以减少视线遮挡的问题,如图 5-9 所示。

图 5-9　水泥混凝土墙式护栏示意图

3)调整弯道外侧中央分隔带护栏和植株位置

高速公路中央分隔带一般为 2m,从横断面来看,护栏一般对称布置在道路中心线的两侧,为增大弯道外侧中央分隔带处的视距,可以调整弯道外侧中央分隔带护栏和植株的位置,使其向弯道内侧偏移,如图 5-10 所示。

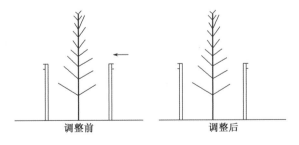

图 5-10　调整弯道外侧中央分隔带护栏和植株位置示意图

4）改移交通标线

对两侧加宽整体式路基，当视距不足时一般采用路基加宽方案。对单侧加宽分离式路基，可通过调整标线划分将旧路外侧的硬路肩宽度根据需要调整至中央分隔带一侧，以解决停车视距不足的问题。以旧路路基宽度23m为例，如图5-11所示，图中 X、Y 为标线因视距不良所需调整的横向长度，视道路具体情况确定数值。

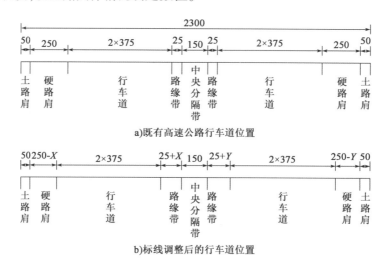

图5-11 既有旧路标线调整前后的行车道位置（尺寸单位：cm）

5.3.6 特殊路段的路线几何设计

5.3.6.1 特殊路段

需要进行特殊设计的路段主要有以下几种情形：

（1）因沿线路网规划调整需路基改桥的路段；
（2）被交道路排水问题集中的路段；
（3）在运营中存在事故黑点的路段；
（4）单侧边坡利用路段；
（5）涉洪濒河道路段；
（6）涉铁路段；
（7）涉重要水利设施路段等。

5.3.6.2 特殊路段设计原则

（1）高速公路各组成断面的尺寸调整原则上不得降低高速公路的整体通行能力。
（2）受限段落的设计不得改变原交叉工程使用功能。
（3）受限段落的设计应满足相交工程的技术标准及规范要求。
（4）新建工程应采用新的技术标准及要求，既有工程完全利用时可沿用原技术标准。

(5)改扩建路线设计时,应综合考虑沿线路网规划需求,在有下穿条件的路段,适当设置路基改桥,方便周边群众使用。

(6)路段内因主线路基填高较低导致多处被交路下挖通道积水情况时,可根据通道换板时的厚度要求,适当整体抬高通道积水密集路段的主线高程,从根本上解决下挖通道的积水问题。

(7)对于在运营中存在事故黑点的路段,应充分分析事故原因,尽量优化平、纵断面设计,加强交通安全设施设计,减少事故的发生。

(8)对于长段落深挖路段,应充分比较单侧加宽与双侧加宽的经济与社会环境因素,优势明显时应优先完全利用一侧边坡,推荐单侧加宽。

(9)对于既有桥梁不满足现行洪水频率要求的,应根据社会影响及经济环境因素,考虑沿用原标准,经评价后适当利用。

(10)原有铁路的电气化标准提高后,产生的净宽富余不足、铁路桥跨径不足的问题,应结合铁路设计要求,具体问题具体分析,合理确定设计方案。

5.3.6.3 受限段落的断面设计

1)同向分离断面的几何设计方法

采用主线相互分流的线形设计,自分流起点开始,两主线宜分别进行平面线形设计,两设计线起点应位于同一断面,且起点方位角应保持一致,起点至下一个车道宽度处的距离不应小于150m。

采用双车道匝道流出设计时,120km/h的变速段长度为225m,相较主线分流设计,线形更为灵活,识别距离更长,也相对安全。

2)原有构造物宽度不足导致护栏宽度不足的解决方法

既有小桥涵上中央分隔带处原有钢板护栏的设置宽度,不足以满足现行规范的单侧护栏基座宽度,在没有其他制约条件的情况下,可考虑将设计线向路基边线侧适当偏移,留出所需宽度。

3)需压缩硬路肩段落的设计方法

受交叉工程或不可移动工程制约时,经充分论证后,可适当考虑压缩硬路肩,控制总体工程规模。

4)构造物增加高程过渡段的设计方法

路段内因被交路下挖通道积水及构造物换板时的厚度要求,可适当整体抬高主线高程,或可仅增加构造物高程,构造物两侧与路基相接处设置高程过渡段。

第6章 路基拼接关键技术

6.1 新旧路基拼接设计

高速公路路基的拼宽改扩建设计应首先对既有路基和拓宽场地进行充分的调查和分析评价,了解和掌握既有路基填料性质、湿度状态、密度状况、力学性质指标,以及路基路面病害类型、分布情况及产生的原因,确定既有路基的利用方案和拓宽改建方案。根据公路等级、技术标准、地形地质等情况选择适宜的路基横断面形式,合理确定路基高程,同时做好地基处理、路基填料、边坡稳定、防护排水设施的综合设计,并与交通工程、路面排水系统设计相协调。

6.1.1 路基拼宽方式

原有路基是改扩建以后路基的组成部分,原有路基的工作状况直接影响改扩建路基、路面的整体质量,因此需对原有路基进行详细的勘探、测试工作,在搜集原有公路路基勘察设计、竣工图和养护等资料的基础上,对原有路基进行现场调查测量,根据原有路基的路况进行分段,选择代表性断面,对路面结构层、路床、上路堤、下路堤及地基进行勘探试验。查明路面结构层结构和结构完好率、路面结构层以下路堤填料成分、压实度、含水率及填料最小承载比(CBR)等,分析原有路基的工作状态,并与现行规范进行对比,确定是否需对原有路基进行加固、处治。

高速公路改扩建方案的实现方式是多种多样的,路基拓宽改扩建设计时,应根据工程项目所在地的地形地貌和地质特点,既有路基现状及拓宽改扩建后的交通组成,比较不同方案对路基沉降变形的影响,拓宽改扩建项目工程量和施工期交通组织方案等,经综合经济技术分析后合理确定原有路基利用方案与拓宽路基拼接方案,采取合理的工程措施,保证拓宽改扩建路基的强度和稳定性。

根据拓宽路基与既有路基的空间相对位置不同,路基拓宽方案可分为单侧拼接、单侧分离、双侧拼接、双侧分离和混合拓宽。国内外高速公路路基拓宽改扩建工程,基本采用"两侧拼接,局部分离,少数分线"的整体改扩建模式。各种路基拼宽方式的优缺点和适用条件见表6-1。

路基拼宽形式分类表   表6-1

拓宽形式		优　点	缺　点
拼接拓宽	单侧拼接	加宽部分平、纵断面标准与旧路协调； 路基不加宽侧的排水、防护、护栏等可以继续使用，节约工程投资； 工程实施及施工组织方便	既有公路双向横坡需要调整为单向横坡，中央分隔带、构造物难以处理； 互通立交、服务设施改扩建规模及难度大； 拓宽路基对原有路基沉降影响较大，新旧路基、桥梁、构造物拼接技术难度大，拼接路基不均匀沉降控制比双侧拼接差； 横向下穿道路或通航河流可能存在净空要求不满足的情况
	双侧拼接	加宽部分平、纵断面，路拱横坡等与旧路协调； 工程量最小，占地较少，其他设施改建工程量小，节约资源； 工程实施及施工组织方便	路基加宽度过小时不利于施工； 拓宽路基对原有路基沉降有影响，新旧路基、构造物间存在不均匀沉降，拼接比较困难； 横向下穿道路或通航河流可能存在净空要求不满足的情况
分离拓宽	单侧分离	路线平、纵断面调整较小，加宽侧的布置相对自由，实施容易； 可采用低路堤方案； 拓宽路基对原有路基的沉降影响较小	既有公路双向横坡需要调整为单向横坡，中央分隔带、构造物难以处理； 分离拓宽侧的立交进出口的交通组织很难处理； 工程占地大，增加拆迁费用
	双侧分离	道路平、纵断面几乎不用调整，加宽部分实施容易； 拓宽路基对原有路基的沉降影响较小，不存在路基拼接问题，加宽侧实施容易	单向形成两条路，交通组织需要改变； 立交、服务设施的进出口线形指标较低，交通组织很难处理； 工程占地大，工程费用高于双侧拼宽方式
混合拓宽	双侧拼接或分离	兼顾双侧拼接和分离拓宽的优点	拓宽路基对原有路基沉降有影响，拼接部分路基、构造物拼接比较困难； 路线形成分合流路段，交通组织复杂，运行安全性降低； 分离部分单向形成两条路，交通功能不好，需要调整交通组织

6.1.2 路堤拼宽设计

高速公路路基拼宽改扩建工程中，当新旧路基填料性质和密实状态的差异、下渗水及新旧路基衔接处理时，拼宽路基荷载引起旧路基二次沉降、拼宽路基的压密变形及新旧路基拼接部位的蠕滑或滑移，容易造成新旧路基结合部产生差异沉降变形。道路路面结构在路基差异沉降作用下，会导致路面平整度降低，影响道路车辆行驶安全性，当路基差异沉降量过大时，就会导致路面结构产生开裂破坏。根据已建、在建新旧道路工程拼接经验，新旧道路拼接处易发生新路滑移、开裂破坏、路面横坡突变，并引起路面结构内部渗水等病害。因此，高速公路改扩建工程最主要的控制因素是新旧路基的差异沉降。

为此高速公路改扩建拼宽路基部分主要设计目标为：采取合理措施处理地基，尽可能缩小拼宽路基通行之后产生的沉降量，并对新旧路基之间的沉降差予以严格控制，防止公路路基纵向裂缝的产生；对新路基与旧路基的结合部位进行有效处理，采取合理措施提升新旧路基结合部位的承载力和整体强度；进一步完善公路路基路面排水和防渗系统，避免地表水进入新旧路基的结合部位，减少积水对拼宽路基的影响。

为避免差异沉降引起路基纵向裂缝，需保证拼宽路基与既有公路路基之间的良好衔接，并对新拼宽道路的地基进行处治，减小地基沉降；同时需注意路堤填料本身的压实，以减小路堤自身压缩沉降。可采取以下主要工程措施：

①新旧地基差异沉降大于容许值时，可采用挖除换填、增设垫层、桩处理、复合地基等措施对地基进行处治，特别是不良地质和特殊岩土路段的地基处治。

②拼宽路基填料采用与旧路路基填料性质相近或更有利于排水的筑路材料，增强路基填料强度、提高拼宽路堤压实度，减少拼宽路基的自身压缩变形和工后沉降。

③路基边坡清表后拼宽部位采用台阶方式衔接，分层开挖分层填筑，并对拼接台阶部位进行增强补压、铺设土工合成材料等综合措施，加强新填路基与既有路基的整体性、均匀性，提高新旧路基结合部位的承载力和整体强度。

④原路路肩部位或挖方路基床部位的压实度、强度不满足路基设计要求时，将原路路肩或挖方段超挖至新建床底部，选择适宜的路床材料重新分层填筑路床，并提高路床压实度及强度。

1) 路基填料和压实控制要求

拼宽路基尽可能选取与既有路基填料性质相匹配的填料填筑，保持路基整体稳定性和均匀性。有条件时，优先采用渗水性较好的粗粒土填筑，如砾类土、砂类土、碎石土、砂砾等。若采用细粒土作为填料时，需满足路基土最小承载比、回弹模量等指标要求，并在新旧路基结合部设置纵、横向排水渗沟，排除路基内部积水。对路堤较高、原地基承载力低的路段也可考虑采用轻质路堤填料，如泡沫轻质土、粉煤灰等，以减轻路堤自重，减少地基荷载压力。

为加强新旧路基衔接，减小拼宽路基工后沉降及新旧路基间不均匀沉降，可采用大吨位振动压路机、冲击式压路机等机械碾压土体，增加碾压遍数来减少土体本身孔隙率。为加强新旧路基的结合，提高路基的整体强度和稳定性，在旧路边坡应采用开挖台阶方式衔接。关键部位（如新旧路基结合部）结合部必须碾压到位，如大型压实机械无法压到边时，就要用高效小型振压设备如高速液压夯、强夯等进行碾压，并严格控制碾压均匀性及压实度标准。

为控制工后沉降，拼宽路基的压实标准可在《公路路基设计规范》（JTG D30—2015）要求的基础上，适当提高上、下路堤压实度，上路堤压实度提高 2 个百分点，按不小于 96% 控制，下路堤压实度提高 1 个百分点，按不小于 94% 控制，路基压实度、路基填料最小承载比（CBR）及最大粒径的要求见表 6-2。

第6章 路基拼接关键技术

路基压实度、填料最小承载比及最大粒径要求　　　　表6-2

路基部位	路面底面以下深度（cm）	最小承载比CBR（％）	最大粒径（cm）	规范要求压实度（％）	拼宽设计可采用压实度（％）
上路堤	80～150（120～190）	4	15	≥94	≥96
下路堤	150以下（190以下）	3	15	≥93	≥94

注：中、中等及重交通采用括号外数值，特重、极重交通等级采用括号内数值。

拓宽路基的压实评定指标主要有：路基路拱横坡增大值、原路基中心附加沉降、拓宽路基工后沉降。拼宽部分路基工后沉降控制，应满足桥头台背处不超过5cm，通道及涵洞处不超过10cm，其他一般路段不超过15cm。新旧路基差异沉降控制，应满足拼宽路基的路拱横坡度增大值不超过0.5％，相邻路段差异沉降引起的纵坡变化不超过0.4％。为防止拼宽侧路堤填筑过快引起路堤失稳，施工期间要加强拼宽路基的监控量测，控制路基中线沉降速率不大于10mm/d，外侧坡脚水平方向位移不超过5mm/d。

2）一般路段路堤拼接设计

为保证新旧路基拼接的整体性，其结合部通常采用台阶式衔接方式：

（1）拆除旧路排水沟、路缘石、边坡防护以及有影响的结构物，清除原有路基边坡坡面及地基表面腐殖土、淤泥等，清除厚度一般为30～50cm。

（2）清表后按1∶1.5坡率沿坡脚开挖台阶，第一级台阶宽1.5m，高1.0m，以上各级台阶宽度不小于1.0m，靠路床最上一级台阶宽度按不小于1.2m控制。当开挖台阶松散不能直立时，调整为宽度不小于0.5m的小台阶。台阶设置内倾坡度2％～4％的反向横坡。

（3）拼接台阶采用"边挖边填"的形式，路基填筑至第一级台阶顶面，再开挖第二级台阶，依此工序自下而上逐层填筑路基至路床底面。路基拼接施工工序如图6-1所示。

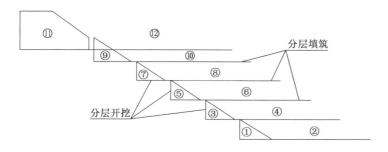

图6-1　路基拼接施工工序

（4）对拼接台阶采用高速液压等增强补压夯实措施处理，加强新旧路基拼接部位结合，台阶部位压实度要求与拼宽路基采用相同压实度，台阶部位压实沉降差按10cm预估。

（5）当路堤高度较高时，可在路堤中部或底部横向铺设土工格栅等，并采用高速液压夯、冲击碾压、强夯等增强补压措施，分层填筑分层压实，提高新旧路基的整体性，减少其不均匀沉降和侧向位移变形。

(6)高速公路拼宽路基宽度小于3m时,不宜直接进行"贴坡"式的加宽,可采用超宽填筑或翻挖既有路基等措施,以保证拼宽路基的施工碾压。

(7)拼宽地基处治。根据地基工程地质条件、路基填土高度,采用垫层、复合地基等措施加固,软土地基、湿陷性黄土地基处理详见第6.2节和第6.3节的叙述。

3)挡土墙路段路堤拼接设计

(1)原路基设置路肩挡土墙段

拼宽路基填筑至路床底面,拆除路床底面以上墙体,在路床底部横向铺设一层高强土工格室。

(2)原路基设置路堤墙段

拼宽路基填筑至墙顶高程后铺设一层高强土工格室,自旧路路堤墙顶面由下至上逐级开挖台阶,分层填筑至路堤顶面。

(3)原路基设置路堤墙、拼宽后设置路肩挡土墙路段

自旧路路堤挡墙顶部逐级开挖台阶分层填筑路堤,当旧路路堤挡墙与新建路肩挡墙间距较小时,挡墙墙背填料不易压实,挡墙间应填充浆砌片石处理。

(4)旧路填方放坡,拼宽路基设置挡墙路段

自旧路边坡坡脚由下至上开挖台阶,开挖一级填筑一级。新建挡墙路段墙背填筑透水性材料,为保证压路机工作宽度,边坡第一级开挖台阶宽度可采用2.25m,以上各级台阶宽度不小于1.0m。

4)桥涵路基段路堤拼接设计

临近桥涵工程构造物的两侧拼宽路基,同时存在新旧路基间(横向)以及拼宽路基与构造物间(纵向)不均匀沉降,为了减少路基与桥涵结合部的差异沉降,避免桥头跳车,路基填土高度大于3m的路堤与桥台、横向构造物(通道、板式涵洞)连接处应设置过渡段,过渡段长度可按不小于$[(2\sim3)H+(3\sim5)]$m(H为路基高度)控制。过渡段地基采用垫层或复合地基进行处理(根据路基高度和地基岩土类型确定地基处治方案),路堤采用透水性较好的填料填筑,压实度(重型)应不小于96%。

为缩短桥涵路基的工后沉降期,对桥涵路基也可采用堆载预压措施。当桥头路基施工至路床底时,采用相邻路段路床填料进行预压,预压期结束后卸载预压材料进行路床填筑。

6.1.3 路床拼宽设计

拼接路基路床应处于干燥或中湿状态,且路基在平衡湿度状态下,路床顶面回弹模量和竖向压应变不应低于《公路沥青路面设计规范》(JTG D50—2017)和《公路水泥混凝土路面设计规范》(JTG D40—2011)的要求。

路基采用拼接加宽方式时,旧路硬路肩部分通常作为加宽路基的行车道,根据旧路路堤和挖方路床的检测试验结果,如旧路硬路肩部位路床路基压实度、路基强度不满足要求时,应将

原路硬路肩路面铣刨后,旧路路床超挖后重新填筑,以提高路床拼接部位的整体强度。

1)填方路段路床拼宽设计

(1)一般填方路段路床填筑至路床底高程后,分层铣刨原路硬路肩路面,超挖旧路路床至拼宽路床底部,与原有路床衔接部位开挖台阶处理,台阶尺寸可采用高0.4m、宽1m,并设向内2%~4%横坡。路床拼接施工工序如图6-2所示。

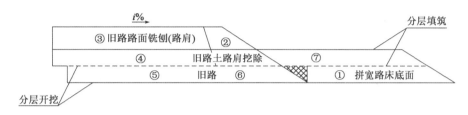

图6-2 路床拼接施工工序

(2)路床填料应均匀,且分层填筑碾压密实,上路床CBR为8%、下路床为5%,压实度(重型)要求不小于96%,可选用无机结合料改良土、旧路铣刨料或建筑垃圾等填筑,最大粒径不大于100mm。

(3)在路床中部台阶位置横向铺设一层土工格栅,加强新旧路床拼接处理。

(4)在旧路范围路床底部和开挖台阶处可采用高速液压夯等增强补压措施,保证路床拼接部位碾压密实,减小新旧路床拼接的差异沉降。

2)低填浅挖及挖方路段路床拼接设计

零填、低填及挖方路段,当路床填料、CBR、路床回弹模量和竖向压应变等不能满足要求时,需要对路床进行处理。处理措施包括粗粒土或无机结合料稳定土换填处理、掺加砂砾碎石处治、掺加无机结合料处治、设置排水垫层或防冻垫层等,应根据路基回弹模量设计值和压应变控制标准,合理确定路床处理方案和路床处理厚度。

3)路面病害路段路床拼接设计

旧路路面病害严重的路段,诸如出现路面沉陷、车辙、纵向裂缝严重或旧路路床压实度不足等路段,旧路范围路床底部和路床拼宽台阶需进行处理,可采用换填、CFG桩(水泥粉煤灰碎石桩)或复合地基等措施。

6.2 路基拼接湿陷性黄土地基处理

6.2.1 黄土的基本特征

黄土是在干燥气候条件下形成的多孔性具有柱状节理的黄色粉性土,湿陷性黄土受水浸湿后会产生较大的沉陷。

1) 黄土的分布及组成

(1) 黄土的分布

黄土主要分布于世界大陆比较干燥的中纬度地带。全世界黄土分布的总面积大约有 1300 万 km², 占全球陆地面积的十分之一, 成东西向带状断续地分布在南北半球中纬度的森林草原、草原和荒漠草原地带。在欧洲和北美洲, 其北界大致与更新世大陆冰川的南界相连, 分布在美国、加拿大、德国、法国、比利时、荷兰、中欧和东欧各国等地; 在亚洲和南美洲则与沙漠和戈壁相邻, 主要分布在中国、伊朗、俄罗斯、阿根廷; 在北非等国和南半球的新西兰、澳大利亚, 黄土呈零星分布。

中国是世界上黄土分布最广、厚度最大的国家, 中国黄土的分布区介于北纬 34°～45°之间, 呈东西向带状分布, 位于北半球中纬度沙漠 – 黄土带东南部。黄土分布还与东西向山脉的走向大体一致, 昆仑山、秦岭、泰山一线以北黄土分布广泛。我国黄土分布西起甘肃祁连山脉的东端, 东至山西、河南、河北交接处的太行山脉, 南抵陕西秦岭, 北到长城, 包括陕西、宁夏、甘肃、青海等 5 个省(区)的 220 多个县市, 面积达 540000km², 占全国土地面积的 6%。中国黄土的总面积为 380840 km², 黄土状沉积的总面积为 254440 km²。其中黄河流域黄土面积为 317600 km²。我国西北的黄土高原是世界上规模最大的黄土高原, 占中国黄土面积的 72.4%, 黄土的厚度各地不一, 陕西泾河与洛河流域的中下游地区, 最大厚度可达 180～200m; 一般厚 50～200m(甘肃兰州九州台黄土堆积厚度达到 336m), 发育了世界上最典型的黄土地貌。华北的黄土平原是世界上规模最大的黄土平原。具体地说, 黄土主要分布于甘肃的中部和东部, 陕西的中部和北部, 内蒙古鄂尔多斯市的南部和西部, 山西的大部分, 河南的北部、西部及西北部, 山东西部以及辽宁山地一带。华北平原的黄土则多被埋藏在较深的冲积层的下部。

总之, 在长城以南, 秦岭以北, 西迄青海东部, 东至海边的整个黄河流域都有黄土分布。在长城以北, 黄土就逐渐消失。此外值得注意的是, 天山北麓、昆仑山麓、祁连山麓也有黄土分布。一般认为中国黄土的分布南止秦岭, 但事实上在宝鸡以南, 秦岭中的凤县、双石铺一带, 再南至柴关岭也都有黄土分布。即使在汉中盆地或向东到大别山北坡、江苏北部, 甚至南京附近以及长江流域的某些地区也有零星的黄土分布。

(2) 黄土的组成

黄土是距今约 200 万年的第四纪形成的陆相黄色粉砂质土状堆积物。黄土的粒径在 0.005～0.05mm 之间, 其粒度成分百分比在不同地区和不同时代有所不同。

中国黄土物质主要来自里海以东北纬 35°～45°的内陆沙漠盆地地区。沙漠盆地中的上升气流将粉尘颗粒输送至高空, 进入西风环流系统, 随着西风带的高空气流自西向东、东南飘移, 至东经 100°以东的地区发生大规模沉降。

黄土的矿物成分有碎屑矿物、黏土矿物及自生矿物 3 类。碎屑矿物主要是石英、长石和云母, 占碎屑矿物的 80%, 其次有辉石、角闪石、绿帘石、绿泥石、磁铁矿等, 此外, 黄土中碳酸盐矿物含量较多, 主要是方解石。黏土矿物主要是伊利石、蒙脱石、高岭石、针铁矿、含水赤铁矿等。黄土的化学成分以 SiO_2 为主,其次为 Al_2O_3、CaO,再次为 Fe_2O_3、MgO、K_2O、Na_2O、FeO、TiO_2 和 MnO 等。典型的黄土为黄灰色或棕黄色的尘土和粉沙细粒组成,质地均一,含多量钙质或黄土结核,在黄土古土壤层下部的白色钙质淀积层常以结核形式表现出来。钙结核的形状有长柱状、不规则树枝状及圆球状等,一般长 15~25cm,宽 5~10cm。

2) 黄土的结构特征

黄土的物理性质表现为疏松、多孔隙,垂直节理发育,极易渗水,且有许多可溶性物质,很容易被流水侵蚀形成沟谷,也易造成沉陷和崩塌。黄土颗粒之间结合不紧,孔隙度一般在 40%~50%。

黄土的结构是以粗粉粒为主体骨架的结构,较大的砂粒"浮"在结构体中,细粉粒、黏粒和腐殖质胶体则附在砂粒和粗粉粒的表面与易溶盐及沉积在此处的碳酸钙、硫酸钙一起形成胶结性联结。黄土依靠这种胶结性联结便有了稳固的结构。

(1) 黄土的多孔性

由于黄土主要是由极小的粉状颗粒所组成,而在干燥、半干燥的气候条件下,它们相互之间结合得很不紧密,一般只要用肉眼就可以看到颗粒间具有各种大小不同和形状不同的孔隙和孔洞,典型的黄土孔隙度较高,而黄土状岩石的孔隙度较低。

(2) 垂直节理发育

垂直节理的形成主要是由于黄土在堆积加厚的过程中受重力的影响,土粒间的上下间距变得越来越紧密,而土粒间的左右间距却保持原状不变。这样水和空气即沿着抵抗力最小的上下方向移动,也就是说沿着黄土的垂直管状孔隙不断地做升降运动并反复进行,这就造成了黄土垂直节理发育的倾向。

(3) 水平层理不明显

黄土的组成物质主要是尘土质物质,它在渐次堆积过程中,形成非常薄的层理,用肉眼观察是很不明显的。

(4) 透水性较强

一般典型的黄土透水性较强,而黄土状岩石透水性较弱;未沉陷的黄土透水性较强,沉陷过的黄土透水性较弱。黄土之所以具有透水性,这和它具有多孔性以及垂直节理发育等结构特点是分不开的。黄土的多孔性及垂直节理越发育,黄土层在垂直方向上的透水性越高,而在水平方向上的透水性则越微弱。此外,当黄土层中具有土壤层或黄土结核层时,就会导致黄土层的透水性不良,甚至产生不透水层。

(5) 沉陷性

黄土经常具有独特的沉陷性质,这是任何其他岩石较少具有的。粉末性是黄土颗粒组成的最大特征之一。粉末性表明黄土粉末颗粒间的相互结合是不够紧密的,所以每当土层浸湿时或在重力作用的影响下,黄土层本身就失去了它的固结性能,因而也就常常引起强烈的沉陷和变形。

6.2.2 黄土的物理力学特性

黄土的物理力学特性主要包括压缩性、湿陷性和抗剪强度。

1) 压缩性

压缩性是在外荷载作用下,地基土产生的压缩变形的大小。

2) 湿陷性

黄土的湿陷变形具有突变性、非连续性和不可逆性。为了反映黄土湿陷程度的大小,国内外都采用湿陷系数 δ_s 值来判定。

3) 抗剪强度

黄土的抗剪强度是指土体对于外荷载所产生的剪应力的极限抵抗能力。

6.2.3 黄土的湿陷变形特性

经过长年沉积的老黄土通常是由黏土颗粒组成,结构非常致密,开挖难度大,几乎密不透水。但普通的黄土其组成中包含了大量弱黏结的粉粒,特别是湿陷性黄土表现为结构疏松、固结程度低、承载力弱,在非扰动及干旱少雨状态下基本能保持原有稳定状态,而一旦受到水的侵蚀,水就会迅速进入粉土颗粒之间,进一步削弱颗粒内部的黏结力,使土颗粒处于相对松散的状态,抗剪强度显著降低,工程性质随之丧失,宏观表现为地基或路基本体发生严重的竖向形变,路面整体或局部发生沉降,产生严重的纵、横向裂缝,甚至会导致构筑物的倾斜和破裂。长期的研究和工程实践表明,具有湿陷性特点的黄土在水的浸润和自身或外荷载作用下所产生的变形往往具有突发性和不可逆等特点,同时还存在非连续性,一旦发生则意味着原土体结构发生了重塑。这种重塑包括两个方面:一是粒径小的颗粒随水的浸润落入大颗粒间孔隙中,造成土体内部不同区域的孔洞与坍落;二是土颗粒之间出现相对位移,内部结构完全重组。

湿陷性黄土除了具备黄土的一般特征如呈黄色或黄褐色,粒度成分以粉土颗粒为主,约占 50% 以上,具有肉眼可见的孔隙等外,它还呈松散多孔结构状态,孔隙比常在 1.0 以上,天然剖面上具有垂直节理,含水溶性盐(碳酸盐、硫酸盐类等)较多。大孔隙、松散多孔结构和遇水即降低或消失的土颗粒间的加固凝聚力(主要由水溶性盐在土颗粒间沉淀凝结而产生),是黄土发生湿陷的两个内部因素,而压力和水是外部条件。

黄土湿陷性的判定,国内外都采用湿陷系数 δ_s 值来判定,δ_s 可通过室内浸水压缩试验测定。把保持天然含水率和结构的黄土土样,逐步加压,达到规定试验压力,土样压缩稳定后,进行浸水,使含水率接近饱和,此时土样迅速下沉,再次达到稳定,得到浸水后的土样高度 h'_p,可求得土的湿陷系数 δ_s。

测定湿陷系数 δ_s 的压力,对于基础底面压力不大于 300kPa 的桥涵,自基底算起,10m 以内的土层采用 200kPa,新近堆积黄土采用 150kPa,10m 以下至非湿陷性土层顶面,采用其上覆土的饱和自重土压力(当上覆土的饱和自重土压力大于300kPa时,仍采用300kPa);对于基础底面压力大于300kPa的桥涵,应采用实际压力。当湿陷系数δ_s不小于0.15时,为湿陷性黄土,否则为非湿陷性黄土。

湿陷性黄土地基湿陷类型的划分:

黄土地区建筑场地的湿陷性类型按自重湿陷量Δzs判定。当自重湿陷量Δzs不大于7cm时,定义为非自重湿陷性黄土场地,当Δzs大于7cm时,定义为自重湿陷性黄土场地。

自重湿陷量Δzs的累计自天然地面算起(当挖、填方的厚度和面积较大时,自设计地面算起),至其下全部湿陷性黄土层的底面为止,其中自重湿陷系数δ_{zs}小于0.015的土层可不计。

湿陷性黄土地基湿陷等级的判定:

湿陷性黄土地基的湿陷等级,即地基土受水浸湿发生湿陷的程度,可以用地基内各土层湿陷下沉稳定后所发生湿陷量的总和(总湿陷量)来衡量,总湿陷量越大,对结构物的危害性越大,其设计、施工和处理措施要求也应越高。

湿陷性黄土地基的湿陷等级,应根据自重湿陷量Δzs和基底以下地基湿陷量Δs的大小按以下判定,见表6-3。

黄土地基湿陷类型、等级划分表　　　　　表6-3

湿陷类型	自重湿陷量(cm)	湿陷等级			总湿陷量(cm)
非自重湿陷性	$\Delta zs \leq 7$	Ⅰ(轻微)	Ⅱ(中等)	—	$\Delta s \leq 30$
自重湿陷性	$7 < \Delta zs \leq 35$	Ⅱ(中等)	Ⅱ(中等) $\Delta s < 50$ $\Delta zs < 30$	Ⅲ(严重)	$30 < \Delta s \leq 60$
自重湿陷性	$\Delta zs > 35$	—	Ⅲ(严重) $\Delta s \geq 50$ $\Delta zs \geq 30$	Ⅳ(很严重)	$\Delta s > 60$

注:①当$30cm < \Delta s \leq 50cm, 7cm < \Delta zs \leq 30cm$时,定为Ⅱ级;②当$50cm < \Delta s \leq 60cm, 30cm < \Delta zs \leq 35cm$时,定为Ⅲ级。

6.2.4 黄土地基处理设计

在黄土地区修筑结构物,应首先考虑选用非湿陷性黄土地基,这样比较经济、可靠。如确定基础在湿陷性黄土地基上,应尽量利用处理要求较低的非自重湿陷性黄土地基。

6.2.4.1 湿陷性黄土地基处理

湿陷性黄土地基处理的目的是改善土的性质和结构,减小土的渗水性、压缩性,控制其湿陷性的发生,部分或全部消除其湿陷性。在明确地基湿陷性黄土层的厚度、湿陷性类型、等级等后,应结合结构物的工程性质、施工条件和材料来源等,采取必要的措施,对地基进行处理,满足结构物在安全、使用方面的要求。

对全部湿陷性黄土层进行处理,在非自重湿陷性黄土地基,应自基底处理至非湿陷性土层顶面(或压缩层下限),或者以土层的湿陷起始压力来控制处理厚度,即对地基持力层内,附加

应力 σ_h 与上层土自重 γ_h 之和大于该处土的湿陷起始压力 P_{hs} 范围内的土层进行处理;在自重湿陷性黄土地基,是指全部湿陷性黄土层的厚度。湿陷起始压力是指湿陷性黄土地基在某一压力下,浸水后开始出现湿陷(一般指湿陷系数为 0.015)时的压力值,如作用压力小于湿陷起始压力 P_{hs},地基即使受水浸湿也不湿陷。

湿陷性黄土地基处理的根本原则是:破坏土的大孔结构,改善土的工程性质,消除或减少地基的湿陷变形,防止水浸入建筑物地基,提高建筑结构刚度。

(1)强夯法又叫动力固结法,是利用夯锤自由落下产生的冲击波使地基密实。对黄土地基进行强力夯击,以消除其湿陷性,降低压缩变形,提高地基强度,但强夯法适用对地下水位以上饱和度 $S_r \leqslant 60\%$ 的湿陷性黄土地基进行局部或整片处理,可处理的深度在 3~12m。土的天然含水率对强夯法处理至关重要,天然含水率低于10%的土,颗粒间摩擦力大,细土颗粒很难被填充,且表层坚硬,夯击时表层土容易松动,夯击能量消耗在表层土上,深部土层不易夯实,消除湿陷性黄土的有效深度小,夯填质量达不到设计效果。当上部荷载通过表层土传递到深部土层时,便会由于深部土层压缩而产生固结沉降,对上部建筑物造成破坏。

(2)垫层法(灰土、水泥土)是一种浅层处理湿陷性黄土地基的传统方法,我国已有2000多年的应用历史,在湿陷性黄土地区使用较广泛,具有因地制宜,就地取材和施工简便等特点。实践证明,经过回填压实处理的黄土地基湿陷性速率和湿陷量大大减少,一般表土垫层的湿陷量减少为 1~3cm,灰土垫层的湿陷量往往小于 1cm。垫层法适用于地下水位以上,对湿陷性黄土地基进行局部或整片处理,可处理的湿陷性黄土层厚度在 1~3m。垫层法根据施工方法不同可分为土垫层和灰土(水泥土)垫层,当同时要求提高垫层土的承载力及增强水稳定时,宜采用整片灰土(水泥土)垫层处理。

①素土垫层法。素土垫层法是将基坑挖出的原土经洒水湿润后,采用夯实机械分层回填至设计高度的一种方法,它与压实机械做的功、土的含水率、铺土厚度及压实遍数存在密切关系。压实机械做的功与填土的密实度并不成正比,当土质含水率一定时,起初土的密实度随压实机械所做的功的增大而增加,当土的密实度达到极限时,反而随着功的增加而破坏土的整体稳定性,形成剪切破坏。在大面积的素土夯填施工中时常遇到运输土料的重型机械容易对已夯筑完毕的坝体表面形成过度碾压,造成剪切破坏,同时在含水率过高的地区发生"橡皮泥"现象,从而出现渗漏。这些都将是影响夯填质量的主要因素。

②灰土(水泥土)垫层法。灰土(水泥土)垫层法是采用石灰(水泥)与土的配合而成,经过筛分拌和,再分层回填,是分层夯实的一种方法。要保证夯实的质量必须要严格控制好灰土(水泥土)的拌制比例和土料的含水率,这对夯填质量起主要影响。当处理厚度超过 3m 时,挖填土方量大,施工期长,施工质量也不易保证,严重影响工程质量和工程进度。所以,垫层法同样存在着施工局限。

(3)挤密法是利用沉管、爆破、冲击、夯扩等方法在湿陷性黄土地基中挤密填料孔后再用素土、灰土,必要时采用高强度水泥土,分层回填夯实以加固湿陷性黄土地基,提高其强度,减少其湿陷性和压缩性的一种方法。挤密法适用于对地下水位以上,饱和度 $S_r \leqslant 65\%$ 的湿陷性黄土地基进行加固处理,可处理的湿陷性黄土厚度一般为 5~15m。但通过实践证明:挤密法对土的含水率要求较高(一般要求略低于最优含水率),含水率过高或过低,挤密效果都达不到设计要求,这在施工中很难控制,因为湿陷性黄土的吸水性极强且易达到饱和状态,在湿陷性黄土进行洒水湿润时,表层土质饱和后容易形成积水,下部土质却很难受水接触而呈干燥状态,对于含水率<10%的地基土,特别是在整个处理深度范围内的含水率普遍偏低的土质中是不易采用的。

(4)桩基础法。桩基础既是一种基础形式也可看作是一种地基处理措施,是在地基中有规则地布置灌注桩或钢筋混凝土桩,以提高地基承载能力的一种方法。桩根据受力不同可分为端承桩和摩擦桩,这种地基处理方法在工业与民用建筑中使用较多,但桩基础仍然存在潜在的隐患,地基一旦浸水,便会引起湿陷给建筑物带来危害。在自重湿陷性黄土中浸水后,桩周土发生自重湿陷时,将产生土相对桩的向下位移,对桩产生一个向下的作用力即负摩擦力。而且通过实践证明,预制桩的侧表面虽比灌注桩平滑,但其单位面积上的负摩擦力却比灌注桩大。这主要是由于预制桩在打桩过程中将桩周土挤密,挤密土在桩周形成一层硬壳,牢固地黏附在桩侧表面上,桩周土体发生自重湿陷时不是沿桩身而是沿硬壳层滑移,硬壳层增加了桩的侧表面面积,负摩擦力也随着增加,正是由于这股强大的负摩擦力使桩基出现沉降,由于负摩擦力的发挥程度不同,导致建筑物地质基础产生严重的不均匀沉降,构成基础的剪切应力,形成剪应力破坏,这也正是导致众多事故发生的主要因素。

(5)预浸水法。湿陷性黄土地基预浸水法是利用黄土浸水后产生自重湿陷的特性,在施工前进行大面积浸水使土体预先产生自重湿陷,以消除黄土土层的自重湿陷性,它只适用于处理土层厚度大于 10m,自重湿陷量计算值不大于 500mm 的黄土地基,经预浸法处理后,浅层黄土可能仍具外荷湿陷性,需做浅层处理。

预浸水法用水量大、工期长,一般应比正式工程至少提前半年到一年进行,浸水前沿场地四周修土埝或向下挖深 50cm,并设置标点以观测地面及深层土的湿陷变形,浸水期间要加强观测,浸水初期水位不易过高,待周围地表出现环形裂缝后再提高水位,湿陷性变形的观测应到沉陷基本稳定为止。预浸水法用水量大,对于缺水少雨、水资源贫乏地区,不易采用,当土层下部存在隔水层时,预浸时间加大,工期延长,都将是影响工程的因素。

(6)深层搅拌桩法。深层搅拌桩是复合地基的一种,在黄土地区应用比较广泛,可用于处理含水率较高的湿陷性弱的黄土。它具有施工简便、快捷、无振动,基本不挤土,低噪声等特点。

深层搅拌桩的固化材料有石灰、水泥等,一般都采用后者作为固化材料。其加固机理是将水泥掺入黏土后,与黏土中的水分发生水解和水化反应,进而与具有一定活性的黏土颗粒反应生成不溶于水的稳定结晶化合物,这些新生成的化合物在水中或空气中发生凝硬反应,使水泥有一定的强度,从而使地基土达到承载的要求。

深层搅拌桩的施工方法有干法施工和湿法施工两种,干法施工就是"粉喷桩",其工艺是用压缩空气将固化材料通过深层搅拌机械喷入土中并搅拌而成。因为输入的是水泥干粉,因此必然对土的天然含水率有一定的要求,如果土的含水率较低,很容易出现桩体中心固化不充分、强度低的现象,严重时甚至根本没有强度。在某些含水率较高的土层中也会出现类似的情况。因此,应用粉喷桩的土层中,含水率应超过30%,在饱和土层或地下水位以下的土层中应用更好。对于土的天然含水率过高或过低时都不允许采用。

湿陷性黄土地基处理的方法很多,在不同的地区,应根据不同的地基土质和不同的结构物,对地基处理选用不同的处理方法。在勘察阶段,经过现场取样,以试验数据进行分析,判定属于自重湿陷性黄土还是非自重湿陷性黄土,以及湿陷性黄土层的厚度、湿陷等级、类别等重要地质参数,通过经济分析比较,综合考虑工艺环境、工期等诸多方面的因素。最后,选择一个最合适的地基处理方法,经过优化设计后,确保满足处理后的地基具有足够的承载力和变形条件的要求,而不能一味地追求经济利益,对工程质量视而不见,导致无可挽回的后果。

6.2.4.2 路基拼接段湿陷性黄土地基处理

(1)在一般填方路基拼宽设计中,地基表层处理应视既有公路范围湿陷性黄土地基表层处理措施及现状地表情况,结合路基填土高度采取相适应的处理措施,满足上层路基填筑压实要求。

①路基填土高度小于3m,填方路基基底为Ⅰ、Ⅱ级非自重湿陷性黄土场地路段,基底清表后超挖60cm,回填水泥土至超出地表30cm,压实度要求不小于96%,处理范围至占地界边缘。

②路基填土高度小于3m,填方路基基底为Ⅱ级自重湿陷性黄土场地路段,基底清表后超挖80cm,回填水泥土至超出地表30cm,压实度要求不小于96%,处理范围至占地界边缘。

③路基填土高度大于或等于3m,填方路基基底为Ⅰ、Ⅱ级非自重湿陷性黄土和Ⅱ级自重湿陷性黄土,以及填方基底为Ⅲ级、Ⅳ级自重湿陷性黄土场地路段,地基采用灰土挤密桩处理,平面按正三角形布设,桩长根据路基填土高度和湿陷性黄土分布厚度确定,桩长不应小于6m,其上铺设水泥土垫层。

④易受地表水侵害的填方路段,排水沟底部增设隔水墙,隔水墙外侧和底部铺设防渗土工布,回填水泥土,压实度(重型击实标准)应不小于93%。土工布采用两布一膜复合土工防渗布。

(2)拼宽路基填料应符合现行规范要求,且宜采用与既有路基填料性质相近或更利于拼接的材料。

(3)采用细粒土填筑时,加强新路基与既有路基间的排水设计,增设盲沟,排除路基内部积水。

(4)挖方路基拼宽设计,综合边坡地质条件、交通组织、运营与施工安全、施工难度、土石方调运等因素,在保证边坡稳定性要求、保证行车安全的基础上,确定边坡率及防护方案。挖方深度小于湿陷土层厚度时,路床部分处理为湿陷性黄土地基,路床范围全超挖换填水泥土,压实度应不小于规范要求。路床底部采用高速液压夯处理,压实度应不小于规范要求值。

6.3 路基拼接湿软地基处理

6.3.1 湿软地基的定义及特点

所谓软土,从广义上说,就是强度低、压缩性高、承载能力低的一种软塑到流塑状态的黏性土。软土包括淤泥、淤泥质土、杂填土及饱和松散细沙与粉土。修建在软土地区的路基,主要是路堤填筑荷载引起的软基滑动破坏的稳定问题和量大且时间长的沉降问题。软土地基是指压缩层主要由淤泥、淤泥质土或其他高压缩性土构成的地基,其承载能力很低,一般不超过50kPa。其主要特征如下:

1)孔隙比和天然含水率大

我国软土的天然孔隙比 e 一般在 1.0~1.9 之间,大部分软土的天然含水率 $w=34\%$~72%,液限一般为 35%~60%,天然含水率普遍大于液限。

2)压缩性高

我国淤泥和淤泥质土的压缩系数一般都大于 0.5MPa^{-1},建造在这种软土上的建筑物将发生较大的沉降,尤其是沉降的不均匀性,会造成建筑物的开裂和损坏。

3)透水性差

软土尽管其含水率大,透水性却很小,渗透系数均在 10^{-8}~10^{-6}cm/s 之间。因此,土体受到荷载作用后,呈现很高的孔隙水压,影响地基的压密固结。

4)抗剪强度低

软土一般呈软塑到流塑状态,在外部荷载作用下,抗剪性能极差。

6.3.2 湿软地基的物理、力学特性

所谓软土就是具有高含水率、大孔隙比、高压缩性和低强度的土体,这是多年来各行业的共识,但在具体划分标准上各行业存在一定的差异。

我国铁路部门划分标准为:

天然含水率(w)接近或大于液限(w_l),孔隙比(e)>1

压缩模量(E_s)<4000kPa,不排水抗剪强度(C_u)<25kPa

静力触探贯入阻力(P_s)<700kPa,标准贯入击数($N_{63.5}$)<2

旧版《公路土工试验规程》(JTJ 051—1985)对软土的划分指标见表6-4。

JTJ 051—1985 中软土的划分 表 6-4

土　类	指　标				
	含水率 w（%）	孔隙比 e	压缩系数 a_{1-2}（kPa^{-1}）	饱和度 S_r（%）	快剪内摩擦角 φ（°）
黏土	>40	>1.2	>0.5	>95	<5
中、低液限	>30	>0.95	>0.3	>95	<5

实践过程中发现 JTJ 051—1985 的规定较烦琐,且与不少土体不相符。铁路规范中的判别指标较多,既有原位测试指标又有室内试验指标,要完整取值困难,判别时会遗漏一些实际存在的软土。综合这些因素,在《公路软土地基路堤设计与施工技术规范》(JTJ 017—1996)中对软土的判别标准进行了调整,见表 6-5。

JTJ 017—1996 中软土判别标准 表 6-5

特征指标名称	天然含水率(%)	天然孔隙比	十字板剪切强度(kPa)
指标值	≥35 与液限	≥1.0	<35

土的物理性质是指土中固相(土颗粒)、液相(水)、气相(空气)的质量与体积间的相互比例关系以及固液两相相互作用表现出来的性质。

天然含水率(w):天然含水率是指天然状态下,土体中所含水的质量与土粒质量之比,常以百分率表示。

天然孔隙比(e):天然孔隙比是指天然状态下土体中孔隙体积与土粒体积之比。

液限(w_l)和塑限(w_p)是表征土体稠度状态的两个指标。

压缩系数(a):通过有侧限的压缩试验,我们可以得到一条压缩试验曲线,曲线反映了土样孔隙比随着压力加大而不断变化的过程,曲线上两点间割线的斜率称为压缩系数。一般条件下采用 $P_1=100kPa$、$P_2=200kPa$ 时的计算值作为试样的压缩系数,表示为 a_{1-2}。

6.3.3 湿软地基的常见处理方法

高速公路在我国经济活动中起着重要的作用,随着我国经济的高速发展。高速公路的建设里程与路网规划也在不断完善。高速公路在软土地基上的修建也就不可避免地发生。根据高速公路地基软土的不同特征、分布情况和地理环境等因素,可采用一种或两种以上的软土地基处理方法。在施工中经常碰到的情况,多数不是软土地基,因为如果有软土地基,一般情况在设计时应该根据地质资料提出处理方法。多数情况是有局部地段地质情况和原有设计不同,出现地基承载力达不到设计要求,或由于局部地段含水率过大造成地基软弹。当路基稳定性验算或沉降计算不能满足设计要求,对公路工程有严重影响时,必须对地基进行加固治理。一般常见的处理方法如下:

1)塑料板排水法

塑料板排水法是把用滤膜包裹的塑料芯板用机械打入软土地基中,利用滤膜的透水性和塑料板的沟槽构造把水汇集起来排到地面砂垫层内的软基加固方法。塑料板插入土体中形成竖向排水通道。此方法施工简单、快捷、应用较为广泛。

2）砂井

砂井是利用各种打桩机具击入钢管，或用高压射水、爆破等方法在地基中获得按一定规律排列的孔眼并灌入中、粗砂形成砂柱，形成较大的密实柱体，提高软土地基的整体抗剪强度，从而减少沉降。由于这种砂井在饱和软黏土中起排水通道的作用，又称排水砂井。砂井顶面应铺设垫层，以构成完整的地基排水系统。

3）堆载预压法

在软土地基上修筑路堤，经过填土堆载预压，使地基土压密、沉降、固结，从而提高地基强度，减少路堤建成后的沉降量。堆载预压法对各类软弱地基均有效；使用材料、机具简单，施工操作方便。但堆载预压需要一定时间，适合工期要求不紧的项目。对于深厚的饱和软土，排水固结所需的时间很长，同时需要大量的堆载材料，在使用上会受限。

4）深层搅拌桩法

深层搅拌桩法，是胶结法处理软土地基的一种。它利用水泥浆材料作为固化剂，经过特制的深层搅拌机械，就地在软土中利用压缩空气喷射水泥浆，与软土强行搅拌，利用固化剂与软土之间所产生的一系列物理—化学反应，使软土固结形成具有整体性、水稳定性和一定强度的地基。此方法具有施工速度快、设备轻便，便于移动，方法容易掌握，处理深度较大的优点，且工后沉降较小、排水固结时间短。

5）换填土层法

这是最常见的方法。这种方法最大的有效处理深度可达 3m。采用人工或机械挖除路堤下的软土，换填强度较高的黏性土或砂、砾、卵石、片石等透水性材料，形成良好的持力层，从而改变地基承载力特征，提高抗变形和稳定能力。

6.4 路基拼接低路堤排水设计

6.4.1 低路堤排水现状

低路堤地表防排水设施包括边沟、排水沟、急流槽、油水分离力池、下挖式通道排水、排水泵站、渗井、蒸发池及防水隔离层等，设计过程中应结合地形以及天然水系进行布设，并做好排水出口位置的选择和处理，防止出口堵塞、溢流、渗漏、淤积、冲刷和冻结现象的发生。

尽管公路路基设计规范对路基的排水系统做了明确要求，但由于低路堤填筑高度低这一特殊属性，加之养护不到位等多方面原因，导致高速公路低路堤排水在运营期间不可避免发生排水系统失效、排水不畅等一系列问题。

6.4.2 低路堤排水存在主要问题

1）路面表面、路堤坡面汇水排水出路问题

很多高速公路在低路堤段采用汇水横向散排至路堤边沟的排水设计，即路面汇水沿路拱横坡经边坡汇集坡面水流向路堤边沟。平原区地势平坦，为满足路基排水，设计纵坡需满足规范值大于0.3%，因此在设计过程中为满足设计规范以及排水需求，通常采用人为将路线交替降低和抬高的设计方式。若低路堤路线范围无自然沟道、河道，如未设置桥涵构造物，则导致边沟汇水在路线低点无法排出。

2）通道的积水问题

高速公路设计过程中，为避免公路两侧行人及车辆穿行对公路行车的干扰，通常采用上跨主线天桥、下穿主线通道等交叉设施满足公路两侧生产、生活道路通行需求。在山地、丘陵地区，可利用路堑边坡设置上跨天桥满足穿行需求，但在平原区则只能通过下穿通道实现。因此，平原区低路堤路线范围的交叉设计多采用下穿通道，由于通道设计需满足规范净空要求，通常采用下挖形式，故造成通道过水断面高程低于两侧引道高程，导致雨季来临时通道内部严重积水。

6.4.3 低路堤改建排水设计方案

低路堤由于其填筑高度低这一特殊属性，导致其在运营期间不可避免发生排水系统失效、排水不畅等一系列问题。因此，改扩建过程中对于低路堤排水需设计综合的排水系统，将中央分隔带排水、路基边缘排水、边沟排水、地下渗沟截水等排水措施相结合，以达到有效阻隔地下水、及时排除地表水的目的。设计过程低路堤排水的解决方案主要有以下几种思路：

1）机械排水（泵站）

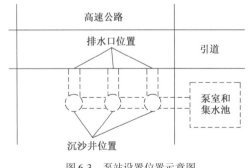

图6-3 泵站设置位置示意图

机械排水即利用机械抽水设备，通常指设置排水泵站将路线低点边沟汇水抽走的排水方式。即在路线低点设置下挖通道或涵洞将路基两侧边沟汇水导向一侧，在涵洞或通道出口设置泵站，下雨或者有边沟排水汇集时开启水泵将水抽走的排水方式，此种方式排水效率最高，如图6-3所示。

泵站排水方式，适用于降雨量大、地下水位较高且通道底面低于河渠底面而无法自排的通道。

通道排水泵站设计应符合下列规定：

排水泵站包括格栅、集水池和泵房，水泵抽出的水应排至路界之外。

格栅栅条间隙总面积宜为进水管有效面积的1.2~2.0倍，过栅流速宜为0.8~1.0m/s，栅后到集水池流速宜为 0.5～0.7m/s。

集水池容积应根据汇水址、水泵能力和水泵工作情况等因素确定,最小容积不宜小于一台水泵 30s 的出水量,宜采用 30～60s;集水池有效水深宜采用 1.2～2.0m。

宜采用干式泵房。

低路堤排水采用排水泵站设计方案简单,排水高效。但由于抽水机械设备需要用电以及长期维护,下雨时还需派人启动设备,需要设置专职人员管理,运营期间管养费用太高,不适合高速公路的环境和运营管理特点。同时,单个排水泵站的建设费用较高,约 150 万元。

2) 蒸发池排水

低路堤路段路堤边沟汇水在路线低点无排水出路时,可采用就近设置蒸发池集中排水的设计方案。若路线低点附近有通道,可将路堤边沟两侧汇水通过通道导向路基一侧,在通道出口就近设置一处大型蒸发池集中排水。

蒸发池排水方式,适用于降雨量小、蒸发量大、地下水位低的通道排水。

蒸发池设计应符合下列规定:

气候干旱且排水困难地段,可利用沿线的取土坑或专门设置蒸发池汇集地表水。

蒸发池边缘距路基边沟外缘的距离应以保证路基的稳定和安全为原则,湿陷性黄土地区不得小于湿陷半径。池中设计水位应低于排水沟的沟底。

蒸发池的容量应以一个月内路基汇流入池中的雨水能及时完成渗透与蒸发作为设计依据。每个蒸发池的容积应根据蒸发池的纵向间距经水力、水文计算后确定。

蒸发池应根据具体情况采取适当的防护加固措施,蒸发池的设置不应使附近地面盐渍化或沼泽化。

低路堤排水采用就近设置蒸发池的方案,设计方案简单、经济,能高效解决低路堤段落路堤边沟在路线低点无排水出路的问题,但该方案挖土方量和用地量较大。同时,蒸发池暗埋排水管进口容易被泥沙和农作物秸秆等户外杂物堵塞,造成汇水无法及时排除,使得蒸发池形同虚设,不能发挥设计作用。最后,若在平原区距离居民区较近位置设置蒸发池,存在严重安全隐患。

3) 雨棚

通道排水的解决方案一般是在通道引道的两侧,设置混凝土立柱,立柱的顶端加盖钢化玻璃顶棚,顶棚距引道路面的净空根据通道的等级不同而定。此外,防雨棚两侧的地面上设置排水沟,降雨时通道出入口的雨水经雨棚汇入边沟流向原地面自然排水系统中,利用自由排泄方式流入自然环境。

雨棚排水方式适用于路侧空间受限和地下水位很浅的下挖通道。

搭建雨棚解决通道排水困难设计方案简单,使用效果可靠,造价低且节省用地资源。同时,雨棚设计通常采用诸如聚酯物等材料,设计方案环保、经济。但由于雨棚搭建选用聚酯类材料易老化,使用年限较短,使用年限内破损造成的渗漏同样会造成通道积水,给运营期间养护带来极大困难,且养护费用较高。除此之外,高速公路通道内不设照明设施,使用雨棚影响通道内部采光,尤其通道道路宽度较大时,内部光线越差。最后,搭建雨棚形成的高速公路两侧较大范围的遮挡构造物与其沿线两侧的景观设计极不协调,给景观绿化造成极大困难。这与现代高速公路建设要求兼顾景观绿化的设计理念背道而驰。

4)渗井

低路堤排水渗井设计思路同传统蒸发池,即将低路堤范围路线低点边沟汇水通过设置下挖涵洞导向路基一侧,在涵洞出水口一侧就近设置渗井,通过暗埋排水管将汇水流向渗井,在地下水位较深时,井中积水通过井底下渗。在地下水位较浅时,井底需同样采用钢筋混凝土浇筑以隔绝浅层地下水,同时,需设置管径20cm的玻璃钢管将井中水向深层砂土、卵砾石层渗透。

渗井设计应符合下列规定:

渗井排水方式,适用于降雨量较大、地下水位低、含水层渗透性好且埋深不超过10m的下挖式涵洞或通道排水。涵洞或通道内水流进入渗井前,应设置油水分离池,以保护地下水质。

下挖式通道渗井排水系统由集水井、横向排水管(沟)、油水分离池、渗井(池)等组成。

渗井由上部集水井和下部渗透井两部分组成,渗井的大小应根据下挖式通道的排水量通过水力计算确定,渗井材料宜采用钢筋混凝土或者波纹管,井的四周设置反滤层,渗井下部采用筛选洗净的砂砾、片碎石等充填,其中小于0.15mm的颗粒含量不得大于5%,井底应进行封闭处理。

渗井为高速公路低路堤排水设计近几年采用的新兴方案,占用土地资源相对较少,但施工难度大、后期养护工作量大。同时,设计方案未经长期实践检验,其可靠性、适宜性较差,造价较高。

渗井结构比传统蒸发池更复杂,除暗埋排水管进口与传统蒸发池一样存在易堵塞的问题,一旦进水口或管内堵塞,则再完美的渗井也不能发挥任何作用。

如果底部封闭,采用小管下渗,则渗井的可靠度进一步降低,因为如果小管堵塞,渗井将只能变成一个小型蒸发池。

渗井需结合油水分离池使用,一旦油水分离池失效,采用渗井方案可能污染深层地下水。

从渗井工作原理分析,只有在底部存在不饱和的砂或卵砾石等地层,才具备下渗的条件。

单个渗井造价约150万元,造价较高。

第7章 路面改建设计

7.1 概 况

随着我国高速公路的发展,我国高速公路通车总里程已位居世界第一,但由于早期修建的高速公路受设计理念、技术标准、施工工艺等因素制约,加之近年来交通量剧增,交通压力越来越大,服务水平下降明显,交通事故有所增加,与此同时路面出现了不同程度的纵、横向裂缝、拥包、坑槽、泛油、车辙等破坏,路面的破损对车辆的行驶速度、荷载能力、机械磨损、燃油消耗、行车舒适性、交通安全以及环境保护会造成较大的影响。

在高速公路改扩建中,受新旧路基差异化现象影响,沉降会深入地反映到路面结构层中,进而在路面上形成裂缝,严重时会导致路面的基本结构破坏。在道路改扩建施工过程中,路面结合部的路面结构层可能出现表面松散、纵向裂缝等质量问题,或是新旧路段道路的坡度存在一定差异,导致路面出现错台、纵缝或横缝,在交通荷载及水的侵蚀下必然会导致结构层底出现脱空现象,裂缝位置处的结构层逐渐断裂。在大雨、低温等恶劣的天气条件下,路面遭受损害的程度会进一步加深,进而大幅削弱整个公路在实际使用过程中的安全性与承载性能,对道路上过往车辆的行车安全造成严重威胁。因此,路面的服务质量成为保证行车安全的重点。本章主要分析了包含路面改建技术、交通荷载数据、路面技术状况检测与评价、路面结构改建、新旧路面拼接设计、路面旧料再生、路面排水等在内的关键技术,保障高速公路改扩建的行车安全。

7.2 高速公路路面改建技术

7.2.1 国内高速公路路面改建技术

国内已实施完成的高速公路路面改建,主要从以下几个方面进行考虑:既有路面结构的利用,改建路面结构的设计,加宽新建路面结构和材料的选择,新旧路面之间的拼接,废旧沥青及沥青混合料的再生利用,新材料、新技术在路面改建中的应用等。

7.2.1.1 沈大高速公路路面改扩建

原沈大高速公路全线路面依据1978年我国《公路柔性路面设计规范》进行设计,改扩建前路面破损严重,受当时路面设计理论和施工工艺、设备、材料等因素影响,加之大吨位重载车辆的作用,路面已破损严重,裂缝、车辙、龟裂、磨光等现象较普遍,服务水平明显下降,影响行车安全。2002年开始进行改扩建,采用以两侧加宽为主的方案,由原双向四车道改为双向八车道。

1)旧路面加铺方案

原沈大高速公路已通行十余年,在重复荷载作用下,路基已趋于稳定。旧路面采用了直接加铺方案,既保持了原有路基的稳定性,对原有路面的扰动较少,又充分利用了原路面结构层强度,避免了过度铣刨。原路加铺路面结构层计算以原路面的实测弯沉值为基础,反算路面当量回弹模量,然后按照《公路沥青路面设计规范》(JTJ 014—1997)中路面补强厚度的计算方法,计算路面的加铺厚度。

(1)当原路面路段代表弯沉L_0<50时,路面采用17cm沥青混凝土进行补强,个别代表弯沉值小于30的路段,补强厚度为9cm。其主要作用除了提供强度之外,还用于找平原区路面的纵横坡度。

(2)当原路面路段代表弯沉$50 \leqslant L_0 < 120$时,在原沥青面层上加铺28cm水泥稳定砂砾半刚性基层,新沥青面层与加宽部分一起铺筑。其中水泥稳定砂砾半刚性基层找平层的厚度最小为10cm,然后再和新建路面一起铺筑18cm。

(3)当原路面弯沉$L_0 \geqslant 120$时,在原沥青面层上加铺35cm水泥稳定砂砾半刚性基层,新沥青面层与加宽部分一起铺筑。

2)路面材料的选用

沈大高速公路路面改建,路面表面层集料采用坚硬耐磨的玄武岩,中、下面层采用石灰岩。上面层、中面层沥青混合料均采用SBS改性沥青作为结合料。结合沈大高速公路交通量较大的特点,在纵坡超过2%的上坡路段,下面层也采用了SBS改性沥青,保证沥青路面有良好的抗车辙能力,同时面层抗低温开裂能力也得到提高。

3)加宽新建路面结构

表面层:4cm沥青玛碲脂碎石抗滑层(SMA-16L型)

中面层:6cm粗粒式沥青混凝土(AC-25型)

下面层:8cm粗粒式沥青混凝土(AC-30型)

上基层:18cm水泥稳定碎石

下基层:18cm水泥稳定砂砾

底基层:18cm水泥稳定砂砾

总厚度为72cm

4)新旧路面拼接

由于原硬路肩没有经过行车碾压作用,硬路肩沥青面层强度相对行车道较低,因此在设计中考虑将原有路面硬路肩的路面全部挖除,铺筑新路面。开挖面呈台阶状,并在面层结构中铺设玻璃纤维格栅以增强沥青面层抗开裂能力。

7.2.1.2 郑洛高速公路路面改扩建

郑州至洛阳高速公路是国家规划的"五纵七横"之一连霍高速公路的重要组成部分,是河南省高速公路网的主骨架。随着河南省经济社会的快速发展,连霍高速公路郑洛段交通量已超过了原设计标准,造成通行能力下降,形成多处"瓶颈"路段,远远不能满足交通需求。2008年郑洛高速公路开始实施改扩建,采用以单侧加宽为主,由四车道变为八车道,改建里程为106km。旧路面结构形式如下:

K600+200~K694+500段行车道:

4cm 中粒式沥青混凝土上面层

5cm 粗粒式沥青混凝土中面层

6cm 热拌沥青碎石下面层

15cm 水泥稳定碎石基层

40cm 水泥石灰稳定土底基层

硬路肩路面结构底基层为 20cm 水泥石灰稳定土底基层

K694+500~K705+997段行车道及硬路肩:

4cm 中粒式沥青混凝土上面层

5cm 粗粒式沥青混凝土中面层

7cm 粗粒式沥青混凝土下面层

34cm 水泥稳定碎石基层

20cm 水泥粉煤灰稳定土底基层

郑洛高速公路在 2004 年对路面进行全面大修,在病害处治后,加铺5cm厚中粒式沥青混凝土。2007年对路面进行了大修,K600+200~K694+500段在对病害处治后,精铣刨旧路沥青层5~10mm,设置改性沥青碎石封层后,加铺4cm AC-16C(SBS改性),该段经多次养护加铺后,沥青层厚度近24cm;K694+500~K705+997段病害较少,进行病害修补后,未进行罩面处理。

1)路面改建方案

通过对路面改建方案论证和经济比较,旧路面采用了铣刨+补强设计方案。在行车道病害严重路段,铣刨2层沥青混凝土,如下部无病害,则采用4cm AC-13+6cm AC-20+8cm 厂拌冷再生混合料补强;如下部仍有病害,则继续向下以层为单位铣刨,直至无病害层面,采用4cm AC-13+6cm AC-20+12cm 厂拌冷再生混合料补强。在行车道病害轻微路段,精铣刨后,加铺4cm AC-13+6cm AC-20。原路缘带及硬路肩根据高程情况加铺1层或2层。铣刨+补强设计方案不需要对原路面进行大规模铣刨,能较好地治理表层病害,铣刨的表层的沥青旧料也可进行再生利用。

2)旧路面材料的再生利用

为了降低工程造价,铣刨下来的旧路面层、基层材料按一定配合比用在补强面层、基层中,剩余材料可用于分隔带封闭、路床、路基填筑。

7.2.1.3 西宝、西潼高速公路路面改扩建

西安至宝鸡、西安至潼关高速公路是国道主干线连霍国家高速公路的重要组成部分,是陕西省高速公路网主骨架。但是,早期建设的高速公路,设计和施工标准都比较低,更重要的是,因为交通量急剧增长,并且货车超载较为普遍,导致原有四车道已不能适应交通量迅猛增长的需求,严重制约了区域经济的发展。

1)路面改建方案

通过对路面补强方案的研究和多次评审,旧路面的补强采用"局部开挖补强与全线加铺4cm沥青混凝土"的设计原则,有效清除劣化的表面层沥青,同时将表面层病害一同清除,不需要单独对表面层病害进行专门处治,能较好地治理表层病害。

(1)原有路面代表弯沉值满足设计弯沉路段,利用加铺路面结构层提高整体使用实时性。弯沉作为路基路面的交工验收指标,在设计路面结构时,实测代表弯沉值不应超过验收弯沉值。我国当前的沥青路面结构设计中,选用沥青混合料层层底拉应变、无机结合料稳定层层底拉应力、沥青混合料层永久变形量以及路基顶面竖向压应变作为结构设计的重要控制指标,以控制沥青混合料层的疲劳开裂、无机结合料稳定层的疲劳开裂以及沥青层的永久变形。

路面状况良好段,铣刨部分原沥青面层结构,铺筑 4cm SMA-13 + 6cm AC-20 沥青面层;原有路面存在轻微纵横向裂缝等面层病害段,铣刨全部沥青面层,铺筑 4cm SMA-13 + 6cm AC-20 + 12cm ATB-30 沥青面层。

(2)原有路面代表弯沉值大于设计弯沉值,利用加铺路面结构层进行补强后满足设计弯沉要求。

路面状况良好段,加铺结构层以后即可满足设计弯沉,铣刨部分原沥青面层结构,铺筑 4cm SMA-13 + 6cm AC-20 沥青面层;原有路面存在轻微纵横向裂缝等面层病害段,铣刨全部沥青面层,铺筑 4cm SMA-13 + 6cm AC-20 + 12cm ATB-30 沥青面层;原有路面代表弯沉大于 30,铣刨沥青面层,根据下承层病害情况铣刨部分基层或全部基层、底基层,采用新建路面结构,铺筑 4cm SMA-13 + 6cm AC-20 + 12cm ATB-30 + 20(40)cm 水泥稳定碎石。

(3)原有路面代表弯沉值大于设计弯沉值,利用加铺路面结构层进行补强后仍不能满足设计弯沉要求。

铣刨基层,原底基层结构完整、代表弯沉小于 80 路段,铺筑 4cm SMA-13 + 6cm AC-20 + 12cm ATB-30 + 20cm 水泥稳定碎石;原底基层结构破损严重、代表弯沉大于 80 路段,铺筑 4cm SMA-13 + 6cm AC-20 + 12cm ATB-30 + 40cm 水泥稳定碎石。

2)旧路面材料的再生利用

原硬路肩沥青层铣刨料部分采用泡沫冷再生后用作立交匝道和主线硬路肩柔性基层,部

分铣刨料进行水泥冷再生用于主线局部路段加宽路面的底基层,原基层、底基层废料用于加宽部分填筑路床,剩余铣刨料用于连接线和被交线工程。

7.2.1.4 西宁至互助一级公路扩能改造工程

"西宁至互助一级公路扩能改造工程"位于青海省东北部,公路所在地位于西宁市和海东市互助县境内,是青海省第二条高速公路改扩建项目。面临着路基改扩建方案、路面拼接技术、旅游高峰期交通组织等技术难题。目前,国内外有多条类似的高速公路改扩建项目,但是在气候恶劣的青藏高原地区尚未形成成熟的高速公路改扩建技术可借鉴。

该项目地处青藏高原东端,为高等级公路改扩建工程,充分利用既有道路现有路面结构是改扩建段关键,新建路段应借鉴老路的成功经验。结合交通量、道路等级、交通组成等使用要求,根据具体项目沿线气候、水文、地质及筑路材料的分布情况,本着因地制宜、合理选材、施工方便、利于养护原则,该项目改扩建段路面设计为双基三面层结构。

老路加宽侧新建路面结构设计方案如下:

(1)对于上面层,采用 AC-13C SBS 改性沥青的细粒式沥青混凝土铺筑,铺筑厚度为 4cm;

(2)对于中面层,采用 AC-20C SBS 改性沥青的中粒式沥青混凝土铺筑,铺筑厚度较上面层略厚,为 5cm;

(3)对于下面层,采用 ATB-25 的密级配沥青碎石铺筑,铺筑厚度更厚,为 8cm;

(4)对于封层,采用沥青同步碎石铺筑,铺筑厚度较薄,为 1cm;

(5)对于基层与底基层,分别采用水泥剂量 5% 和 3.5% 的水泥稳定碎石铺筑,二者铺筑厚度也相对较厚,分别为 18cm 和 30cm;

(6)总厚度为 66cm。

7.2.2 高速公路路面改建关键技术内容

区别于公路路面日常养护、预防性养护和中修等,改建设计主要针对路面结构强度不足的补强设计,关键技术内容包括交通数据获取、既有路面技术状况检测与评价、既有路面改建设计、新旧路面的拼接、对铣刨或开挖的既有路面材料的再生利用。另外,改建施工需要在不中断公路运营的情况下实施,路面改建设计与交通组织和施工组织设计的综合设计也是关键。

1)路面设计原则

道路路面结构的选择,应该结合地质条件、自然环境等来进行。首先,对施工周围的地质、水文、土壤、气候、交通量等因素进行全面深入的调查,并结合类似道路建设的经验,选取合理的路面结构。但在实际道路路面设计过程中还需考虑线路、人员、运营病害等因素的影响。

由于公路工程建设时间较短,通车时间也比较短,路面稳定性较好,设计人员通过分析工程施工场地的各项资料得知,对既有路面进行加铺处理,可以显著提升公路路面的施工强度,在路面设计年限之内,有效减少反射裂缝的发生。

2) 交通数据获取

交通量、轴载组成是沥青路面改建设计的重要参数,改建道路具备实测交通参数的条件,规范规定高速公路和一级公路应采用"水平一"分析交通参数,但是由于交通量预测、轴载调查方法、数据分析处理等存在一些技术难点,严重影响了数据的准确性,进而也影响了路面设计方案制定。目前国内高速公路都实行收费制度,在高速公路网内设置了收费站,在收费站监控系统中记录了大量完整的交通量、轴载信息,但是高速公路管理单位主要偏重的是这些数据在运营和管理上作用,而忽略了在交通参数研究上的作用,并且收费站记录的数据是出入口交通荷载信息,而道路设计、运营、养护采用的是车道断面上的实际交通荷载分布,这与改扩建交通荷载采集还存在一定差异。

在我国,由于高速公路以及一些路段车辆监测器布设间距跨度大,很难满足对道路交通数据实时状态的监测和预测的需要。并且在一些偏远且不发达的城市地区,存在着车辆监测器的采样信号周期是不断变化的参数的现象,导致所采集的交通数据不具有直接的可比性,难以直接用于交通状态的监测与预测,因所采用的数据源有一定的误差,导致了交通数据的不准确性。

3) 既有路面状况检测与评价

既有路面状况检测与评价是考察路面整体性能的重要手段。通过对既有路面的详细调查,结合弯沉检测、探地雷达检测、钻芯取样试验等,根据路面病害表征指标、服务性能指标、结构性能指标等将既有路面按良好、中等、差进行分类、分段,并进行全面的评价、分析,合理确定既有路面利用标准,确保路面补强后能够满足改扩建设计标准和使用要求。

4) 既有路面改建设计

改建设计包括既有路面处治方案和加铺补强方案设计。改建设计是根据既有路面检测评价结果,合理确定处治路段,并结合改扩建需求,制定可行的病害处置措施,消除既有路面结构病害后,加铺补强层以提高路面结构强度,改善其使用性能,满足改扩建设计标准和使用要求。

5) 新旧路面拼接设计

在明确了路面加铺设计方案后,还需要充分考虑新旧路面连接的问题,这是改建项目中路面设计的重难点。如果新旧路面的连接部分性能较差,则会导致在该位置路面出现纵向裂缝,长期使用之后不仅会影响路面表层的美观性,对于车辆行驶的安全性也会产生不利影响。

6) 既有沥青路面再生技术

道路(沥青)材料再生利用原则包括技术性原则、环保性原则及低能耗原则等。技术性原则:即道路材料再生利用过程中要具有相当的科学技术含量,从而提高道路材料再生利用率和再生材料的使用性能。环保性原则:即再生的道路材料必须满足环境保护的要求,道路再生材料的开发利用要能够对环境的改善起到促进的作用。低能耗原则:即道路再生材料在制备生产或使用过程中要能够降低其使用能耗,达到节约能源的要求。

沥青路面再生利用一般是将需要维修、改建的原有沥青路面,经过路面再生专用设备的翻挖、回收、加热、破碎、筛分后,与再生剂、新沥青、新集料等按一定比例重新拌和成混合料,并重新铺筑于路面。通过铣刨料再生回收利用,不仅可以使再生路面重新满足路面使用要求,降低筑路成本,而且能将废旧路面材料再生循环应用,变废为宝,避免废弃材料堆放对土地的占用和对自然环境的污染,实现行业绿色发展、促进生态文明建设,是"资源节约型社会"发展战略的具体实践。

7)既有路面排水改建设计

公路路面排水对于保障路面结构的使用寿命和行车的通畅、安全具有十分重要的作用。改建前原路的路基宽度相对较窄,与之配套的路面排水设施需进一步核实、验算是否能满足扩建后泄水能力的要求。因此,确定扩建后的排水方案时,要充分考虑方案的经济性、施工难度、施工组织,以及新旧路之间排水设计和新旧排水设施的衔接等问题。

8)路面改建的交通和施工组织设计

交通组织作为高速公路路面改造的第一步,是重中之重。与新建高速公路不同,高速公路改扩建工程一般采用"边通车、边施工"的模式实施,一方面要减少对既有高速公路交通的影响,保证车辆安全畅通,另一方面要保障施工质量和施工进度。因此,科学的、全局性的交通组织设计和部署,是保障施工安全、质量和进度的前提。

一般高速公路改扩建工程常用的路面施工方案有:分段单幅施工、分幅施工、双侧同时施工、半幅轮换施工等多种施工方式。交通组织设计与施工组织设计、改建方案是互相影响的,应兼顾改建施工实施的可行性、施工安全和交通安全;设置合理的封闭车道路段(施工路段)长度,以保证施工连续性、减少施工缝;不论采取哪一种路面施工方案,都应尽量缩短单幅双向通行的时间,以降低事故风险、减少交通拥堵。

7.3 交通荷载数据

交通荷载参数是在路面结构分析和设计中最重要的内容之一,同时也是难以准确预估的因素。改扩建公路交通荷载参数不同于新建公路,新建公路交通荷载参数预测的基础数据仅有项目所在区的数据,没有项目本身直接的基础数据,预测结果是利用理论分析和模型计算得到的,预测结果是否合理,需待到项目通车运营后才能验证;而改扩建公路交通荷载参数的预测,可以从公路自身日常采集的交通数据出发进行分析,得到可以反映实际情况的车辆类型组成、轴载状况等的荷载参数,能更客观和精准地反应交通荷载特性,为合理进行路面结构设计提供支撑。

7.3.1 交通数据调查

1)人工采集、自动化采集数据

改扩建公路交通荷载数据调查包括交通量、方向系数、车道系数、车辆类型、轴载类型、轴载重量、轮胎组成、速度等,应根据现场交通观测资料进行统计、确定。交通荷载数据调查可采用人工采集和自动化采集相结合的方法,通过交通观测、车辆自动识别仪、称重仪等手段采集。人工采集法就是由观测点的观测人员手工记录车道断面上在单位时间内通过的各种类型车辆的数量,缺点就是无法获取轴载数据。自动化采集设备中车辆动态称重仪可对正常行驶速度下的车辆进行连续的、自动的数据采集,对交通流没有任何干扰。采集到的交通荷载数据按照规范要求进行轴型、车辆类型分类,结合交通量进行综合分析就可得到各类车辆的类型分布系数、轴重分布系数(轴载谱)、交通量增长率等设计参数。

但是这种数据采集方式是一种间隙式的,也就是在固定周期中的某一天、某一时段进行调查,不能反映交通量在时间、空间上的变化和分布规律,不能准确、及时、全面了解全路网交通的基本情况。

2)收费站法采集数据

目前收费站法为交通数据调查提供了一种新的采集方式。我国高速公路都是实行省内联网、设置匝道收费站的收费形式,收费站对货车实行了计重收费方式,车辆通过收费站时记录了车型、车辆的总重、各轴轴重等信息,反映了路网区间交通情况。但是收费站采集的交通荷载与改扩建交通荷载还存在一定差异,主要有以下两点:

(1)位置差异:收费站记录的是驶入、驶出高速公路的交通数据,而调查交通量采用的是车道横断面上的实际交通量和荷载分布信息。但是高速公路是全部控制出入的封闭系统,可以将各个收费站数据关联建立 OD(起讫点)矩阵、交通分配矩阵,进而分析、推算高速公路路网断面交通量。在每个互通立交之间都会设置 ETC(电子不停车收费)门架监控控制器,而该装置在实际运行过程中的质量,直接影响着高速公路收费的业务水平,ETC 门架是取消省界收费站实现电子不停车收费的重要设施,具备对通行车辆进行多路径识别、自动计费等功能,全面实施 ETC 门架安装后,将实现高速公路通行费电子无感收费,对提高高速公路通行效率,降低物流成本,便利群众出行,推动高速公路高质量发展具有重要意义。

(2)车型分类差异:收费站收费用的车型主要用于高速公路运营和管理上,而调查用车型是各汽车代表车型,两种车型分类方法有很大的不同,具体如表 7-1 ~ 表 7-3 所示。

收费站客车车型分类 表 7-1

类　　别	车辆类型	核定载人数	说　　明
1 类客车	微型、小型	≤9	车长小于 6000mm 且核定载人数不多于 9 人的载客汽车
2 类客车	中型	10 ~ 19	车长小于 6000mm 且核定载人数为 10 ~ 19 人的载客汽车
	乘用车列车	—	—
3 类客车	大型	≤39	车长不小于 6000mm 且核定载人数不多于 39 人的载客汽车
4 类客车		≥40	车长不小于 6000mm 且核定载人数不少于 40 人的载客汽车

资料来源:中华人民共和国交通运输行业标准《收费公路车辆通行费车型分类》(JT/T 489—2019)。

第7章 路面改建设计

收费站货车车型分类　　　　　　表7-2

类　　别	总轴数(含悬浮轴)	车长和最大允许总质量
1类货车	2	车长小于6000mm且最大允许总质量小于4500kg
2类货车	2	车长不小于6000mm或最大允许总质量不小于4500kg
3类货车	3	—
4类货车	4	
5类货车	5	
6类货车	6	

资料来源:中华人民共和国交通运输行业标准《收费公路车辆通行费车型分类》(JT/T 489—2019)。

交通量调查用车型分类　　　　　　表7-3

汽车代表车型	说　　明
小客车	座位≤19座的客车和载质量≤2t的货车
中型车	座位>19座的客车和2t<载质量≤7t的货车
大型车	7t<载质量≤20t的货车
汽车列车	载质量>20t的货车

资料来源:中华人民共和国交通运输行业标准《公路工程技术标准》(JTG B01—2014)。

通过以上车型对比,直接利用收费站数据进行分析得到的交通量显然误差很大,需要对收费站车辆信息采集、统计系统进行优化改进,尽量与调查用车型一致,或者在收费用车型和调查用车型之间建立转换关系,通过这种关系,是可以利用收费站法进行交通数据采集的,虽然这种方法不能十分准确地得到断面交通量信息,但是使用该数据进行道路养护、公路运行质量分析也是十分有用的。

3)交通数据采集组合方法

可采用人工数据采集方法和自动化数据采集方法相结合的方法,目前常用的自动采集方法有机械计数法、视频法和收费站法。传统人工数据采集方法效率较低,耗费大量的人力和物力,容易产生误差,且人工只能获取交通量部分数据,无法获得轴载数据。通过收费站进行交通量数据调查是现今最常用的方法,其原因是收费站所能提供的信息总量(车型、轴重、通行时间、出入口等)是其他方法不能达到的,而且在现有高速公路收费站上不需增加设备,是目前最简便易行的交通量采集方法。故采用组合方法进行交通数据调查更能提高数据获取效率。

7.3.2　渠化交通、分车道设计理念

1)路面分车道设计的条件

通过国内诸多改扩建工程的实践表明,采用路面分车道设计的前提是要实现分车道运行管理。不管运行管理方式采用"限速+车型限制"型、"限速+客货分行"型、混合型中的任何一种组织方式,在内外车道上都要存在明显的荷载差异,并且内外车道的运行服务水平相当,

这样才具备了路面分车道设计的条件。

2)路面分车道设计的经济性和耐久性分析

改扩建项目中路面进行分车道设计的经济性十分明显。如果按常规的八车道路面结构设计,既有车道作为改建后的第一、二车道,行驶重型车数量增多,在路面设计使用年限相同条件下,既有路面基层、沥青面层需进行铣刨重铺,既有路面结构保留率十分低,也增加工程造价。

路面分车道设计的耐久性体现在外侧重车车道上。规范不同车辆行驶范围,对于外侧重车车道而言,设计交通量提高,重车车道的耐久性较常规设计有了明显的提高,而增加的费用也不会很高,这也是目前改扩建项目采用较广泛的路面设计方法。

3)路面分车道设计的原则

根据改扩建后双向八车道交通荷载分布特点,自中分隔带向外,第一、二车道行驶车辆为小型车、中型车,行驶速度相对较快,作为轻型车车道,并考虑分配一定比例的大货车和特大货车,车道分布系数 $\eta = 0.85$;第三、四车道行驶车辆为中型车、大型车、特大型车,行驶速度相对较慢,作为重型车车道,同时考虑小型车可在第一条至第四条车道上灵活行驶,车道分布系数 $\eta = 0.85$。

7.4 既有路面技术状况检测与评价

在高速公路改扩建中,对既有路面性能的检测、评价是一项重要的内容,是路面改建的基础和前提。其中,对基层破损情况检测和判定尤为重要。对既有路面结构进行全面的、科学的、精细化的检测,并结合历史养护资料进行综合分析、评价,可以让设计人员对路面的使用性能状况、路面损坏原因有一个明确、清晰的认识,从而制定出经济合理、切实可行的改建设计方案。

7.4.1 既有路面检测技术

高速公路改扩建工程旧路检测技术主要有:

(1)采用落锤式动态弯沉仪(FWD)、自动弯沉仪、激光高速弯沉仪或贝克曼梁等检测路面弯沉。

落锤式动态弯沉仪与传统的贝克曼梁测量弯沉相比具有使用方便、测速快、精度高、节省人力等优点,可以很好地模拟行车荷载实际情况施加动态荷载,测定动态弯沉及弯沉盆。通过测试的数据可以反算路面结构层模量,比较科学地评价路面结构的整体强度和承载能力,还可以结合路面表面病害情况与结构层内部病害的对应关系,初步分析路面表面弯沉与路面结构层状态的关系。

(2)采用探地雷达对路面结构内部进行检测。

探地雷达具有无损、快捷、连续、高精度、高分辨、实时成像探测等特点。通过路面探地雷达连续检测,能准确地探明路面结构层内部存在明显结构性病害的位置和结构层厚变化的真实情况,为分析路面表面病害情况与结构层内部病害的对应关系提供可靠参数,同时还可以检测基层以下及路基内部存在的病害隐患。

(3)采用道路自动化检测设备与人工调查相结合的方式测定路表损坏状况。

通过对路面损坏状况、路面车辙深度、路面平整度、路面抗滑性能、路面跳车、路面磨耗等项目检测,分析和了解旧路面的整体外观状况、路面使用性能,确定路面典型病害,为改扩建设计旧路面技术状况评价提供依据,同时为改扩建设计路面结构层补强方案的制定提供支撑。

(4)采用路面钻芯、探坑、切块等方式检测路面结构层状况。

在弯沉检测数据、探地雷达检测数据及路表损坏状态对比分析的基础上,选择路表典型病害位置,在对应的弯沉检测点进行钻芯取样,分析基层芯样完整性(或强度)与路表弯沉值的关联性,初步确定对应基层破坏的弯沉临界值。在其他路段可按照一定的频率,在弯沉检测点位处取芯,调查分析既有路面厚度、层间结合及损坏程度情况,并取样进行室内试验,测定试件模量、强度等,分析路面材料组成、衰减情况和损坏原因。

(5)工程实例。

乌奎高速公路东起乌鲁木齐市南吐乌大高等级公路的乌拉泊互通,西止于奎屯市南侧的奎屯互通,是国家高速公路网 G30 江苏连云港至新疆霍尔果斯高速公路的重要组成部分,同时地处新疆天山北坡经济带,沿线途经昌吉市、呼图壁县、玛纳斯县、石河子市、沙湾县,是新疆政治、经济、文化最发达的黄金走廊。

乌奎高速公路改扩建工程 WKSJ-2 标段路面检测项目及检测方法如下:采用人工调查方式进行路面破损状况调查;采用激光平整度检测车检测自动弯沉;采用激光车辙检测车进行车辙深度调查;抗滑性能采用 SFC-2007 横向力系数检测车检测横向力系数;采用探地雷达进行沥青路面厚度检测和基层损坏状况调查;采用取芯机进行路面挖探、取芯,对结构层厚度和各结构状况及层间状况调查。

7.4.2 竣工资料及养护历史资料分析

收集高速公路竣工资料及养护历史等技术资料,目的是结合这些资料归纳路面主要病害类型,分析路面产生损坏的原因,并根据历史养护情况对路面主要病害的处治措施的适宜性做一个初步判断,并提出下一步路面检测方案。具体需要收集路基、路面两方面的资料:

1)路基、路面竣工资料

(1)路基是路面结构的承载体,承受由路面传来的行车荷载,路基的应力应变对路基路面整体强度和刚度有着非常重要的作用。在路面变形中,因路基变形导致的约占 80%~90%。因此需要根据竣工资料来查明既有路基填料类型、压实标准、排水系统、路基稳定性等情况,并根据情况需要对路基进行填料类型检测、填料含水率检测、填料强度检测,确定路基是否满足改建要求。

(2)通过竣工资料了解既有路面的设计标准、结构组合、材料设计、交通量设计、气候水文等信息,并与现行规范对比,考虑新旧规范变化对路面改建设计的新要求。

2)路基、路面养护历史资料

(1)既有路基主要收集、整理养护资料中多年反复养护维修路基病害的路段,包括病害严重程度、维修方案、维修效果及维修频率。

(2)既有路面主要收集、整理历年检测资料中的路面破损、车辙、抗滑、磨耗、平整度、强度等指标,以及路面病害多发路段、常发病害类型、养护方案、养护效果、养护频率的情况。

通过对检测数据、养护资料进行综合分析,客观全面地了解路面技术状况的发展过程,找出调查重点,指导技术人员有重点地进行调查和检测分析工作,对典型病害和代表路段进行深层的研究,为路基路面病害同治提供有力的数据支持和理论依据,并制定更有针对性的科学、适用、经济的病害治理方案。

3)典型高速公路工程竣工资料及分析工作

新疆维吾尔自治区国道 314 线主干线和硕—库尔勒高速公路工程项目的第一合同段项目中,竣工文件编制存在的问题包括:

(1)不重视内业管理。

(2)各种竣工资料不齐备:原件不齐全、验收签证资料不齐全、竣工资料编制不规范。

(3)资料信息不准确:手写验收资料数据不真实、时间不准确、前期工作的原始资料缺失。

针对这些问题,采取的相应对策包括:

(1)需建立编制管理的对策,包括建立管理制度,明确职责。

(2)加强督促检查,规范平时日常档案管理。

(3)做好整体系统工作,针对工程竣工资料形成分散、过程时间长的特点,需要实施系统性、全面性、计划性的管理。

7.4.3 既有路面技术状况评价

现行《公路技术状况评定标准》(JTG 5210—2018)和《公路沥青路面养护技术规范》(JTG 5142—2019)规定的路况评价指标包括路面损坏状态指数 PCI、路面行驶质量指数 RQI、路面车辙深度指数 RDI、路面跳车指数 PBI、路面磨耗指数 PWI、路面抗滑性能系数 SRI、路面结构强度系数 PSSI 等。其中,PCI 是用以评价路面状况的最常用指标。该指标能综合反映路面的破损情况,但无法反映损坏类型的具体程度。改建设计时,往往需要根据具体损坏程度制定对应的处治方案,需要分析不同类型损坏的具体程度,以及与路面结构性能间关系等。所以仅凭综合性指标 PCI 显然是不够的,除上述指标外,还可采用单项评价指标,如弯沉、车辙、裂缝率(或裂缝间距)、破损率等指标来客观反映具体病害类型的破损程度,为路面改建方案设计提供操作性强的评价指标,提高改建方案的针对性。

1)路表弯沉评价

长期以来,弯沉检测是我国路面设计、施工和养护的重要控制指标,也是改建设计时评价路面结构承载能力的重要依据,通常认为路面破坏是由于路面结构的总变形量达到一定程度后路面即出现破坏。然而,路表弯沉是一项综合性指标,反映的是路基和路面结构整体的抗变形能力,不能充分地反映路面结构内的应力和应变状态,无法判别沥青层和无机结合料基层的损坏,需结合芯样的完整性和强度进行再判断。

现在以 G5 京昆高速公路蒲城—西安—涝峪段改扩建的实测弯沉和钻芯取样对比为例,对这一观点进行分析。该改建路段分为三段,分别于2001年、2002年、2005年建成通车,路面结构设计如表7-4所示。

京昆高速公路蒲城至涝峪段路面结构　　　　　　　　　　表 7-4

层位	蒲城—阎良	阎良—西安	西安—涝峪
设计弯沉	24.0(0.01mm)	24.5(0.01mm)	26.1(0.01mm)
面层	(5+6+7)cm 沥青混凝土	(4+5+6)cm 沥青混凝土	(4+5+6)cm 沥青混凝土
基层	34(32)cm 石灰粉煤灰稳定碎石	20cm 石灰粉煤灰稳定砂砾	32(30)cm 石灰粉煤灰稳定碎石
底基层	20cm 石灰粉煤灰稳定土	28cm 石灰粉煤灰稳定土	20(18)cm 石灰粉煤灰稳定土

各路段实测弯沉代表值与对应位置处的芯样情况如表7-5所示。

实测弯沉代表值与芯样　　　　　　　　　　表 7-5

表观病害	路段代表弯沉值(0.01mm)	芯样照片	芯样描述	层间黏结情况
横向裂缝 2~3条/100m	21.0		面层存在裂缝、基层断裂、破碎	面层与基层层间开裂
3~4条/100m	17.3		面层完整,柔性基层断裂,基层破碎松散	面层与柔性基层层间开裂,柔性基层与基层层间开裂

续上表

表观病害	路段代表弯沉值（0.01mm）	芯样照片	芯样描述	层间黏结情况
7~10 条/100m	22.5		面层横缝贯通，柔性基层横缝贯通、开裂，基层断裂、破碎	面层与柔性基层层间开裂，柔性基层与基层层间开裂
7~10 条/100m	16.5		面层、柔性基层横缝贯通，基层破碎、开裂	面层与柔性基层黏结良好，柔性基层与基层层间开裂
7~10 条/100m	21.1		面层、柔性基层横缝贯通、开裂、松散，基层破碎、松散	面层与柔性基层层间开裂，柔性基层与基层层间开裂
重：缝宽≥3mm	27.1		面层、柔性基层完整，基层断裂、破碎、松散	面层与柔性基层黏结良好，柔性基层与基层层间开裂
5~7 条/100m	19.6		面层、柔性基层横缝贯通、开裂，基层横缝贯通、断裂、破碎	面层与柔性基层层间开裂，柔性基层与基层层间开裂

实测代表弯沉值比原设计值还小,而且病害点处的弯沉值与路表无明显病害路段的弯沉差异不大。这一结果表明,路表面检测弯沉值虽然很小,但基层均存在不同程度的损坏,路表弯沉大小与基层是否发生损坏及损坏状况并没有良好的相关关系。若单一地利用路表弯沉作为评判路面结构的承载能力或使用性能优劣的依据,可能会得出不协调的结果,甚至得出矛盾的结论,这种状况在其他改扩建问题反馈中也确实存在。

现行《公路沥青路面设计规范》(JTG D50—2017)针对路表弯沉无法控制疲劳开裂和永久变形且与单项指标难以协调的情况,不再将路表弯沉作为设计指标,而是作为路基和路面的交工验收指标。规范推荐采用弯沉临界值来判别路面是否发生结构性破坏。既通过实测路表弯沉值并对应弯沉检测点钻芯取样,根据芯样强度和完整性与路表弯沉值的相关性关系,分析路面结构层破坏的弯沉临界值。

要建立芯样强度与路表弯沉值的相关性关系,还是比较困难的。而芯样完整性能够比较直观地反映路面结构层是否破坏,建立芯样完整性与路表弯沉值的相关性关系相对比较容易实现。但是由于弯沉影响因素多、路面结构状况复杂,弯沉临界值与路面结构层损坏状态之间往往只能得出大致的对应关系。

2)车辙状况评价

车辙是高速公路沥青路面的主要病害之一,当车辙深度较小时,对行车舒适性没有明显影响,但当车辙深度达到一定程度后,雨天易在槽内积水,路表水在槽内长时间积聚从而导致水渗入面层。水渗入面层后导致沥青混凝土强度下降、产生剥落和松散病害,加快了表面辙槽发展,并产生槽内裂缝。槽内沥青混凝土产生剪切变形并向两侧鼓起,导致辙槽处沥青层破坏,影响行车舒适甚至威胁行车安全。

车辙影响交通安全的主要因素是它的深度,所以路面车辙状况的评价指标是车辙深度。《公路技术状况评定标准》(JTG 5210—2018)按照车辙深度将车辙破损分为轻度和重度车辙,规定车辙深度小于15mm为轻度车辙,大于15mm为重度车辙。

车辙宽度决定车辙的形状,也表征车辙破损的宽度范围,这个范围内车辙线呈复杂情况,最典型的形状是和轮迹对应的 W 形(图 7-1),还有 U 形、S 形等。

车辙长度也是车辙一个重要特征,由于路面和路基强度差别很大,沿纵向车辙深度差别很大,按照《公路技术状况评定标准》(JTG 5210—2018)应计算不同深度的车辙长度。《公路技术状况评定标准》(JTG 5210—2018)规定,计算车辙产生的路面破损面积为:权重(由车辙深度决定)×车辙长度×影响宽度(统一规定为0.4m)。

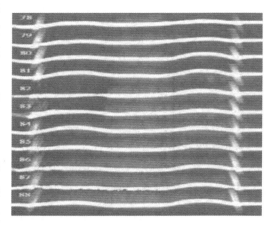

图 7-1　W 形车辙

3) 裂缝状况评价

公路建成通车以后,沥青路面不可避免地会产生各种类型的裂缝。初期产生的裂缝通常对沥青混凝土路面的使用性能无明显影响,但是它的产生破坏了路面的连续性和整体性。尤其是随着表面雨水或雪水的侵入,开裂程度日趋严重,特别是使裂缝附近路基的含水率加大,甚至饱和,在大量行车荷载的作用下,会使裂缝附近的沥青混凝土面层发生碎裂、沉陷,严重影响公路沥青路面的使用性能。

依照路面状况调查情况,对于高速公路沥青混凝土路面,裂缝和修补为两类最主要的破损类型,约占全部破损量的80%以上。因此,可采用裂缝率和修补率两个指标来客观地反映沥青混凝土路面的该类病害的破损程度,计算方法如下:

(1) 裂缝率。对于块状或网状裂缝直接测量其破损面积,而对于横向和纵向裂缝,测量实际长度后取其计算宽度为0.2m折算成面积,公式如下:

$$C_k = \frac{C_A + L \times 0.2}{A} \tag{7-1}$$

式中:C_k——沥青混凝土路面裂缝率(%);

C_A——龟裂及块裂的总面积(m^2);

L——横裂和纵裂的总长度(m);

A——评价路段路面面积(m^2)。

(2) 修补率。对于路面修补可直接测量其面积,公式如下:

$$L_r = \frac{R}{A} \tag{7-2}$$

式中:L_r——修补率(%);

R——修补总面积(m^2);

A——评价路段路面面积(m^2)。

参考国内外现有的一些研究成果,高速公路沥青混凝土路面的裂缝状况、修补状况评价可参考表7-6的标准。

路面状况评价标准　　　　　　　　　　　　　　表7-6

指标	优	良	中	次	差
裂缝率(%)	≤0.5	0.5~3.5	3.5~10	10~25	>25
修补率(%)	≤1	1~5	5~15	15~30	>30

4) 路面破损率

高速公路沥青路面的破损情况因路基、路面的类型、地区、气候和交通等差异而不同。破损类型主要有裂缝沉陷、拥包、坑槽、松散、泛油等。路面破损率DR可直接反映路面的综合破损情况,在高速公路旧路路况评价中,有必要将其作为一个单项指标进行评价。计算方法参照《公路技术状况评定标准》(JTG 5210—2018),公式如下:

$$DR = 100 \times \sum w_i \times A_i / A \tag{7-3}$$

$$PCI = 100 - a_0 \times DR^{a_1} \tag{7-4}$$

式中:DR——表示路面综合破损率(%);

w_i——第 i 类路面损坏的权重或换算系数;

A_i——第 i 类路面损坏的累计面积(m^2);

A——评价路段路面面积(m^2);

a_0——沥青路面采用 15.00,水泥混凝土路面采用 10.66;

a_1——沥青路面采用 0.412,水泥混凝土路面采用 0.461。

PCI 与 DR 存在如表 7-7 所示的对应关系,可直接利用 DR 对路面破损状况划分等级。

PCI 与 DR 对应关系　　表 7-7

PCI	90(92)	80	70	60
DR 沥青路面	0.4(0.22)	2.0	5.5	11.0
DR 水泥混凝土路面	0.8	4.0	9.5	18.0

注:括号内数值适用于高速公路。

近年来,对于路面技术状况评价又有了一些新的分析思路和更为具体的评价方法和指标体系(图 7-2),这对实现路面状况科学检测、评价、改建决策具有重要的意义。

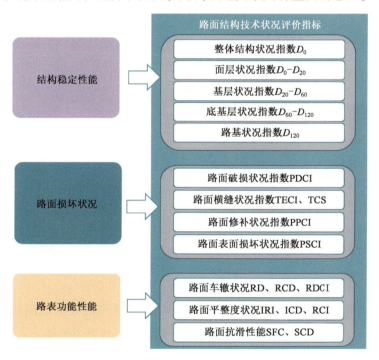

图 7-2　路面技术状况评价方法

7.5 既有路面结构改建设计

高速公路改扩建既有路面改建内容包括旧路病害处治和路面整体补强两部分。既有路面病害处治是改扩建路面整体补强的基础,《公路沥青路面养护技术规范》(JTG 5142—2019)等对路面局部病害处治已做了规定,可以利用现有的各种养护技术,但不同于简单的旧路养护维修。而改扩建路面补强主要是针对结构性能不足的整体补强,不是简单的功能性补强。所以在进行补强方案设计时必须考虑与加宽新建路面结构方案的协调性。

7.5.1 既有路面改建设计原则

陕西省近几年的改扩建项目主要是连霍高速公路(G30)宝鸡—西安—潼关段、京昆高速公路(G5)蒲城—西安—涝峪段。这些项目大部分修建于2000年前后,受限于当时的设计标准和设计理念,通车最早的阎良—西安段路面结构采用了薄面层、薄基层、厚底基层的路面结构(15cm沥青面层+20cm二灰稳定砂砾+28cm二灰稳定土),这与目前常用的"厚基薄面"路面结构以及具有长寿命特点的厚沥青面层路面结构差异较大。原路面与加宽新建路面相比,结构明显偏弱。因此为了使旧路与加宽新建路面的设计使用寿命协调一致,对旧路进行改建设计显得特别重要。

改扩建路面设计,应结合既有路面损坏特点、现有的技术状况和改扩建后的设计使用年限、交通特性等因素进行,按充分利用、合理补强、根治隐患的原则,综合确定方案。具体设计原则包括：

(1)尽可能利用既有路面结构原则；
(2)彻底处治原沥青面层、基层病害原则；
(3)基层加强原则；
(4)新旧路寿命协调一致原则；
(5)最大限度利用原路面铣刨材料原则。

7.5.2 既有路面病害处治

1)既有路面病害处治内容

既有路面病害处治是改扩建路面补强设计的基础,必须彻底处治原路病害。处治内容包括原沥青面层病害、基层、底基层病害、路基病害。具体处治病害类型如下：

沥青路面出现的裂缝、坑槽、车辙、沉陷、波浪拥包、松散、泛油等病害,应及时进行处治,防止路面病害发展与扩大；或者因路基或基层局部强度不足、松散、碎裂等原因形成的沥青路面病害,应先处治好路基或基层病害,再进行沥青面层处治。

基层、底基层病害主要有裂缝、破碎松散、沉陷等。如果未发生结构性破坏且病害密度不大,以少开挖、不开挖为处治原则,采用局部病害处治方案;对于严重破碎松散、沉陷且病害密度较大的情况,则采用挖除重建方案。

引起路基强度不足的病害主要有路堤或路床湿软沉陷、不良地质导致的沉陷等,应先处治好路基病害,再进行路面结构层处治。

2) 既有路面病害处治原则

(1) 分幅、分车道、分路段进行病害处治;

(2) 局部未发生结构性破坏且损坏密度不大,按《公路沥青路面养护技术规范》(JTG 5142—2019)采用单点病害处治;

(3) 局部病害密度较大,按单点病害处治工作量大且处治后路面性能整体下降较多时,应合理合并病害段落,采用整体性处理方式。

3) 沥青面层病害处治方案

沥青面层病害处治方案应根据病害类型、范围、严重程度及原因确定,并采取适宜的处治措施。如因路基或基层局部强度不足、松散、碎裂等原因形成的沥青路面病害,应在处治好路基或基层病害后,进行沥青面层处治。

(1) 沥青表面层功能性衰减。

功能性衰减主要是由于表面层沥青混合料长期受行车荷载反复作用和轮胎磨耗,同时受到降雨和气温变化的不利影响,发生了沥青老化、集料剥落、泛油等情况。功能性衰减只影响路面的舒适性能、平整度和抗滑性能等,对整体结构强度不会带来严重影响。常见的病害形式有轻度裂缝、松散、麻面、坑槽、轻微车辙、抗滑性能不良、泛油等。此类病害可先根据养护方案局部进行处治,再铣刨表面层 $1\sim2cm$ 劣化层后直接加铺新结构层。

(2) 沥青面层结构性破损。

结构性破损主要是由于沥青面层结构的整体或其中部分层位的破坏而导致沥青面层的结构性破损,包括沥青混合料层的疲劳开裂损坏、沥青混合料层的永久变形、层间开裂,以及因基层病害或路基下沉引起的反射开裂。结构性破损使路面的服务性能下降,影响行车质量和安全。常见的病害形式有横向裂缝、纵向裂缝、龟裂、网裂、重度车辙、推移、拥包等。

当这些病害反映到路表密度不大时,可采用局部损坏处治方案,即将损坏部位铣刨至病害层底面,进行病害处治后再铺筑新结构层。当路表损坏密度较大或层间开裂严重时,需采用整体性处理方式,即铣刨整体沥青结构层,再铺筑新结构层。

4) 基层病害处治方案

基层病害在沥青面层改建前是不可见、不确定的,并且根据既有道路检测指标和现行规范评定标准很难去判断是否需要处治基层,因此基层病害诊断分析以及基层的处治技术成为沥青路面改建的关键所在。

(1)规范提出的无机结合料稳定基层结构性破坏的判断指标。

对于无机结合料稳定基层沥青路面,改建设计中需要判别基层是否出现了结构性破坏。在设计阶段,无机结合料稳定基层破坏一般通过路表损坏密度和路表弯沉值两项指标初步判别。路面构层不同时,基层破坏与路表损坏密度和弯沉值间的相关关系有一定差异,需要通过一定数量的取芯工作,分析基层芯样结构状态(完整性、强度等)与路表损坏密度和弯沉值的相关关系,针对性提出判别基层结构状态的指标标准。

分析、总结国内以往部分改扩建工程路面处理方案,现行《公路沥青路面设计规范》(JTG D50—2017)提出了采用一些具体的单项指标来作为判定无机结合料稳定基层是否出现了结构性破坏的标准,满足指标之一即认为基层出现了结构性破坏,如表7-8为无机结合料稳定基层结构性破坏判别标准。

无机结合料稳定基层结构性破坏判别标准　　表7-8

编号	指标	范围
1	路面破损率DR(%)	≥10
2	裂缝间距(m)	≤15
3	网裂面积率(%)	≥10
4	修补面积率(%)	≥10
5	路表弯沉	大于弯沉临界值

根据对应检测点钻取的芯样完整性和强度与路表实测弯沉值的相关关系,分析得出对应无机结合料稳定基层结构性破坏的弯沉临界值。国内部分改扩建项目采用的弯沉临界值如表7-9。

部分项目弯沉临界值　　表7-9

项目名称	弯沉临界值(0.01mm)
连霍高速公路西安至宝鸡段改扩建	29
连霍高速公路西安至潼关段改扩建	25/28
沈大高速公路改扩建	50
京港澳高速公路安阳到新乡段改扩建	27
沪宁高速公路江苏段改扩建	30

由于影响因素多、路面结构状况复杂,表7-9中弯沉临界值差异很大,不是十分明确,设计阶段采用这些指标,只能大致确定基层结构性破坏的路段位置,施工过程中需加强二次判定。判定工作可采用探地雷达、现场取芯方式,结合电磁波的波形、振幅强度和芯样完整性或强度来判断对应路段是否发生了结构性破坏,或者结合路面铣刨工作,上层铣刨后,现场根据外观等分析下层的开裂情况。

(2)其他项目试验后采用的判定指标。

海南地区某高速公路路面改造,为了判断基层以及土基的情况,基于实测弯沉盆数据,对FWD的数据处理、弯沉盆参与路面结构力学响应进行了深入研究与分析,同时通过路面取芯进行验证。

检测采用FWD落锤式弯沉仪,将7个标准化传感器分别设置在距离承载盘中心预设的半径处(半径距离为 0.0m、0.2m、0.3m、0.45m、0.6m、0.9m 和 1.2m)。D_0 为中心弯沉,D_{20} 为 0.2m 半径处的弯沉,D_{60} 为 0.6m 半径处的弯沉,D_{120} 为 1.2m 半径处的弯沉,见图 7-3 及表 7-10。

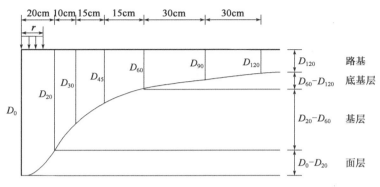

图 7-3 弯沉盆曲线

路面结构强度状况评价　　　　　　　　　　　　　　　　　　　　表 7-10

层　　位	评 价 指 标
面层	面层强度指数 $D_0 - D_{20}$
基层	基层强度指数 $D_{20} - D_{60}$
底基层	底基层强度指数 $D_{60} - D_{120}$
路基	路基强度指数 D_{120}
路面整体结构强度	D_0

根据检测结果显示,FWD 弯沉参数($D_{20} - D_{60}$)指标与基层的松散之间存在较为明显的特征值,当($D_{20} - D_{60}$)大于 16 时,基层发生松散的概率大大增加,通过路面取芯验证后,最终采用 FWD 弯沉盆参数作为路面结构承载力状况的评价指标。在施工实施期间,通过以上指标确定的处治路段基本符合预判结果,说明通过弯沉盆参数确定处治路段方案是合适的。

由此可见,针对具体改扩建项目选取合适的指标体系对旧路路面结构强度状况进行科学评价,可合理利用旧路路面资源结构,指导路面改建方案设计,确保旧路路面改建后的质量。

(3)基层处治技术。

基层处治需综合考虑一些影响因素:原路面营运时间较长,基层强度和结构基本趋于稳定,因此在彻底处理原路面病害的同时,尽量减少基层深开挖;改建期间整体交通压力会增大,因此要合理划分基层处治长度,且处治的方案有利于施工组织计划安排。

根据上述因素,结合基层处治判别依据,基层处治方案有下几种:

①基层整体板结性良好,无破碎松散状态,仅存在局部裂缝且密度不大,可对基层不做处理,参照现行《公路沥青路面养护技术规范》(JTG 5142)对裂缝部位进行处治,再根据加铺补强结构层类型,在原基层顶面喷洒水泥净浆或沥青功能层后加铺新的路面结构层。

②基层局部损坏较为严重,如网裂、破碎松散,应对基层进行处治,参照现行《公路沥青路面养护技术规范》(JTG 5142)对病害部位进行处治,处治深度应根据基层破损程度、发展趋势和处理工艺确定。

③基层整体松散、结构性能不足,应对基层进行整体处治,基层挖除后若路床潮湿、松软,还应对路床开挖 30~60cm,采用新粒料或铣刨料回填。回填粒料层能够提高基层整体结构强度,还可以作为排水层,防止基层受地下水侵蚀。

以上基层病害密度较大时,处治工作量大且处治后路面性能整体性下降较多,或当较长段落路面发生结构性损坏时,需采用整体性处理方式且要合理划分基层处治长度。

局部处治路段与整体性处治路段的划分标准根据具体项目情况会有一定差异。公路等级、交通参数、原路面结构状况、路面整体加铺厚度等对划分标准都有影响。可以将规范提出的基层结构性破坏的 5 项指标作为参考,在这些指标的基础上,结合具体项目的其他单项指标再进行段落划分。

7.5.3 改建路面补强设计

1)路面结构补强方案

改建路面补强设计的整体要求是经处治后的既有路面结构以及加铺层满足设计使用年限内的使用性能要求。根据既有路面损坏状况和可利用程度,补强设计分为两类:一是局部病害处治后,直接在既有路面顶面加铺一层或多层结构层;二是将既有路面铣刨至某一结构层或将既有路面就地再生后再加铺一层或多层结构层。

2)路面结构补强验算原则

既有路面破损不严重且结构性能较好,采用直接加铺方案或铣刨至某一结构层再加铺方案时,应同时对既有路面结构层和加铺层进行结构验算。

既有路面破损严重或结构性能不足,无论直接加铺方案还是铣刨至某一结构层再加铺方案,应对加铺层进行结构验算。既有路面结构视为加铺结构的基础,不再验算其结构性能。

3)既有路面与加铺补强层设计参数

(1)加铺层的设计参数按新建路面结构确定。

(2)既有路面破损不严重且结构性能较好时,设计使用年限内要求既有路面保持结构性能,需要对既有路面结构层和加铺结构层进行结构验算,此时既有路面结构层的设计参数应按以下要求确定:

①将既有路面简化为由沥青混合料层、无机结合料稳定层或粒料层和路基组成的三层体系,利用弯沉盆反演或芯样实测的方法确定各层结构模量。但是规范中对弯沉盆反演方法没有明确说明,相对芯样实测法的可操作性会更好一些。

②既有路面无机结合料稳定层弯拉强度,根据现场取芯实测的无侧限抗压强度按规范公式计算或者根据既有路面整体强度、基层和面层损坏状况,结合当地经验确定。

$$R_s = 0.21 R_c \qquad (7\text{-}5)$$

式中:R_s——无机结合料试件的弯拉强度(MPa);

R_c——无机结合料试件的无侧限抗压强度(MPa)。

无机结合料稳定层材料具有强度长期增长的特性,现场取芯实测既有路面结构层强度时,可能会出现芯样强度大于设计强度的情况。此设计方法是以路面建成初期的状态参数为基础建立相关性能模型,若直接采用既有路面无机结合料层芯样强度进行结构验算存在一定的误差,所以需根据既有路面已承受的交通荷载作用次数及其损坏状况,对结构层强度适当折减。折减后强度以不超过规范规定的建成初期的无侧限抗压强度为宜。

(3)既有路面破损严重或结构性能不足时,不再要求既有路面在设计使用年限内保持结构性能,既有路面或铣刨后留用的路面结构层不再进行结构验算,应对加铺层进行结构验算,采用既有路面或铣刨后留用的路面结构层顶面当量回弹模量验算加铺层结构性能,当量回弹模量按下式计算:

$$E_\mathrm{d} = \frac{176pr}{l_0} \qquad (7\text{-}6)$$

式中:E_d——既有路面结构顶面当量回弹模量(MPa);

p——落锤式弯沉仪承载板施加荷载(MPa);

r——落锤式弯沉仪承载板半径(mm);

l_0——落锤式弯沉仪承载板中心点弯沉值(0.01mm)。

4)加铺补强层厚度计算

(1)按《公路沥青路面设计规范》(JTG D50—2017)要求调查分析交通参数,确定交通荷载等级。

(2)对既有路面技术状况进行调查和分析,根据路况调查结果,结合当地工程经验,对既有路面进行分段并初拟改建方案。

(3)确定需验算的结构层和设计指标,以及既有路面和加铺层的材料模量等设计参数。

(4)以多层弹性体系为计算力学模型,按新建路面设计中的相关方法进行厚度计算并进行路面结构控制指标验算,若结果不符合规范要求,需调整路面改建方案重新验算,直至符合为止。

(5)对通过结构验算的路面结构进行技术经济分析,选定路面改建方案,计算改建路面结构的路表验收弯沉值。

7.6 新旧路面拼接设计

7.6.1 新旧路面拼接位置及拼接方式

高速公路改扩建工程中,有效的路基拼接能降低新旧路基在结构强度上的差异,及新路基自身固结沉降造成的不利影响,为路面拼接提供良好的基础。路面拼接是在路基拼接的基础之上,为了新旧路面能够更好地衔接,使得拼接部位形成一个整体,保证路面质量和使用品质,提高公路的建设质量和使用寿命而采取的一系列拼接处理措施,路面拼接分为基层拼接与路面拼接两部分。

路面拼接是高速公路改扩建设计的关键技术,也是其难点所在。有效的路面拼接能减少路面病害的发生,拼接方案中主要以台阶开挖进行拼接,面层结构部分主要采用路面铣刨形成台阶进行拼接。采用开挖台阶进行路面拼接是行之有效的方法,拼接中的主要问题是拼接位置、台阶宽度的选择。

车辆在道路上行驶时,车辆的累计通行轨迹按一定规律分布在行车道横断面上,称为轮迹的横向分布,3.75m 单向车道的轮迹横向分布频率曲线如图 7-4 所示。车辆轮迹横向分布频率图中横轴将 3.75m 车道划分为 15 个单元,每个单元宽度为 25cm,接近轮迹宽度,纵轴为车辆轮迹横向分布频率。

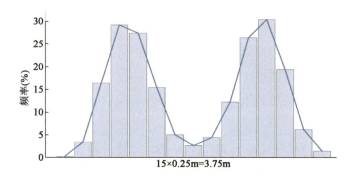

图 7-4　车辆轮迹横向分布频率

车辆累计通行次数在道路横断面上分布不均匀,将造成同一条道路使用性能、寿命的横向分布差异。高速公路改扩建工程中新旧路面拼接处是路面结构的薄弱环节,车辆荷载作用于拼接处,将造成拼接处应力集中,产生较大的拉应力与剪应力,相对于新建路面更容易引起路面病害和破坏。路面拼接最不利荷载位置为拼接处,随着距拼接处距离的增大,不利影响逐渐降低。根据以往高速公路改扩建工程经验,拼接处两侧 0~50cm 作为最不利荷载位置的概率较大。因此在选择新旧路面拼接位置时,应避免将拼接处及两侧 0~50cm 选择在车辆轮迹横向分布频率较高的位置。

在拼接处设置台阶时,合理地设置开挖台阶宽度,既能保证新旧路面能够更好地衔接,使得拼接部位形成一个整体,也能提高旧路路面的利用,节约工程造价。随着路面搭接宽度的增加,新建路面在汽车荷载作用下所受的最大拉应力增大,而旧路路面受到的最大拉应力呈减少趋势。不进行开挖台阶的路面结构在荷载作用下拼接位置处将造成较大的应力集中,路面在拼接位置产生破坏的概率更高,设置台阶后拼接处的剪应力将会明显降低,应力集中现象将得到一定的缓解,随着台阶宽度的增加,拼接处的剪应力分布更加均匀,剪应力将继续降低,但剪应力下降的幅度将越来越低。高速公路改扩建工程中采用开挖台阶的方法进行新旧路面拼接较为常见,也是一种有效的、必要的拼接措施,但是台阶宽度增加到一定程度后,改善路面结构拉应力、剪应力意义已经不大,过大的搭接宽度只会造成开挖量的增加。《高速公路改扩建设计细则》(JTG/T L11—2014)关于路面拼接的相关条文规定:"路面拼接设计时,基层接缝宜避开轮迹带""沥青混凝土路面拼接应采用台阶搭接方式,基层、底基层台阶搭接宽度不应小于0.25m,面层搭接宽度不宜小于0.15m"。

7.6.2 新旧路面拼接层位协调性问题

根据调查,国内已完成的高速公路改扩建工程沥青路面面层设计多数采用与旧路面层相同厚度的结构组合。目前,沥青面层在满足结构层厚度验算,符合路面结构组合设计原则的基础上,新建拼宽部分沥青面层通常采用等于或略大于旧路沥青面层厚度的结构组合设计。这样拼接缝两侧新旧材料性质趋近或相同,在黏结材料的作用下能更好地衔接,以提高横向拼接效果与新旧路面的整体性。

新建拼宽部分沥青面层等于或略大于旧路沥青面层厚度时,则在拼接处新建拼宽部分沥青路面基层顶面高程等于或略低于旧路沥青路面基层的高程,旧路沥青路面基层顶面封层以上的层间水可横向自由排出,保证了路面结构内排水通道的畅通,避免在拼接处形成阻水。

随着社会经济的不断发展,大多数新建高速公路沥青面层设计厚度已经达到了18~22cm,伴随运营期间大、中修路面养护工程的实施,使得高速公路沥青面层厚度较建设阶段有所增加,并造成了沥青面层厚度的纵向差异。如果仍然采用新旧沥青面层等厚的方案,可能会导致拼宽部分沥青面层过厚,经济效益较差。可见,新建拼宽部分沥青面层厚度需要根据项目养护等时机视情况进行设计,新旧沥青面层同层等厚的方案并不完全适用于每个项目。新建拼宽部分沥青面层薄于旧路路面沥青面层的结构组合设计可能会越来越多地出现在今后高速公路改扩建工程中。

对于多雨地区的高速公路改扩建工程,排除旧路沥青路面结构层间水是需要重点解决的问题。可以考虑以下方式:

(1)新建拼宽部分沥青路面在基层顶面位置设置一层开级配或半开级配的沥青碎石排水基层,如开级配沥青稳定碎石(ATPB)、大粒径排水沥青碎石(LSPM)等,以排除旧路路面结构层间水。

(2)在新旧沥青路面拼接处的基层顶面设置纵向碎石盲沟,碎石盲沟两侧及底面包裹防渗土工布,纵向每隔一段距离设置一处横向排水管,将碎石盲沟中收集的路面结构内部的水排到路基之外。

7.6.3 路面拼接防裂处理

在高速公路改扩建工程的路面拼接中,如果新旧沥青路面拼接缝治理不当,拼接处容易产生破坏,引起反射裂缝,因此,采用合理高效的沥青路面拼接防裂措施尤为重要。高速公路改扩建过程中路面拼接防裂处理需要考虑如下要求：

防裂材料应能够和上下结构层形成良好结合，合理使用防裂材料能分散沥青路面在拼接缝处的内部集中应力，增强沥青路面的稳定性、抗疲劳等性能，有效提高路面结构性能与使用性能，以起到防裂的作用。路面拼接防裂处理后能有效防止水对路面结构的损害。新旧沥青路面拼接处作为路面结构的薄弱处，水损坏会加快拼接处病害的发展，降低路面使用性能与寿命，并危害到基层与路基，增加了维修的难度和成本。因此，路面拼接防裂技术防水损害性能较为重要。防裂技术的使用不应破坏层间的结合，造成结构层功能破坏，进而影响道路的运营与使用，甚至引发安全事故。防裂技术的施工应该简单易行，确保防裂技术的有效性。根据应用的特点可以分为两种：

(1)薄层抗裂技术：铺设应力吸收层、玻璃纤维格栅、土工织物、抗裂贴或聚酯玻纤布等以防止反射裂缝往上传递。

(2)厚度抗裂技术：提高加铺层沥青混合料的性能、增加加铺层的厚度、铺设级配碎石中间层、沥青碎石中间层等以防止反射裂缝往上传递。

高速公路改扩建工程当中受桥梁、通道等结构物高程及路线纵坡等限制，采用厚度抗裂措施较为困难。因此，拼接与加铺过程中，宜采用薄层抗裂技术提高路面结构整体抗裂性能，防止拼接及反射裂缝往上传递。

7.7 既有路面旧料再生技术

高速公路改扩建工程中，为了避免产生大量的路面废旧材料，同时避免既有路面废料堆放对土地的占用和对环境的污染，减少对沥青、集料、水泥等的需求，降低筑路成本，应对既有路面材料采用路面再生与再利用技术进行消耗。

沥青路面旧料再生技术包括5种工艺：厂拌热再生、就地热再生、厂拌冷再生、就地冷再生、全深式冷再生。

7.7.1 厂拌热再生

厂拌热再生是在拌和厂将沥青混合料回收料(RAP)破碎、筛分后，以一定的比例与新矿料、新沥青、沥青再生剂等加热拌和为混合料，然后铺筑形成沥青路面的技术，适用范围见表7-11。

厂拌热再生的适用范围 表7-11

公 路 等 级	再生层的结构层位				
	表面层	中面层	下面层	基层	底基层
高速公路、一级公路	可使用	宜使用		—	
二级公路	可使用	宜使用		—	
三级、四级公路	宜使用			—	

厂拌热再生技术工艺较易控制,由于有精确的计量、筛分控制装置,能够保证沥青混合料配合比的精度,获得更好的旧沥青混合料的再生质量。面层再生之前,能够对破坏的基层进行补强,可适用于基层破坏的路面。再生后的沥青混合料适用于各等级公路沥青路面的建设和维修养护工程,可用于沥青面层及柔性基层。但铣刨下的废料需要场地存放较长时间,对环境也存在一定的污染,沥青路面旧料需要来回运输,且对拌和设备的要求较高,成本较高。目前沥青路面旧料掺量较少。

7.7.2 就地热再生

就地热再生是采用专用设备对沥青路面就地进行加热、翻松,掺入一定数量的新沥青、新沥青混合料、沥青再生剂等,经热态拌和、摊铺、碾压等工序,实现旧沥青路面面层再生的技术。就地热再生技术分为两种,分别为:

(1)复拌再生:将旧沥青路面加热、翻松,就地掺加一定数量的沥青再生剂、新沥青混合料、新沥青(需要时),经热态拌和、摊铺、压实成型。

(2)加铺再生:将旧沥青路面加热、翻松,就地掺加一定数量的沥青再生剂、新沥青(需要时),拌和形成再生沥青混合料,利用再生复拌机的第一熨平板摊铺再生沥青混合料,利用再生复拌机的第二熨平板同时将新沥青混合料摊铺于再生混合料之上,两层一起压实成型。

就地热再生适用范围见表7-12。

就地热再生的适用范围　　　　　　表7-12

公 路 等 级	再生层的结构层位				
	表面层	中面层	下面层	基层	底基层
高速公路、一级公路	宜使用		可使用	—	—
二级公路	宜使用			—	—
三级、四级公路	不应使用			—	—

就地热再生技术沥青路面旧料利用比例高,实现原路面的就地再生利用,节省了材料转运费用,减少了工程车辆对正常交通的影响,不需要大量场地长期堆放沥青路面旧料,并且施工速度较快,可以快速开放交通。

就地热再生技术再生深度较小,仅为20~50mm。施工质量控制难度较大,沥青路面旧料计量难以准确控制,将导致新老集料的拌和不均匀;再生层较厚时,加热层的上、下表面温度均匀性不易控制,使用性能比不上厂拌热再生混合料,且施工过程、进度受天气、温度影响大。就地热再生技术适用于具有足够的承载力且原路面仅存在浅层的轻微病害的路面结构的维修养护及建设工程。

7.7.3 厂拌冷再生

厂拌冷再生是在拌和厂将沥青混合料回收料(RAP)或者无机回收料(RAI)破碎、筛分后,以一定的比例与新矿料、再生结合料、水等在常温下拌和为混合料,然后铺筑形成沥青路面的技术,适用范围见表7-13、表7-14。

乳化沥青及泡沫沥青厂拌冷再生的适用范围　　表7-13

公 路 等 级	再生层的结构层位				
	表面层	中面层	下面层	基层	底基层
高速公路、一级公路	不应使用	可使用	宜使用		—
二级公路	不应使用	宜使用			—
三级、四级公路	宜使用				

无机结合料厂拌冷再生的适用范围　　表7-14

公 路 等 级	再生层的结构层位				
	表面层	中面层	下面层	基层	底基层
高速公路、一级公路	不应使用			可使用	宜使用
二级公路	不应使用			宜使用	
三级、四级公路	—			宜使用	

厂拌冷再生工艺较易控制,能耗低、污染小,对于不能热再生回收的路面旧料可以加以利用,能有效解决旧料废弃和环境污染问题,减排效果明显。但再生混合料只能用于路面基层、底基层,经济效益较低。混合料强度的形成需要较长的时间,需要加铺一定厚度的罩面层。

7.7.4 就地冷再生

就地冷再生是采用专用设备对沥青层进行就地铣刨,掺入一定数量的新矿料、再生结合料、水,经过常温拌和、摊铺、压实等工序,实现旧沥青路面再生的技术,适用范围见表7-15。

就地冷再生的适用范围　　表7-15

公 路 等 级	再生层的结构层位				
	表面层	中面层	下面层	基层	底基层
高速公路、一级公路	不应使用		宜使用		—
二级公路	不应使用	可使用		宜使用	—
三级、四级公路	宜使用				

就地冷再生技术实现了原路面的就地再生利用,沥青路面旧料能完全利用,减少了工程车辆对正常交通的影响。施工过程的能耗低、污染小,能有效解决旧料废弃和环境污染问题,减排效果明显,节省了建设费用。

就地冷再生工艺施工质量控制的难度较大,再生混合料使用性能不能达到上、中面层的质量标准。

就地冷再生技术适用于各等级公路沥青路面旧料的再生利用,再生后的混合料适用于沥青路面的下面层及基层。

7.7.5 全深式冷再生

全深式冷再生是采用专用设备对沥青层及部分下承层进行就地翻松,或是将沥青层部分或全部铣刨移除后对部分下承层进行就地翻松,同时掺入一定数量的新矿料、再生结合料、水等,经过常温拌和、摊铺、压实等工序,实现旧沥青路面再生的技术,适用范围见表7-16。

全深式冷再生的适用范围　　　　　　　　　　表7-16

公路等级	再生层的结构层位				
	表面层	中面层	下面层	基层	底基层
高速公路、一级公路	—	—	可使用	宜使用	宜使用
二级公路	—	—	可使用	宜使用	宜使用
三级、四级公路	—	宜使用			

7.7.6 冷再生层厚度

基于我国已有工程经验,采用厂拌冷再生、就地冷再生、全深式冷再生方式时,可在通常采用的厚度范围内对照表7-17初步拟定路面结构厚度,并应根据现行《公路沥青路面设计规范》(JTG D50)的有关规定进行分析设计。

沥青路面冷再生结构组合与厚度　　　　　　　表7-17

交通荷载等级	沥青面层		冷再生层厚度(mm)	下承层
	推荐厚度(mm)	小厚度(mm)		
特重、极重	150~220	120	≥120	下承层结构强度应满足路面基层或底基层设计要求
重	120~180	100	≥100	
中	60~120	50	≥80 (≥160)	
轻	≥30 或者采用微表处、稀浆封层、碎石封层等磨耗层		≥80 (≥160)	

注:1. 表中冷再生层厚度中,括号内数字是无机结合料冷再生材料层的厚度,其他为沥青冷再生材料层的厚度。
2. 下承层结构强度不满足要求的,可以采用水泥或石灰稳定冷再生进行处治,处治层厚度宜为140~200mm。
3. 对于重及重以上交通荷载等级的公路,沥青面层宜采取技术措施提高抗车辙能力。

7.7.7 就地再生路面技术要求

就地再生对路面结构强度的贡献不大,其路用效果和寿命受到原路面结构强度的显著影响。因此,原路面应该有充足的结构强度。采用就地热再生方式时,路面技术状况宜满足表7-18所示的要求。

就地热再生方式适用的路面技术状况　　　　　　　表7-18

指　标		技　术　要　求
路面结构强度指数 PSSI		≥80
原路面沥青层厚度(mm)		≥(再生深度+30)
再生深度范围内沥青混合料	沥青25℃针入度(0.1mm)	≥20
	沥青含量(%)	≥3.8
路面病害波及范围		主要集中在再生深度范围内

采用就地冷再生方式时,路面技术状况宜满足表7-19的要求。

就地冷再生方式适用的路面技术状况　　　　　　　表7-19

指　标	技　术　要　求
路面结构强度指数 PSSI	≥80
路面损坏状况指数 PCI	≤90
路面病害波及范围	主要集中在再生深度范围内
下承层强度	满足设计要求

采用全深式冷再生方式时,路面技术状况宜满足表7-20的要求。

全深式冷再生方式适用的路面技术状况　　　　　　　表7-20

指　标	技　术　要　求
路面结构强度指数 PSSI	≥70
路面损坏状况指数 PCI	≤85
路面病害波及范围	主要集中在再生深度范围内
下承层强度	满足设计要求

7.8　既有路面排水设计

7.8.1　既有道路路面排水设施及使用情况调查、分析

既有高速公路路面排水设施应重点核查中央分隔带、超高路段排水设施。高速公路经过多年运营并伴随运营期间大、中修养护工程的实施,既有道路路面排水系统已逐步完善,并形成完整独立的系统,同时路面排水设施不完善、容易积水的路段,因排水不畅产生病害的路段也逐渐突显出来。高速公路改扩建不仅需按照新建道路排水体系进行排水系统总体设计、水文调查与计算、排水设施结构形式和材料选择、水力计算等,还应考虑新建排水设施与既有排水设施的适宜性、协调性,提高既有路面排水设施的利用率,降低工程造价,减少环境污染。同时完善对易积水路段、水害路段、排水设施不完善路段的排水设计,提升公路的使用质量与建

设质量。因此,既有道路路面排水设施及使用情况调查、分析主要工作如下:

(1)应着重调查排水设施的形式,布设段落与方式,各种排水设施的功能和相互之间的衔接,防、排结合。

(2)根据运营单位反馈信息,结合公路路基路面病害段落,调查收集易积水路段、水害路段、排水设施不完善路段。

(3)调查既有道路路面排水设施的情况,排水效果。

(4)调查沿线水文、气象、地形、地质、环境敏感区等建设条件。

(5)查阅既有道路竣工图,分析原超高排水设计方案,在理解原设计意图的基础上,分析病害产生的机理与造成路基含水率过大的原因。通过水文调查与计算、既有排水设施结构形式和材料分析、水力计算等验算既有路面排水设施的适用性。

7.8.2 超高路段排水改建设计

高速公路改扩建工程可能会提高既有道路设计速度,并且会增加路面宽度,扩大了路面的汇水面积。超高路段排水设计需要核查既有道路的超高排水设施,验算窨井、集水槽断面尺寸、横向排水管间距等是否满足改扩建后超高排水需求,对满足要求的既有超高排水设施加以利用,对不满足要求的超高排水设施进行改造升级或新建,同时完善新增超高段落的排水设计。针对这些路段,高速公路改扩建后为避免路面积水,影响行车安全,造成安全隐患,提升道路使用质量,设计时应做好以下工作:

(1)高速公路改扩建应考虑路面结构防、排水,遵循"以防为主、以排为辅"的原则。

(2)应调查既有超高排水设施及使用情况、查阅既有道路竣工图,分析原超高排水设计方案,在理解原设计意图的基础上,合理选择排水设计方案。

(3)根据运营单位反馈的意见,结合现场调查资料,分析造成一些路段排水困难、容易积水的原因,并作为工点进行针对性设计,以保证排水顺畅。

(4)核查既有道路的超高排水设施,结合路面拼接方案,验算窨井、集水槽断面尺寸、横向排水管间距等设施是否满足改扩建后超高排水需求。

(5)对项目区内的水环境条件及相关资料进行调查和收集,并进行全面的数据分析。此外,排水设计还应做好环境敏感点和敏感区域、水资源敏感区域等资料的收集工作,设计应考虑相应的环保措施,避免对以上敏感区域和水体造成不利影响。

7.8.3 中央分隔带防、排水改建设计

中央分隔带设置完善的防、排水设施后能阻止地表水下渗,保护路基不受由中央分隔带下渗水产生的破坏,同时能够防止表面积水,避免交通安全隐患。中央分隔带的防、排水方案要根据分隔带宽度、绿化要求、交通安全设施的形式和分隔带表面的处理方式、工程所处地区的

降雨强度和雨季长短等因素来综合确定。常见的中央分隔带排水方案有:中央分隔带铺面、中央分隔带内设排水设施、锯槽防渗墙、碎石排水墙、结合渗水井中央分隔带内设双向向内横坡等。

(1)中央分隔带铺面是当中央分隔带宽度较窄时,在中央分隔带内回填石灰土、黏土等,分层压实,然后在其表面喷洒沥青,并立即以撒石屑等的方法形成一层隔离层,以防止水分下渗。中央分隔带铺面投资较小、施工方便,一定时期内能有效阻隔地表水下渗。但易产生缝隙使地表水下渗、水渗入后无法排出,对于改扩建道路,中央分隔带原有的水分无法排出且景观效果差。

(2)中央分隔带内设置地下排水设施是在中央分隔带底部设置纵向砂砾或碎石盲沟,间隔一定距离设置横向排水管将中央分隔带的水排到路基之外。路面结构层内侧以防水土工布等形式防止水渗入路面结构层中,中部回填素土,中央分隔带内植草绿化、植树防眩等。这种方法技术成熟,可参照的工程实例多,中央分隔带内部的水可通过渗沟和横向排水管排出。但高速公路改扩建工程中,既有道路如果未设置横向排水管,由于原有道路的存在,横向排水管设置困难,同时开挖中央分隔带的废料会污染环境。

(3)锯槽防渗墙是沿工程的开挖线开挖一道狭窄而深的深槽,注入泥浆护壁,当槽段开挖完毕后,在泥浆下浇筑混合浆液,筑成一道防渗墙,槽内起截水防渗、挡土或承重之用。锯槽防渗墙的墙体厚度小、施工简便、速度快、消耗少、防渗效果好,但只有单一的防渗作用,与路基弹性模量相差大,刚性材料防渗墙易受外力影响产生裂缝,大大地降低其防渗效果,缺乏实际的应用经验。

(4)碎石排水墙是沿工程的开挖线开挖一道狭窄而深的槽,以碎石回填压实,深槽周围包裹反滤织物(土工布),避免渗入水携带的细粒土堵塞排水墙。碎石排水墙墙体厚度小、施工简便、速度快、消耗少,能排除中央分隔带积水,能在一定程度上降低地下水位,与路基模量相差小,变形协调,污染相对较少。但没有工程应用,缺乏实践经验。

(5)中央分隔带内设置双向向内横坡是将分隔带表面做成向内的双向坡,使分隔带中部形成微凹区,汇集中央分隔带表面水,然后由路线纵坡排向泄水口。这种方法用于中央分隔带表面未采用铺面封面的路段。这种处理方法如果在中央分隔带作绿化带用时,将严重降低景观视觉效果。

高速公路改扩建工程中,应在查阅既有道路竣工图,分析原设计方案,掌握原设计意图的基础上,结合既有高速公路中央分隔带防、排水方案调查结果,对中央分隔带防、排水方案进行综合比较。并根据当地降雨量、气候、公路沿线汇水区的地形、地貌、河川水系分布等自然条件对中央分隔带防、排水方案进行计算论证,从而进行中央分隔带防、排水设计。对中央分隔带排水不畅路段、容易积水路段进行原因分析,有针对性地采取措施根治病害。

第8章 桥涵设计

8.1 总体要求与设计原则

高速公路改扩建中最重要的内容之一就是桥涵结构物的改扩建。桥梁结构自身存在结构受力、运营状况、施工周期、实施难度等方面的复杂性，桥梁构造物对建设工期、交通组织、社会影响、环境保护、工程造价等方面均有比较重大的影响，而桥梁往往又跨越公路、铁路、航道、河流等，桥梁的设置受其他行业技术要求影响也很大。因此，桥涵结构的改扩建就成为项目中影响因素复杂、技术难点集中的工程，对整个改扩建项目产生非常大的影响。

高速公路改扩建项目通常位于经济发达地区，车流量集中，社会影响大，改扩建项目必然是社会关注的重点工程。故在桥涵设计部分应当按照统筹规划、适度超前的原则，综合考虑交通量发展趋势、改扩建技术难度、施工及运营安全、区域交通影响等因素，综合确定桥涵的设计方案，满足安全可靠、耐久适用、经济合理、统筹协调的要求，同时还要落实绿色公路、品质工程、五化建设、标准化设计理念以及碳达峰、碳中和的发展战略，打造绿色品质工程。

8.1.1 改扩建项目桥梁设计特点

（1）交通量大、施工组织复杂、保通难度大，对桥梁改扩建方案提出更高的要求。高速公路改扩建项目定位高、规模大、交通量集中，路网功能不可替代，考虑到对路网及社会的影响，一般需要施工期基本不中断交通，保通成为改扩建项目的重中之重，边施工边通车的特点，导致桥梁施工作业面小，受限条件多，安全保障难度大。桥梁改扩建方案选择，在充分考虑经济性、施工周期、环境保护等因素的同时，还要充分考虑桥梁改扩建方案所带来的时间效益、社会效益，最终选取一个能够兼顾各方因素的桥梁改扩建方案。

（2）改扩建桥梁自身存在的技术性问题复杂。近年来，在《公路工程技术标准》(JTG B01—2014)、《公路桥涵设计通用规范》(JTG D60—2015)、《高速公路改扩建设计细则》(JTG/T L11—2014)等一批新规范、新标准相继实施后，高速公路既有桥梁的改扩建，已经无法采用简单的同结构、同跨径拼宽扩建方式。既有桥梁的运营状况如何？既有桥梁是否能够满足新规范下的汽车荷载要求？拼宽后的桥梁结构在新荷载标准下的承载能力是否满足要求？如果拼宽结构的承载能力不满足要求,桥梁结构如何加固?既有桥梁耐久性是否满足要求?拼宽后的桥梁下部结构能否满足受力及抗震的要求?这些问题,都会影响到最终方案的确定。

既有桥梁根据其运营年限及承载的交通组成不同而不同程度地存在健康状况问题,需要通过各种技术手段进行详细的检测、评估,目前进行的检测评估内容主要是技术状况评定和承载能力评定,评估的手段主要是外观检测、无损检测、荷载试验等。桥梁评定是改扩建方案选择的重要依据,需要投入大量的人力物力财力进行评定工作。

①标准规范方面。到目前为止,桥梁设计荷载标准从《公路钢筋混凝土及预应力混凝土桥涵设计规范》(JTJ 023—1985)的汽车—超20、挂车—120,到《公路桥涵设计通用规范》(JTG D60—2004)的公路—Ⅰ级,再到《公路桥涵设计通用规范》(JTG D60—2015)的公路—Ⅰ级,桥梁的设计荷载经过两次升级,无论是荷载集度还是验算方法与标准都有了较大提升和进步。对改扩建项目桥梁的设计荷载,现行规范规定新建桥涵采用 JTG D60—2015 的公路—Ⅰ级,直接利用的原有桥涵应满足原设计标准,而拼接利用桥梁的原桥部分,其极限承载能力应满足现行标准公路—Ⅰ级,这就对改扩建桥梁中最常用的改扩建方案——既有桥梁拼宽扩建的荷载验算标准提出了更高的要求,它并不是简单的"既有桥梁老标准,新桥新标准"。显然,这种规定会导致拼宽扩建的既有桥梁,其极限承载能力荷载验算标准得到大大提高,尤其对于中小跨径桥梁,这就给拼宽桥梁的受力验算增加了难度。

②桥梁数量方面。这些中小跨径桥梁量多面广,虽然总桥梁面积并不一定很大,但桥梁数量非常多,往往占高速公路桥梁的大多数,即使某一种跨径因理论强度不足而需要大面积加固或拆除,也会造成全线大量的交通断点,对整个工程会造成巨大影响,可谓牵一发而动全身,这就导致我们在研究桥梁改扩建方案时慎之又慎,加大了方案研究的难度。

③特殊桥梁方面。现浇结构、钢结构、特殊大跨径结构的改扩建方案也一直存在复杂的结构受力、变形协调、构造处理、局部可靠性和耐久性等难题。能否拼宽扩建,能否保证安全耐久,需要逐桥研究确定。既有桥梁的健康状况评定问题与承载力验算方法问题、复杂结构拼宽问题等叠加在一起,以及采用不同处置方案对工期、保通、耐久性、经济性的影响,令方案选择更加复杂,方案的合理性需要全面、科学地研究分析。

(3)航道、铁路、水利等行业对桥梁改扩建的控制因素多。与新建高速公路桥梁不一样,改扩建项目的涉航、涉铁、涉洪桥梁方案,往往面临规划等级提高、跨越净空提升、安全要求提高、新的行业标准等问题。改扩建工程涉及的行业审查,会对改扩建桥梁方案提出非常高的要求,直接拼宽、不降低原净空标准的桥梁方案往往较难通过,而按照行业要求的标准实施,又会导致建设规模增大,需要部分甚至完全拆除既有桥梁,这对工程规模和保通带来非常大的压力。涉及行业间行政审查许可的桥梁,无论是原桥拼宽,还是部分拆除新建,抑或分离新建,甚至彻底拆除重建,涉及的行政、技术、经济、社会等因素相当复杂,需要设计单位与建设单位共同努力,灵活处理和博弈,力求经济效益和社会效益均衡。

8.1.2 改扩建项目桥梁设计工作重点及需要解决的问题

综合以上改扩建项目特点,桥梁改扩建设计的工作重点及需要解决的关键问题有以下几点。

1)既有桥梁检测与评定

既有桥梁检测与评定是桥梁改扩建设计的重要依据。通过对既有桥梁详细、全面地检测和试验,掌握桥梁的整体健康状况和局部关键部件的工作性能,针对既有病害,对桥梁的健康状况进行分类、分级。根据外观检测、材料状况检测及荷载试验结果,结合必要的理论计算、受力分析,对既有桥梁进行承载能力验算、评估,给出初步改扩建和加固建议。

2)常规结构桥梁综合利用方案研究

常规结构桥梁包括预制拼装结构桥梁及小跨径现浇桥梁,此种桥梁在高速公路中是最常见的桥梁类型,此类桥梁量多面广,虽然总桥梁面积并不一定很大,但桥梁数量非常多,往往占高速公路桥梁大多数,此类桥梁的改扩建方案是项目方案研究的重点。通过对常规结构桥梁的改扩建影响因素进行梳理,综合考虑结构验算、经济性、耐久性、施工难度、施工周期、保通影响、环保影响等因素,根据既有桥梁的不同特点选取一种或几种改扩建方案,为下一步具体桥梁的改扩建方案设计提供指导。

3)涉航、涉铁、涉洪等重点桥梁的改扩建专项研究

涉航、涉铁、涉洪等桥梁为改扩建项目的关键节点,往往也是控制性工程。规模大、技术复杂、审查慢是此类桥梁改扩建的共同特点。从前期工作阶段的方案行政审批,到设计阶段的技术难点,再到施工阶段的落实措施,均需要在专项研究中解决,以确保按时通过行政审批,确保项目顺利开工、验收。

4)特殊桥梁的改扩建方案研究

特殊桥梁往往结构形式不规则、受力复杂或者跨径较大,该类桥梁往往不存在直接拼宽的可能,改扩建设计中要结合路线方案逐桥进行研究,以确定经济、合理的改扩建方案。

5)既有桥梁维修加固设计

既有桥梁在长期服役过程中不同程度地存在各类型病害,改扩建设计其中一项工作就是要对既有桥梁的病害进行维修并对承载能力不足的桥梁构件进行加固。桥梁常见病害维修加固的方法比较多,技术也比较成熟,加固效果可靠、耐久性好,设计中还要根据病害的具体特点应用一些新材料、新技术,从而推动桥梁维修加固技术的发展。高速公路改扩建项目桥梁维修加固工程量大,方案选择需要考虑加固措施的耐久性、有效性、经济性,以及对保通的影响,应当针对项目特点开展桥梁维修加固方案研究。

高速公路桥涵构造物除了满足自身交通功能外,还需要兼顾对沿线生产、生活、排洪、灌溉等功能需要。高速公路建成通车后,随着经济和社会的发展,以及自然条件的变化,原先设置的桥涵构造物或多或少存在一些功能不足,例如通道积水、涵洞阻塞、通行净空不足等,有些是

原设计方案考虑不周,有些是社会经济活动发展之后逐渐不能满足需求。高速公路改扩建项目应当充分重视解决既有桥涵构造物功能不足问题,利用改扩建的机会,解决前期建设遗留的缺陷,并合理提高对沿线的服务功能。

6)改扩建桥梁的抗震问题

近年来,全球发生了几次较大级别的地震,2015年对地震烈度区划图进行了修订,很多地区的地震烈度有所提升,而目前国内进入改扩建期的高速公路大多建成于2000年前后,当时由于专业技术及规范依据的限制,桥梁的抗震性能普遍有所欠缺。目前,改扩建桥梁的抗震问题,仍无相关规范和标准依据,改扩建后桥梁结构的抗震性能需要达到什么样的标准,选用怎样的设计理念,以及采取什么样的措施才能有效、合理地满足抗震性能需求,需要开展专题论证来解决。

8.1.3 改扩建项目桥梁设计原则

改扩建项目桥梁设计以加宽为主,而且需要对原桥进行检测维修加固。同时,大流量的交通现状要求以"边通车、边施工"的方式实施改扩建工程建设,根据上述特点,高速公路改扩建桥梁设计主要原则总结如下:

1)主线桥梁设计原则

(1)经济适用,绿色环保,技术先进,安全第一。树立全寿命周期理念,强化桥梁全寿命周期设计,加强可维护性、可扩展性、环境保护、灾害防御等系统设计,实现工程建设可持续发展。积极落实绿色公路建设理念,创建品质工程。推行设计施工标准化,积极探索预制装配式结构,合理采用工业化建造手段,加快施工速度,降低环境影响和社会影响。尽量选择有利于施工组织的桥梁改扩建方案。

(2)充分论证既有桥梁的综合利用方案:对经济性、安全性、耐久性、质量可控性、施工难度、交通组织、社会影响等统筹考虑。在满足安全的前提下,尽量利用既有桥梁,避免大拆大建。

(3)在结构安全、功能均满足要求的前提下,加宽桥梁原则上采用与原桥同跨径、同结构、上连下不连拼接方式。

(4)对进行整体拼接的既有桥梁,既有上部结构极限承载能力应满足新规范要求,否则采用加固或换梁方案。

(5)原主线上跨被交线立交桥改建与主线桥相同。当被交线净空不满足时,一般考虑采取被交线下挖、调坡方式予以保证,或者改变立交桥上部结构,减小上部结构的建筑高度;对于规划道路下穿主线的,若原有孔径不能满足要求时,拆除重建。

(6)新建桥梁设计应遵循"安全、耐久、适用、环保、经济和美观"的原则,依据桥位处地形、地质、施工条件以及因地制宜、就地取材、便于施工、养护等因素综合考虑。

2)匝道桥设计原则

(1)既有匝道桥位置、净空、宽度均满足要求,且健康状况良好的匝道桥应完全利用;既有匝道桥宽度不够且有加宽条件时,应加宽利用;既有匝道桥跨径、净高不够时,原则上拆除重建。

(2)既有匝道桥拆除以后,尽可能利用主线中央分隔带内的下部结构。

(3)新建匝道桥跨主线部分采用能够快速施工、对保通有利的桥梁结构及施工方案。

3)支线上跨桥设计原则

(1)位置、宽度、跨径满足主线改扩建要求,且健康状况良好的桥梁,应完全利用;否则原则上拆除重建,但要尽量利用原桥下部。

(2)拆除重建或新增支线上跨桥的结构形式一般采用装配式结构,有条件时可在中央分隔带设墩。

8.2 既有桥涵检测评价

8.2.1 既有桥涵检测评价的目的和意义

高速公路桥梁的设计使用寿命虽然为100年,但桥梁"生老病死"如同人类生存属于自然规律,不同的桥梁设计按正常营运仍有不同的使用寿命;由于运输需求的增长,对桥梁承载能力、通行能力的要求也提高;由于设计、施工先天不足、超载等,同时,既有桥梁结构在自然环境(大气腐蚀、温度、湿度变化)和使用环境(荷载作用与频率的增加、材料与结构的疲劳)的作用下,随材料老化及结构损伤的发生、发展,其承载能力也将逐渐降低;养护不及时、维修不善等因素,使得既有桥梁的使用寿命缩短、承载能力降低。因此,既有桥梁的检测与评定是桥梁改扩建设计关键技术的基础和重要组成部分。

通过对既有桥梁的检测达到以下的目的:

(1)通过对现有桥涵结构进行检查、检测,了解桥梁结构的病害情况及发展状况,确保桥梁的使用安全,评价桥涵结构当前的实际工作状况,给出桥梁现在及以后一段时间内的承载能力和正常使用可靠度水平,确定是否需改建或加固的程度。

(2)通过代表性桥梁的静载和动载试验检测,检验桥梁结构当前的实际承载能力及其结构工作性能,为桥梁的维修养护提供科学依据,以采取合理的维修加固方法,延长桥梁的使用寿命、提高其承载能力,或拆除重建。

(3)对桥涵的结构质量和技术状态做出科学、客观、公正的评价,为结构物的强度、刚度、稳定性和耐久性评估提供基础资料;分析判断桥梁是否能满足将来运输量的要求。

(4)建立沿线、桥涵使用质量技术档案,为确定桥涵的下一步处治方案提供依据。

(5)为现有高速公路的改扩建及对现有桥涵的补强、费用估算提供参考设计方案。

(6)为桥梁设计、规范修订和完善等提供依据。

8.2.2 既有桥涵现状检测

为了给改扩建工程设计提供依据,改扩建工程实施前需要对既有桥梁进行全面而细致的检测,工作内容主要涉及以下几个方面:

1)桥梁外观检查

改扩建工程中,既有桥梁在长期通行下,难免会受到各种损伤,桥梁的各个构件都可能存在不同程度的病害。为了能够在改扩建工程中对这些桥梁病害进行统一处治,必须对桥梁各个构件进行仔细检查,详细记录病害程度及分布情况,初步分析病害产生的原因,为后续维修处治设计提供技术建议,具体包含以下几方面内容。

(1)主桥结构检测

对主桥结构所存在的渗水、漏筋(或漏钢绞线)、空洞、破损(破碎)及蜂窝、麻面等病害进行外观调查,并详细调查、拍摄裂缝状况,包括裂缝的长度、深度及走向等;测量裂缝宽度;用钢筋锈蚀仪测量钢筋锈蚀程度,用超声波非金属探测仪测定裂缝深度。对全桥上部结构进行裂缝详查,调查裂缝分布,包括其长度、宽度、方向,并绘制裂缝在主梁上的位置分布图。根据调查情况,对部分有疑问的空心板顶板厚度采用钻芯法进行检测。

(2)下部结构检测

对墩、台所存在的混凝土剥落、漏筋、蜂窝麻面等病害进行外观检查,并调查基础沉降及墩台的裂缝状况,对墩台、盖梁的裂缝分布及损伤进行检查,测量裂缝宽度;用钢筋锈蚀仪测量钢筋锈蚀程度,用超声波非金属探测仪测定裂缝深度。

(3)桥梁支座状况检查

根据支座类型检查支座有无松动、损坏、变质和移位等。对桥墩、桥台从外观检查支座的构造是否完整,支座锈蚀程度如何,支座垫石混凝土有无剥落等,对台帽顶面支座附近混凝土开裂、劣化及积水情况进行检查,并调查支座脱空情况。针对混凝土摆式支座,检查混凝土缺损情况、活动支座滑动面的不平整、生锈咬死情况和轴承有裂纹、切口或偏移评定情况。对悬索桥等特殊的横向支座和竖向支座,检查其螺纹、螺帽松动或锚螺杆剪切情况,上下座板(盆)锈蚀情况以及纵横线的扭转情况。

(4)桥梁防排水设施状况检查

对桥梁排水设施的工作状况及缺陷状况进行调查,泄水管是否堵塞、锈蚀,并调查是否存在桥面积水情况。

(5)桥梁伸缩缝以及桥头搭板检查

检查桥梁伸缩缝及桥头搭板的工作状况,并调查台后沉陷及伸缩缝破损情况。检查伸缩缝横桥向有无错位,伸缩缝有无拉开或抵拢现象,检查伸缩缝损伤情况,伸缩缝间有无异物。

(6)桥梁防护构造物检测

对桥梁锥坡及台前护坡进行检查并调查其缺失、损坏情况,包括衬砌裂缝,缝灰是否脱落严重,并对锥坡护坡做出评价;对护栏,检查其是否竖直正立,扶手有无损坏、断裂、混凝土是否开裂剥落;对护栏、防撞墙应检查其完整性,警示标志是否鲜明、清晰、规范。

(7)涵洞、通道的检测

重点检查不均匀沉降、裂缝、板顶渗水、墙身沉降,包括裂缝的长度、深度及走向等。对结构物板顶存在的渗水、漏筋(或漏钢绞线)、锈蚀、空洞、破损及蜂窝、麻面、沉降缝等病害进行外观调查,用钢筋锈蚀仪测量钢筋锈蚀程度,用超声波非金属探测仪测定裂缝深度,拍摄相应数码照片。

2)桥梁材质状况检测

为了对桥梁病害产生的原因及对桥梁结构产生的影响进行更深入的分析,需要借助专业仪器设备对桥梁结构材质状况进行检测,包括混凝土强度、钢筋保护层厚度、混凝土碳化深度、钢筋锈蚀电位、混凝土电阻率、氯离子含量等。

3)桥梁荷载试验检测

在桥梁建设之初,由于设计理论和材料参数与实际状况存在一定差异,桥梁结构的实际承载能力与理论计算值可能存在一定偏差。在改扩建工程实施过程中,通过结构检算分析得到的既有桥梁承载能力达不到设计标准要求或承载能力储备不足时,可通过实桥荷载试验进一步验证桥梁的实际承载能力,为改扩建设计提供依据。

试验检测主要目的:通过静载试验,测定结构的静力效应(静应变和静位移等);分析和评定桥梁承载能力和安全性,通过检测鉴定其是否符合目前的国家标准和设计规范的要求,同时为加宽的设计和施工提供基础资料。

选定代表性桥梁进行荷载试验,进行桥梁承载能力的检测与评价的方法研究,其他桥梁承载能力测试与此类似。

根据既有高速公路桥梁的结构形式特点、桥梁外观病害调查结果以及理论计算分析结果等,分别选取不同跨径的简支梁桥、连续梁桥以及连续刚构桥1~2座进行动静荷载试验,以对在役桥梁的结构质量状况和实际承载能力做出科学、客观、公正的评价,为结构物的强度、刚度和耐久性评估提供基础资料,为改建工作的开展提供技术依据。

根据桥梁各孔主要控制断面计算出的试验荷载作用下的内力(弯矩、剪力)和变形值,采用荷载等代原理,分别确定加载位置、加载车辆数量以及加载车辆的重量等,在此试验荷载(等效荷载)下,分中载、偏载两种工况测出相关控制断面的挠度值、截面应变值。

8.2.3 既有桥涵现状评定

根据既有桥涵现状检测、试验检测、受力验算结果,对既有桥涵进行评定,作为桥涵改扩建设计的重要依据。根据改扩建工程实施的需要,既有桥涵评定主要包括:技术状况评定、桥梁承载能力评定、耐久性评定等,在以上评定的基础上对其改扩建适应性进行进一步评定,给出改扩建对策。

1)技术状况评定

既有桥涵技术状况评定主要依据《公路桥涵养护规范》(JTG 5120—2021)和《公路桥梁技术状况评定标准》(JTG/T H21—2011),具体包括桥梁构件、部件、桥面系、上部结构、下部结构和全桥评定。公路桥梁技术状况评定可采用分层综合评定与5类桥梁单项控制指标相结合的方法,先对桥梁各构件进行评定,然后对桥梁各部件进行评定,再对桥面系、上部结构和下部结构分别进行评定,最后进行桥梁总体技术状况的评定。

2)桥梁承载能力评定

为了确保改扩建工程实施后,既有桥梁安全性可以满足改扩建设计标准的要求,需要对桥梁承载能力进行评定。根据高速公路改扩建工程的特点,既有桥梁承载能力评定需考虑以下影响因素:

(1)改扩建设计荷载标准与原设计荷载标准的区别。

(2)拓宽结构对既有结构的影响。

(3)既有桥梁技术状况现状对承载能力的影响。

3)耐久性评定

在高速公路改扩建中应重视既有桥梁的耐久性评定,利用改扩建时机解决既有桥梁的耐久性病害,尽可能解决新旧桥梁使用寿命匹配的问题。耐久性评定除了基于材质状况检测结果对各耐久性指标进行评价外,还需对已维修加固桥梁的加固措施效果进行评价。根据养护及检测资料,记录桥梁已实施的加固措施、加固范围、加固结构技术状况以及加固材料。

4)改扩建设计中拼宽桥涵设计验算规范的取用

改扩建设计涉及对旧桥涵、新加宽桥涵和拼宽后新、旧桥涵组成整体桥涵的设计验算评价。现阶段的改扩建设计一般均涉及三套规范体系,必须正确理解和衔接,明确所采用的规范适用条件。

通过对JTJ 023—1985、JTG D62—2004和JTG D62—2015规范体系对比。总体上来说,JTJ 023—1985采用的是半经验、半概率的"经验极限状态设计法";而JTG D62—2004和JTG D62—2015采用以概率论为基础的"概率极限状态设计法",使结构设计源于客观实际,更具有科学性和合理性。JTG D60—2015在JTG D62—2004基础上提高了中小跨径桥梁的车道荷载标准。

故虽JTG D62—2004相对JTJ 023—1985计算出的承载能力有所增加,幅值为1%~6%,但JTG D60—2015相对JTJ 023—1985汽车荷载增幅较大约35%以上,综合作用效应影响远大于结构抗力增幅;涵洞及桥梁局部加载荷载受车辆荷载分项系数增加29%左右,但随涵洞填土高度增加其荷载效应增幅逐渐减小。

针对高速公路改扩建工程的特点,围绕技术标准采用、既有资源利用、改扩建方案选择、人工构造物拼接、建设与运营协调等方面,充分总结近二十年国内实践的经验,在保障安全的前提下,力求突出"注重实效、和谐环保"的理念,对于改扩建桥涵结构建议,按照以下规定执行:

(1)新建桥涵及整体式拼接桥涵新建部分执行 JTG D60—2015 规范体系,承载能力极限状态和正常使用极限状态均需满足 JTG D60—2015 规范体系要求。

(2)整体式拼接桥涵既有桥涵部分,根据桥梁检查与检测结果,采用引入分项检算系数修正极限状态表达式的方法进行结构检算,其承载能力极限状态应满足 JTG D60—2015 规范体系的要求,正常使用极限状态时应满足 JTJ 023—1985 规范体系要求。

(3)必要时进行荷载试验的方式评定桥梁承载能力。

(4)增建分离式桥梁时,既有桥涵的检测评价采用 JTJ 023—1985 规范体系,承载能力极限状态和正常使用极限状态均需满足 JTJ 023—1985 规范体系要求。

(5)对不满足上述条件的既有桥涵结构或构件采取加固补强措施,加固后仍不满足的拆除重建。

8.2.4 既有桥梁工程存在的主要问题及原因分析

结合几个项目既有桥梁检测结果,分析其主要存在以下问题:

1)桥面铺装

桥面是桥梁结构直接承受车辆荷载的部分,受车辆荷载、结构变形及外界自然恶劣环境条件的直接影响。通过外观检测数据表明:桥面(涵洞、通道顶)铺装均存在不同程度的龟裂、反射性(或纵向)裂缝、碎脆、坑槽及车辙病害问题。其问题的产生,一部分是由于沥青混凝土路面本身的使用所带来的;但其根本原因是车辆超载、桥台不均匀沉降、结构性能退化所间接引起的,因此,对桥涵结构性能的判断是解决问题的关键。

2)伸缩缝

由于沉降等原因的影响,桥头跳车问题在绝大部分所检测桥梁结构中均不同程度的存在,而桥头跳车的出现,进一步导致了伸缩缝的损坏,并加剧了桥头跳车问题。该问题的解决,其根本在于降低桥台填土的不均匀沉降问题,另外,治理车辆超载、超限问题,也是非常必要的。

3)支座

桥梁支座安放正确与否及其本身性能状态,是桥梁结构体系是否合理受力的关键因素。调查检测发现,部分支座处于不良工作状态,如:支座错位、压缩变形、剪切变形、支座垫板锈蚀、支座垫石开裂、支座脱空等,严重影响了桥梁结构的正常使用。

4)空心板桥梁结构的单板受力问题

既有高速公路大部分桥梁结构为预应力混凝土空心板结构,外观检测表明,大部分空心板结构均存在板底纵向裂缝、板间铰缝脱落、板间铰缝渗水、板间错台、板间距过大等问题,单板受力问题严重。桥梁静载试验结果也从一定程度上表明:桥梁的荷载横向分布能力大幅度降低,并导致桥梁结构整体刚度的降低,即使桥梁结构的安全性仍能得到满足,但其使用性要求(如变形)已经不能得到满足。单板受力问题的产生,与 20 世纪 90 年代初国内整体的设计技术水平、施工安装水平及目前运行车辆的超限、超载问题是分不开的。

5)涵洞、通道

对于涵洞、通道,存在的主要问题是预制盖板混凝土质量较差,板间、板与台帽交接处渗水现象较普遍。个别通道、涵洞板底露筋、锈蚀、麻面、混凝土剥落严重。部分预制盖板混凝土质量较差,有较大面积的混凝土破损、露筋现象,个别涵洞盖板底板保护层厚度较薄,钢筋锈蚀导致混凝土胀裂。部分预制盖板板底存在空洞、混凝土浇筑不密实现象。部分涵体侧墙渗漏水、开裂,墙身砌体砂浆脱落、石块松动。

6)不均匀沉降问题

桥头填土路基的不均匀沉降,导致了桥台、背墙等的开裂、伸缩缝破损以及桥头跳车等问题,加之排水设施所存在的问题而引起的水流冲刷,更加剧了浆砌锥坡破损、勾缝脱落、填土空洞等问题的产生。

8.3 改扩建桥梁设计

8.3.1 预制结构桥梁拼宽设计

为最大程度节约资源,确保经济性,并有利于高速公路改扩建施工期的交通组织,改扩建项目一般采用原路拼宽的扩建方式,因此既有桥梁结构的拼宽方案成为高速公路改扩建的关键技术之一。科学合理的桥梁拼宽设计方案是提高拼宽桥梁结构安全性、耐久性的前提,也是合理的施工组织和保通方案的基础。

由于改扩建桥梁结构形式多样,结构受力、材料、构造各有特点,本节主要论述高速公路常规混凝土桥梁的拼宽设计方案。

8.3.1.1 预制结构桥梁拼宽设计原则

在高速公路改扩建过程中,既有桥梁因服役年代较久,大部分结构可能处于"带病服役"状态;另外,桥梁原设计规范也已进行了更新,因此桥梁拼宽设计的核心在于:要考虑运营性能,保证行车安全性和舒适性;尽量不改变既有桥梁的受力状态,不劣化桥梁的服务状况;或者改扩建之后,尽量降低既有桥梁的荷载集度,满足新规范要求下既有桥梁的安全性和耐久性。在此基础上,桥梁拼宽设计原则概括为以下几点:

(1)按照新标准要求对旧桥进行全面检测评估,需满足原设设计荷载标准要求,且其极限承载能力应满足或采取加固措施后满足现行标准的要求,方能拼接拓宽。

(2)拼接部分上部结构一般采用同跨径,同类型结构在旧桥单侧或双侧加宽拼接。最大程度做到新、老结构的受力、变形协调,并保持新老结构在平、纵、横上顺适拼接。

(3)拼接部分下部结构根据实际情况采用,可优先采用与旧桥同类型下部结构,拼接部分墩台尽量保持和旧桥墩台在同一个横断面上,桩中距满足规范要求。

(4)主体结构一般采用上部结构连接、下部结构不连接的方式进行拼接拓宽,这样可以增强上部结构的整体性,又可使下部结构各自受力,减小不均匀沉降引起的次内力,避免了桥面纵向裂缝的产生。

(5)考虑拼宽设计的变形协调原则,即拼宽后,在温度、收缩徐变、活载、基础变位等各种应力的作用下,新老结构变形在特点、方向、量级等方面基本一致,不因拼宽后新、老结构变形的不协调而劣化既有桥梁的受力状况,同时,新结构能满足受力清晰、合理、安全的要求。

(6)拼宽构造应具有足够的强度和耐久性,长期使用的可靠性能得到保证。

(7)拼宽后应具有良好的行驶性能,拼宽后桥面整体性好,铺装牢固、耐久,杜绝运营过程中出现纵向裂缝,对高速行驶的车辆造成危害。

(8)如果在采取各种措施之后,新、老结构仍有少量工后不均匀沉降等差异变形,拼宽结构允许这些少量差异变形的存在,而不会对结构安全性和耐久性产生影响。

(9)拼宽方案要具有较好的施工可操作性和交通组织适应性,施工难度适中、质量可控,对施工期间的交通组织影响能满足总体改扩建保通的要求。

8.3.1.2 预制结构桥梁拼宽构造设计

在公路改扩建项目中,既有桥梁的结构形式多种多样,常见的有预应力混凝土空心板、装配式预应力混凝土箱梁、预应力混凝土 T 梁、现浇板等。

以最常见的预应力混凝土空心板和装配式预应力箱梁为例,对新、旧桥上部结构拼宽构造设计进行研究,受篇幅限制,其他结构形式不再一一展开。

1)预应力混凝土空心板拼宽构造设计

常见的预应力混凝土空心板拼宽构造主要为湿接缝半刚性连接。

通过植筋,在新旧桥之间浇筑一定宽度和厚度的湿接缝将其连接成一体(图8-1)。由于湿接缝宽度有一定的调整余地,对旧桥尺寸误差、盖梁挡块影响和现场施工误差的容错性较好;在结构受力上属于半刚性连接,对新、旧差异沉降有一定的适应性(一般可适应5mm左右的差异沉降),而湿接缝的结构尺寸和配筋确保了结构受力和变形需要,安全性和耐久性较好,不容易发生桥面铺装病害,行车舒适性和安全性得到了保障。

由于现浇湿接缝连接方法具有以上优点,因此它是目前国内最常用的连接方法,其安全性和耐久性经受了实际工程检验。它的缺点是植筋工程量较大,受旧桥构造尺寸不准确的影响,有时会出现穿孔等问题,植筋和湿接缝混凝土质量是关键;另外,为尽量减小差异沉降,一般要求新拼桥梁在浇筑湿接缝之前,需有半年左右的压重、静置期,对工期有一定影响。

2)装配式预应力混凝土箱梁拼宽构造设计

由于湿接缝半刚性连接的固有优点,与板梁拼宽一样,装配式预应力混凝土箱梁也采用这种方式拼宽连接。该方案整体性好,确保新旧结构整体共同受力;加宽后桥面美观、行车舒适;

后期养护成本低。将旧桥外侧悬臂按规定切割掉一部分,凿毛混凝土表面,在指定位置按要求植筋和涂刷界面胶,新桥加宽部分预埋钢筋与旧桥植筋对应焊接,然后浇筑(特快硬型)钢纤维补偿收缩混凝土形成湿接缝(图8-2)。

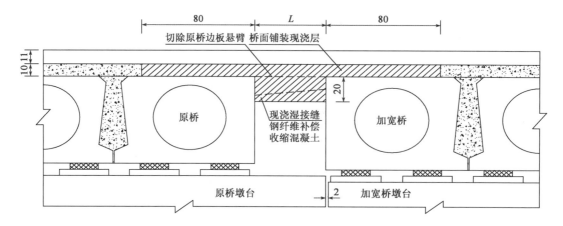

图8-1 空心板湿接缝半刚性连接构造图(尺寸单位:cm)

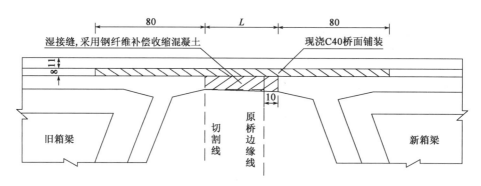

图8-2 预制箱梁拼宽构造示意图(尺寸单位:cm)

8.3.2 预制桥梁拼宽施工组织及交通组织方案

改扩建工程的高速公路,一般是所在区域的运输干线和交通主骨架,所承载的交通量巨大,增长迅速,其改扩建工程与沿线社会经济发展息息相关,也将会给沿线路网带来巨大的交通分流压力,给社会和经济发展造成不同程度的影响。在上述情形下,"在不中断交通情况下进行施工"是最基本要求,也是项目的特点与难点。因此,改扩建桥梁的施工组织与交通组织方案是改扩建项目的关键技术之一,两者之间互相影响,相辅相成。

以京昆高速公路蒲城至涝峪段改扩建项目为例,选取典型的桥梁改扩建方案,介绍施工组织与交通组织方案的联动、匹配设计。

该项目旧路为路基宽度28m的双向四车道高速公路,改建后为路基宽度42m的双向八车道高速公路,两侧拼宽扩建。根据总体改扩建原则,要求在施工期间按四车道保通。桥梁施工实现四车道保通的难点主要在于:路基改桥或桥梁拆除新建路段;石川河大桥等五座大桥上部结构拆除重建路段。

路基改桥路段或桥梁拆除新建路段,新建桥梁半幅必须整体施工,半幅旧路或旧桥不具备四车道保通条件,针对这种情况,推荐采取拼宽临时路面或临时便桥方式与较晚施工半幅构成四车道临时保通断面,具体施工及保畅步骤为:

(1)同硬路肩铣刨拼接施工方式,半幅三车道行车,另外半幅封闭最外侧车道,进行临时路基路面或便桥拼接,其中新建桥梁段落采取临时措施,两端连接段按土建设计永久工程施工,如图8-3和图8-4所示。

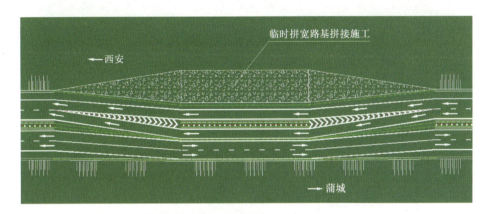

图8-3 路基改桥路段施工交通组织步骤一

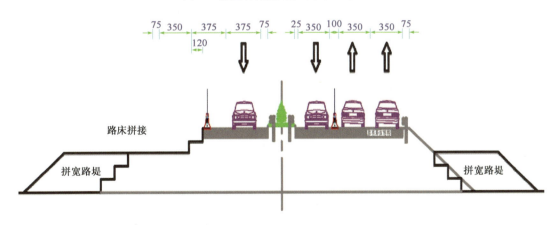

图8-4 路基改桥路段施工交通组织步骤一横断面(尺寸单位:cm)

(2)拼宽临时路基或便桥完成后,将车辆导改至半幅四车道通行,另半幅封闭进行建设,如图8-5和图8-6所示。

(3)半幅桥梁施工完毕后利用新建半幅桥梁四车道保通,进行另外半幅桥梁修建。

(4)另半幅桥梁修建完成好后,可实现桥梁段八车道通行。

石川河大桥等五座大桥上部结构拆除重建路段,旧桥需要更换梁板,采取新建拼宽桥梁和

旧桥换板分别施工方案,利用新建7m宽的拼宽桥和另半幅实现四车道保通,进行半幅梁板的更换,具体施工步骤如下:

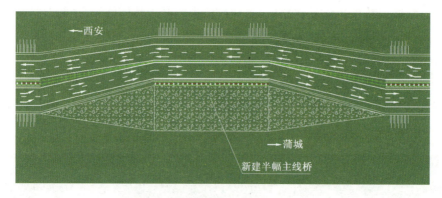

图8-5 路基改桥路段施工交通组织步骤二

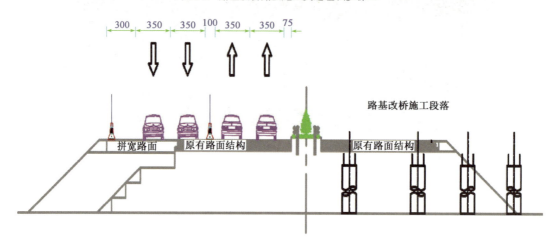

图8-6 路基改桥路段施工交通组织步骤二横断面(尺寸单位:cm)

①旧桥维持双向四车道通行,进行拼宽桥下部施工,如图8-7所示。

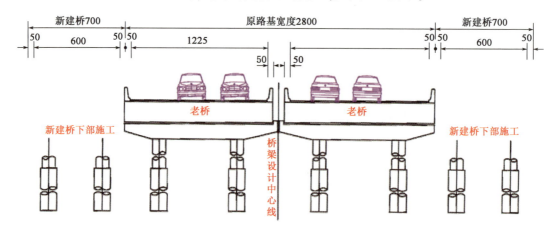

图8-7 旧桥路段施工交通组织步骤一横断面(尺寸单位:cm)

②半幅拼宽桥施工完成后,封闭半幅旧桥,另半幅双向三车道通行,采用 Am 级移动式护栏隔离,新建拼宽桥通行一条车道,从而实现旧桥换板施工的四车道保通,如图 8-8 和图 8-9 所示。

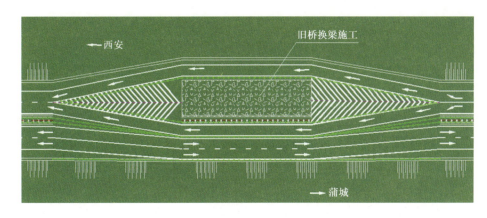

图 8-8　旧桥路段施工交通组织步骤二

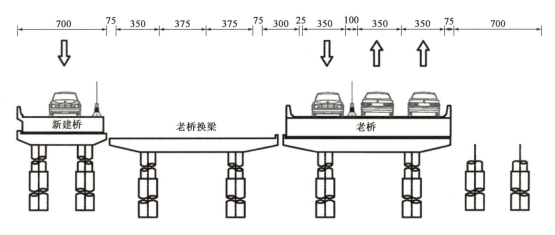

图 8-9　旧桥路段施工交通组织步骤二横断面(尺寸单位:cm)

③待封闭半幅换梁施工完成后,封闭拼宽桥交通,进行新旧桥拼接作业,完成后封闭另外半幅,进行另外半幅旧桥换板和新桥半幅施工作业。

高速公路改扩建工程的施工组织和交通组织方案需考虑的主要因素有:旧桥利用原则(保留、拆除、维修加固)、结构类型、旧路断面和改扩建后断面组成、改扩建方式(双侧拼宽、双侧分离、单侧扩建)、保通原则(双向两车道、三车道或四车道保通)等,在不同建设条件和保通要求下,应选择技术合理的方案及措施。改扩建实施过程中,还应与交通管制、地方路网统筹考虑,以确保高速公路改扩建工程顺利完成。

8.3.3　桥梁病害分析及处理

对既有桥梁进行扩建、改造、加固是改扩建工程的一项重要内容,其中涉及对既有桥梁现状的认识,扩建后新、旧桥梁共同工作性能,未来使用状况等。因此,在桥梁扩建前应对既有桥梁的病害情况进行分析总结,并选择合理有效的桥梁加固处治方案。

8.3.3.1 空心板梁病害分析及处治

改扩建项目既有桥梁的结构种类多样,各种类型桥梁的病害有不同的特点,在此先以数量最多的空心板梁为例,说明主梁的病害成因及维修加固方案。

1)空心板梁病害分析

空心板梁的主要病害有以下两类:

第一类为空心板梁底板纵向裂缝。造成底板开裂的主要原因是空心板底板实际厚度偏薄、预应力筋净保护层厚度偏小,从而在运营荷载的反复作用下出现纵向裂缝。

第二类为铰缝混凝土剥落、渗水及开裂。其主要病害成因为:该类桥梁铰缝多为浅铰缝,通过在两片空心板梁间预埋钢筋焊接及浇筑混凝土形成铰缝。在长期荷载作用下,尤其在超载较普遍的情况下,铰缝顶焊接钢筋易出现疲劳破坏,而铰缝混凝土又为后浇混凝土,当两片空心板梁变形不协调时,铰缝混凝土以及桥面铺装层均会出现裂缝,当雨水侵入时会加速损坏铰缝混凝土。

2)空心板梁维修加固处治方案

(1)预应力混凝土空心板梁底板纵向裂缝处治

预应力混凝土空心板梁底常出现纵向裂缝,有时还伴随着渗水、钙化现象。这种裂缝一般会在通车3~5年后出现,随着时间的增长,裂缝数量和宽度有增大的趋势。

针对该病害,可采取以下处治措施:

当板梁局部存在短小裂缝(长度一般小于1/2梁长)时,仅进行表面封闭处治;当板底存在通长纵向裂缝时,裂缝宽度较宽(宽度≥0.15mm),裂缝无渗水现象,可对底板张拉预应力碳纤维板进行加固。

(2)空心板铰缝病害处治

空心板铰缝破碎失效,严重时会导致单板受力,造成桥面铺装屡修屡坏。该病害往往表现为铰缝渗水严重,且伴随桥面铺装有纵向裂缝,会严重削弱空心板的横向连接整体性,从而导致其他次生病害的发生,如空心板底横向裂缝、空心板的水侵害等。

针对该病害,可采取以下处治措施:

仅靠近墩台处很小范围内铰缝渗水时,可通过桥面防水修复进行处治;铰缝跨中处存在严重渗水析白时,通过在桥面铰缝两侧种植门式钢筋、实施横向体外预应力、梁底锚贴型钢、桥面增加补强层等方法进行处治。

8.3.3.2 预制箱梁病害分析及处治

在改扩建项目中,预制箱梁桥也经常被采用,因此下面将介绍预制箱梁桥的常见病害分析及处治办法。

1)预制箱梁病害分析

(1)混凝土表面出现锈斑、蜂窝、麻面等

造成原因可能是模板安装之前未打磨或打磨不足,未涂刷脱模剂;混凝土集料不符合规范要求,集料级配差,混凝土搅拌不均匀;混凝土下料不规范,砂石集中,造成混凝土离析;混凝土在振捣时出现漏振现象,导致气泡未排出,在表面出现麻点;模板拼装不严,振捣时模板移位,导致漏浆;模板脱模剂涂刷不匀,或局部漏刷或失效,混凝土表面与模板黏结造成麻面。

(2)腹板存在钢筋显影或漏筋

造成成因为钢筋保护层垫块设置数量不足,间距太大,导致钢筋紧贴模板,造成露筋;振捣时振动器长时间触及钢筋,或踩踏钢筋,使钢筋位移,造成露筋;混凝土保护层太小或保护层处混凝土振捣不实。

(3)梁体产生裂纹、裂缝

究其原因有预制梁台座基础不密实或强度较低,引起不均匀沉降导致梁体产生裂缝;用标准养护的混凝土试件强度作为施加张拉的条件,可能导致梁体产生裂缝;混凝土级配差使混凝土的弹性模量偏小;波纹管道于梁宽方向的偏位造成梁端负弯矩偏心而引起的预应力梁端部侧面有纵向裂缝;波纹管竖向偏位过大,造成零弯矩轴偏位;冬季施工时,蒸汽养护升温或降温速度过快,易引起梁体的温差裂缝;堆放时支点位置不当造成梁体处于受扭状态产生裂缝甚至剪断;移梁时起吊不规范,与底模表面吸力过大产生裂缝。

(4)采用后张法的预应力混凝土张拉问题

对其产生原因分析可能是张拉过程中发生滑丝滑束或者断丝;张拉过程中锚垫板压入混凝土内部;锚垫板后部混凝土浇筑时未振捣密实;张拉中伸长量超过允许范围。

2)预制箱梁病害处治措施

(1)混凝土破损等处治办法

应该根据现场的实际情况,采取有效的处理措施,采用高一等级的混凝土进行处理。

(2)露筋处治办法

出现露筋主要是保护层遭受了破坏,应该采用高强度混凝土,同时确保翼板间连接钢筋、梁底钢筋的保护层厚度满足要求。

(3)裂缝处治办法

针对裂缝的处治,若裂缝宽度低于 5mm,可以开槽后吹干净,采用密封胶对其进行处理,若裂缝宽度大于 5mm,应该沿裂缝两侧 50cm 范围内开槽,沿裂缝加铺聚酯玻纤布或抗裂贴,再回填 5cm 厚的 AC-20 材料。若裂缝宽度比较宽,或者周围出现了网裂,应该进行挖除后重新浇筑,对于浇筑的材料可以采用 AC-25 或者 ATB-25,基层填补可以采用 5% 的水泥稳定碎石,对于大型机械设备不方便施工的路段,应该采用人工夯实。

8.3.3.3 下部结构病害分析及处治

下部结构主要病害有墩台裂缝,墩台混凝土破损、露筋。

1)下部结构病害分析

(1)墩台裂缝

根据裂缝分布及形状大致可分为以下三类:

①U台侧墙开裂。

该裂缝的产生与台后土压力、基础的沉降及实际汽车荷载超过设计汽车荷载等因素有关。

②修补处砂浆开裂。

主要发生于墩、台身或盖梁表面缺陷修补处,部分裂缝宽度较大。产生原因为墩台身或盖梁表面缺陷修补材料受温度影响或自身干燥收缩产生。

③桥台或盖梁挡块斜向开裂。

该类裂缝宽度大,部分裂缝贯通台帽。主要原因为梁体横向移位,致使挡块受挤压产生裂缝。

(2)墩台混凝土破损、露筋

对于混凝土构件出现破损、露筋等影响结构耐久性的病害,多是因为构件施工过程中质量控制不好所致,比如混凝土振捣不密实,尺寸偏差,外力撞击构件表面以及钢筋保护层厚度较薄等。

混凝土表面破损等缺陷虽然不对结构安全构成直接影响,但此类病害对结构耐久性有不利影响。适时进行表面缺陷修补,对保证结构正常使用,延长使用寿命具有重要意义。

2)下部结构维修加固处治方案

(1)结构裂缝按如下方法处理:对宽度<0.15mm 的裂缝,进行封闭处理;对宽度≥0.15mm 的裂缝,用裂缝灌注胶进行灌注。

(2)在混凝土结构剥落露筋处,先用机械打磨将铁锈除去,再用改性环氧砂浆修补。

对高速公路改扩建的既有桥梁,应在保证安全的前提下,尽量利用原有结构和构件,并在专项检测病害分析的基础上进行维修加固设计。根据各桥不同的病害情况"对症下药",在提升既有桥梁承载力和耐久性的同时又节省了工程造价。

8.3.4 特殊结构桥梁改扩建设计

预应力混凝土连续刚构桥作为一种特殊结构体系的大跨度桥梁,广泛应用在跨越深沟高谷、通航河流的桥梁建设中。随着我国高速公路改扩建工程的不断深入和发展,部分早期修建的连续刚构桥也面临拓宽改建设计。根据既有桥梁的工程条件,结合现有的桥梁技术状况,并考虑施工难易程度及工程造价等因素,选择合理的改扩建方案,成为连续刚构桥改扩建设计的关键和难点。

8.3.4.1 横向拓宽设计

目前进行横向拓宽的桥梁多为中小跨径的简支T梁、简支板梁桥,对连接部位构造的处理方法主要分为不连接和铰接两种。而对于大跨径预应力混凝土连续刚构桥,横向拓宽进行得较少。由于该类型桥主梁一般为抗弯、抗扭刚度均较大的箱梁,且翼缘悬臂较长,如果还按照以往的连接方式,很容易使桥面铺装开裂,影响行车舒适性和桥面外观,增加后期的养护维修工作。

预应力混凝土连续刚构桥横向拓宽后,主要存在以下两方面问题:

(1)拓宽后的桥梁最突出的特点是新旧混凝土间的收缩徐变效应差异,该种差异对桥梁整体和拼接部位的影响较大,严重时可导致梁体或拼接处产生裂缝。目前,对于横向拼接大跨径预应力混凝土刚构桥的研究较少。根据国内外现有研究资料:进行建成时间不同的两座桥梁拼接时,两座桥梁的混凝土收缩徐变效应较为显著。随着拼接时间的延迟,混凝土收缩和徐变差异引起的桥梁内力变化趋势逐渐减弱,并且于新建桥梁建成1年6个月后再进行新旧桥梁的拼接,其内力变化趋势趋于平缓。

(2)新旧桥梁横向刚性连接后,翼缘板拼接位置由悬臂结构变为连续结构,在局部车轮、新桥支座不均匀沉降等荷载作用下将承受较大的横向应力。

8.3.4.2 分离式加宽设计

预应力混凝土连续刚构桥在高速公路中占据重要地位,改扩建的过程中,如何最大限度地利用既有桥梁并降低对原有道路交通运营的影响,成为需要考虑的首要问题。由于连续刚构桥横向拼宽后,新旧桥梁混凝土收缩徐变效应差异及拼接处较大横向应力的影响,若对连续刚构桥采用横向拓宽的改扩建方案,将极大地增加施工技术难度和项目建设工期,给后期的监测养护也带来较大困难。因此,连续刚构桥梁的改扩建设计,一般不采用旧桥的横向拓宽方案,而采用新旧桥分离式加宽方案。

分离式加宽方案包括单侧分离式加宽和双侧分离式加宽两种方案。

8.3.4.3 特殊结构桥梁改扩建设计实例论证

以京昆高速公路蒲城至涝峪段改扩建项目渭河大桥为例,对两种方案进行分析比选论证,得出科学合理的改扩建方案。

渭河大桥(图8-10)是该项目的重要控制工程之一,既有渭河大桥位于省道S106线耿镇渭河桥下游0.6km,京昆高速公路K1042+419处。桥梁全长1056.64m,上部结构采用预应力混凝土连续箱梁,跨径组合为35×30m,下部结构为柱式墩、台,钻孔灌注桩基础。桥面宽度为27.4m,设计荷载为汽车—超20级,挂车—120。该桥于2001年9月竣工通车。

初步设计阶段,根据该桥防洪评价报告及黄河水利委员会批示:"既有桥梁不满足防洪要求,新建桥梁河槽内跨径不宜小于80m,布孔宜与既有渭河大桥对应,两侧河堤不得侵占并预留恢复抢险通道净空。"的要求,拟定单侧及双侧两种分离式加宽方案,新桥主河槽内跨径组合为$(90+2\times120+90)$m变截面波形钢腹板预应力混凝土箱梁,其桥位平面图如图8-11所示。

图 8-10　既有京昆高速公路渭河大桥

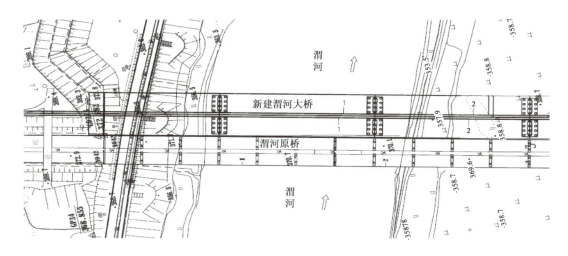

图 8-11　渭河特大桥桥位平面图

以下对该桥的两种分离式加宽方案进行分析和比较。

（1）由于新建桥梁采用大跨径波形钢腹板连续梁结构，故主墩承台尺寸较大且埋置较深，对行洪有一定影响。若采用单侧分离式加宽，则有两幅桥梁，若采用双侧分离式加宽，则一共有三幅桥梁，从行洪角度考虑，两幅桥梁更为有利。

（2）既有桥梁跨径不满足防洪要求，远期需对既有桥梁进行拆除。相对而言，单侧加宽方案比双侧加宽方案更有利于将来旧桥拆除施工。

（3）受设计洪水位高度及规划河堤路净空要求限制，新建桥梁桥面比现有渭河大桥桥面高出约 10m。若采用双侧分离式加宽，三幅桥梁就会形成中间低两边高的情况，整体桥型不和谐美观。

通过以上几方面的不断优化比选论证，项目组确定将单侧分离式加宽的改扩建方案作为推荐方案。目前，京昆高速公路蒲城至涝峪段改扩建项目已开工建设，根据设计批复，已同意在既有渭河大桥的下游侧，新建分离式双向八车道桥梁的改扩建方案。

8.4 桥梁附属结构的改造设计

8.4.1 桥梁附属结构改造设计原则

桥梁附属结构包括桥面铺装、伸缩缝、支座及护栏等。在高速公路改扩建项目中,既有高速公路已通车运营数十年。近年来,随着交通量的迅速增长,重载车辆不断增加,部分路段桥梁附属结构也产生不同程度的病害,影响交通运营,形成一定安全隐患。桥梁附属设施的常见病害包括:桥面铺装破损,伸缩装置损坏失效,支座老化、变形、脱空等。此外,也存在护栏设防等级及高度不满足现行交通安全设施规范的问题。

针对上述存在的病害与问题,建议利用高速公路改扩建的时机,对桥梁附属设施进行集中处治及改造,确保改扩建项目建成通车时,及时消除所有道路安全隐患,为高速公路营造快速、畅通、安全、舒适的行车环境。

8.4.2 桥梁附属结构改造利用方案

1)桥面铺装

桥面铺装主要病害包括:沥青混凝土桥面泛油、裂缝、坑槽、车辙等,水泥混凝土桥面的开裂、错台、露骨等。

桥面铺装改造利用方案如下:

(1)新旧桥采用相同类型桥面铺装,桥面连续、平整,确保桥面行车舒适度、美观等要求。

(2)根据旧桥实际情况,设置连续桥面防水层,合适的桥面横坡等排水设施,确保桥面排水通畅。

(3)对于桥面铺装破损较小或者裂缝较少的旧桥,采用局部修补的方法进行处理;对于大面积破损或者开裂的桥面铺装,进行全部更换。为保证新旧混凝土良好结合,凿除铺装后梁板顶需凿毛并植筋,植入的钢筋与桥面铺装钢筋绑扎形成整体。

(4)在不良地基桥段,为了适应新旧桥不均匀沉降、稳定周期长等特点,桥面铺装可以遵循"一次设计,分期修建"的方案。即在沉降周期内(3~5年)根据新旧桥不均匀沉降量的需要加铺桥面铺装,确保桥面系的平整度。

2)伸缩装置

伸缩装置主要病害包括:伸缩缝被碎石、泥土等杂物堵塞、卡死;伸缩缝橡胶条、锌铁皮等构件老化、脱落;梳齿板伸缩缝的钢板变形、螺栓脱落、梳齿断裂等。

对于改扩建项目拼宽桥梁的伸缩装置,同一幅内新建部分的伸缩缝位置,宜与既有桥梁对应设置,且宜整条更换。

伸缩装置改造利用方案如下：

(1)伸缩缝型号宜与既有桥梁保持一致。

(2)桥梁拼接接缝处型钢应连接,并应加强两侧锚固钢筋。

(3)橡胶条宜整条更换。

(4)伸缩缝更换施工流程:锯缝→凿混凝土→拆除原伸缩缝→清槽→锚固→检验→模板安装→浇筑混凝土→混凝土养生→装胶带→清除杂物→验收。

3)桥梁支座

桥梁支座主要病害包括：支座老化、开裂、剪切变形、脱空等。

对于改扩建项目既有桥梁的支座,应全面细致地检查病害情况,并根据现行桥梁规范标准进一步验算支座承载力。对病害严重及承载力不满足规范要求的支座进行全部更换,对破损的梁底楔形块及支座垫石全面修补加固。

改扩建项目中既有桥梁支座更换方案如下：

(1)为减小横向不均匀顶升结构造成的不利影响,支座更换应在新旧桥拼接之前完成；并结合路段交通组织方案,在无通行荷载下进行更换。

(2)在桥梁顶升时,结构简支体系采用整个墩台同步顶升原则,结构连续体系采用同一联同步顶升原则。

(3)为减少新旧桥收缩徐变对支座剪切变形的影响,新旧桥拼接时间应尽量延后。

(4)更换的支座应采用耐久性好的氯丁橡胶支座。

4)桥梁护栏

随着高速公路车辆行驶速度及重车比例不断提高,对桥梁护栏的防护能力要求越来越高,《公路交通安全设施设计规范》(JTG D81—2017)对高速公路桥梁的桥梁护栏提出了更高的防护要求。早期(2006年以前)建设的桥梁,由于建设时期执行的规范标准对桥梁护栏的设防等级偏低,难以满足新交通环境的需求；同时公路路面加铺或提升改造,导致部分桥梁护栏高度不足,存在较大安全隐患。

改扩建项目桥梁护栏的改造包括以下两种方案：

(1)利用原护栏接高钢梁柱改造为组合式护栏方案[图8-12a)]。

(2)拆除新建高等级护栏的方案[图8-12b)]。

桥梁护栏利用加高方案施工方便,但存在造价高、养护困难的问题；拆除新建方案改造彻底,但施工安全性及工程经济性不好。对于具体的改扩建项目,应从施工难易性及安全性、工程经济性、交通保畅需求等多方面比选论证,反复权衡利弊,从而选择经济合理的护栏改造方案。

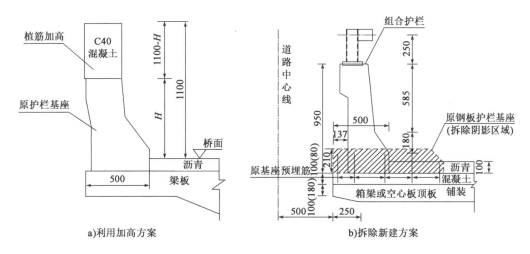

图 8-12　桥梁护栏改造利用方案(尺寸单位:mm)

8.5　桥梁抗震设计

8.5.1　既有桥梁抗震性能影响因素

我国大部分地区处于环太平洋板块和欧亚板块两大地震带间,地震十分频繁,是强烈地震多发国。20 世纪以来,我国共发生 6 级以上地震共 800 余次,遇难人口约 60 万人,占全球同期死亡人数的 53%。

特别是 2008 年汶川大地震,最大烈度达 11 度,是中华人民共和国成立以来破坏性最强、波及范围最大的一次地震,重灾区的范围超过 10 万 km^2,震区内大量的桥梁震害严重阻碍救灾工作的开展。

针对改扩建工程特点,围绕技术标准、资源利用、构筑物拼接,在总结二十年来实践经验基础上,我国于 2014 年颁布了《高速公路改扩建设计细则》(JTG/T L11—2014)。但对改扩建结构抗震性能的评价及加固还属空白。

为了防御和减轻地震灾害,保护人民生命和财产安全,我国同年修订的《中华人民共和国防震减灾法》明确要求"新建、扩建、改建建设工程,应当达到抗震设防要求"。

以京昆高速公路改扩建为例,作为我国南北大动脉及入川生命线,京昆高速公路在汶川大地震时发挥着举足轻重的作用,如何保证桥梁改扩建后满足现行抗震标准,成为迫切需要解决的问题。

原京昆高速公路地震烈度执行《中国地震烈度区划图》(1990):蒲城 7 度,富平 7 度,西安 8 度。按《公路工程抗震设计规范》(JTJ 004—1989)进行结构抗震设计。

通过大量研究发现,随着抗震理论水平的发展和震害经验的不断总结,设计所依据的地震区划与抗震设计规范的变迁,是抗震性能判别的决定因素。下面简单介绍地震区划与抗震设计规范的变迁情况。

1) 地震区划变迁(图8-13)

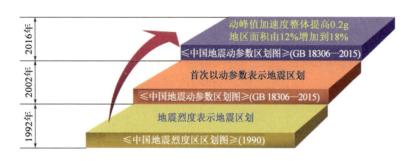

图8-13　地震区划变迁

1990年以烈度表示区划,但烈度不能直接应用于抗震设计,必须进行转换,而转换往往脱离具体环境,精度不足。

2002年首次以动参数表示区划,动参数是抗震设计直接采用参数,计算结果更可靠。

2015年区划,地震动整体提高,$0.1g$ 地区面积从49%增加至58%,$0.2g$ 地区面积由12%增加到18%。

由《中国地震动参数区划图》(GB 18306—2015)与《中国地震烈度区划图》(1990)对比可知,京昆高速公路蒲城至涝峪段均位于 $0.2g$ 区域,而1990版区划八度区面积明显较小。

2) 抗震设计规范变迁

《公路工程抗震设计规范》(JTJ 004—1989)(以下简称《89规范》)到《公路桥梁抗震设计细则》(JTG/T B02-01—2008)(以下简称《08细则》)历时18年,而从2008年到2014年,5年间就出台了3本抗震规范用以细化抗震设计方法,可见从汶川地震后,我国对桥梁抗震设计的重视程度,抗震设计规范变迁如图8-14所示,变化表如表8-1所示。

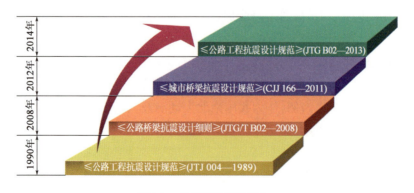

图8-14　抗震设计规范变迁

《89规范》与《08细则》变化表 表8-1

项目	规范名称	
	《公路工程抗震设计规范》(JTJ 004—1989)	《公路桥梁抗震设计细则》(JTG/T B02-01—2008)
章节及条文	5章11节98条附录:8	12章48节207条附录:4
适用范围	7~9度的高速公路、一级至四级公路	6~9度的高速公路、一级至四级公路的桥梁
桥梁跨度	小于150m	小于150m,对150m以上跨度提出了原则
桥型	梁桥、拱桥	梁桥、拱桥、其他桥型
桥梁抗震重要度C_i	四种	四种
	四种1.7、1.3、1.0、0.6	地震不同性能要求取值(分E1、E2)1.7~0.23
设防要求	基本不坏、短期整修可通	地震提出不同的性能要求
设防标准	根据桥梁所处的路线等级	根据桥梁的抗震重要性
	采用重要性系数修改基本烈度作为设计烈度	采用重要性系数修改地面动峰值加速度作为地震作用
设防烈度	7~9度	6~9度
设计方法	一次强度设计	强度、位移两次设计验算
综合影响系数C_z	采用	取消
计算方法	反应谱法、时程分析法	静力法:等效静力法、非线性静力法
		动力法:反应谱法、时程分析法、功率谱法
计算模式	单墩、板式橡胶支座的梁桥采用全联模式	有限元模型,对规则桥梁采用简化模型
场地土	四类(有划分指标)	四类(有划分指标)
反应谱曲线及最长周期	指数曲线、短周期5s,为倾斜线	双曲线、短周期10s,为倾斜线
动力放大系数	0.3~2.25	未明示
抗震措施	按7~9度不同烈度区给出,对基础和构件箍筋提出了建议	按6~9度不同烈度区给出,细化防落梁措施
延性设计	未提	规定
减隔震设计	未提	规定
验算内容	强度,墩、台稳定性,支座	桥墩抗弯、抗剪、桥墩变形、支座验算、基础及桥台验算、盖梁验算、减隔震桥梁强度及位移

从总体上来说,《89规范》采用对弹性地震作用乘以综合影响系数C_z确定非弹性反应的一次强度设计法。

而《08细则》是引入了两阶段设计的概念。第一阶段采用弹性抗震设计法,可达到与原规范基本相当的抗震设防水准;第二阶段采用延性抗震设计法,确保结构的延性能力大于延性需求。

8.5.2 桥梁抗震设计原则

主要内容:根据现行标准、规范,对抗震设计中要遵循的原则进行总结。

1)桥梁典型震害

对国内外近年来发生的大地震中桥梁震害分析表明,桥梁结构可能出现的典型震害有:

(1)主梁结构性损伤,即因地震造成主梁开裂、相邻梁碰撞造成的损伤和落梁;

(2)桥墩破坏;

(3)盖梁、节点区域破坏;

(4)支座破坏;

(5)桥台损伤或破坏;

(6)地基、基础震害;

(7)伸缩缝及桥面连续震害;

(8)地质灾害引起桥梁的破坏或倒塌。如图 8-15 所示,介绍了不同桥梁震害的示意图。

图 8-15　桥梁典型震害图

根据抗震设计规范变迁分析可知,按照旧规范设计的大量既有公路桥梁存在不同程度的抗震能力不足问题,对位于我国高地震危险区的在役公路桥梁,有必要采取一定的抗震加固措施,以提高这些桥梁的抗震能力。

2)桥梁抗震设计原则

根据历次的桥梁震害教训和当前公认的理论认识,学界普遍认为桥梁抗震设计应尽可能遵循以下基本原则,以使桥梁结构在强度、刚度和延性等指标上取得最佳的抗震效果。

(1)结构简单

结构简单是指结构在抗震作用下具有直接和明确的传力途径,结构的计算模型、内力和位移分析以及限制薄弱部位出现都易于把握,对结构抗震性能的估计也比较可靠。

(2)体系的整体性和规则性

桥梁的整体性要好,以防止结构构件在地震时被震散掉落,上部结构应尽可能是连续的,这样有助于较好地发挥空间作用。桥梁在立面和平面结构的布置上,应尽量使质量、刚度和几何尺寸对称、均匀,不得突然变化。

(3)提高结构和构件的强度和延性

地震动引起的结构振动是地震导致桥梁结构破坏的主要原因,所以从地基传入结构的振动能量越小越好,因而在设计中尽量使结构具有适当的强度、刚度和延性,延性和强度是决定结构抗震能力的两个重要参数,而刚度的选择有助于控制结构变形。

(4)能力设计原则

能力设计思想强调强度安全度差异,即在不同构件(延性构件和能力保护构件——不适宜发生非弹性变形的构件统称为能力保护构件)和不同破坏模式(延性破坏和脆性破坏模式)之间确立不同的强度安全度。通过强度安全度差异,确保结构在大地震下以延性形式反应,不发生脆性的破坏。

(5)多道抗震防线

应尽量使桥梁成为具有多道抵抗地震侧向力的体系,即在强地震动过程中,一道防线破坏后尚有第二道防线可以支撑结构,避免倒塌。因此,超静定结构优于同种类型的静定结构。

8.5.3 桥梁抗震加固方法

根据《公路桥梁抗震设计规范》(JTG/T 2231-01—2020),结合实际设计工作,将设计中遇到的具体问题及解决方案总结如下。

1)既有桥梁地震易损特点和抗震加固原则

总结国内外桥梁抗震加固文献可以发现,在桥梁拼接设计前需考虑既有桥梁抗震性能,通常必须考虑两方面因素:首先是对既有桥梁进行抗震能力评价,识别易损部位或构件,进而按照所得的详细地震分析结果来判定失效或损伤的危险程度,以及是否需要进行加固设计。

京昆高速公路既有桥梁是依据《89规范》进行抗震设计的。与《08细则》相比,这些既有公路桥梁存在的地震易损特点主要体现在以下几个方面。

(1)既有公路桥梁是依照单一水准即多遇地震进行抗震计算、设计和检算的,而我国当前公路桥梁是依据两级设防地震水准进行抗震设计的。分析比较表明,如果按《08细则》进行桥梁第二水准的抗震分析、设计和检算,通常会导致对支座设计地震力以及桥墩延性需求的提高,同时,还会导致对盖梁、桩基础等能力保护构件弯矩和剪力等需求的提高。

可见,大多数既有公路桥梁可能存在桥墩延性不足、支座抗震能力不足、盖梁和桩基础承载力不足等问题。对框架桥墩,通常会存在盖梁与桥墩交界面正弯矩钢筋不足、负弯矩纵筋的锚固长度不足等问题;此外,盖梁中的抗剪强度通常也不足以保证桥墩塑性铰的充分发展,乃至结构体系的整体延性能力不足。

(2)与《08细则》相比较,上述年代建造的既有桥梁在延性构造如箍筋约束、纵筋间距、纵筋搭接、锚固长度、抗剪和盖梁配筋、框架桥墩节点区域构造要求均存在一定不足,将导致桥墩延性能力不足,框架节点区域也可能遭受破坏。

(3)《08细则》对防落梁装置和挡块设置提出了更高要求,特别是中小跨径的梁式桥,这意味着既有桥梁的防落梁搭接长度相对不足,存在较高的落梁破坏风险。

从上述对我国既有公路桥梁存在的地震易损特点的分析表明,相当多的在役公路桥梁同时存在桥墩、基础和支座等构件抗震能力不足的问题,因此,仅仅从构件角度分别进行抗震加固,如对支座、桥墩、桩基础和盖梁等分别进行加固,尽管可以提高桥梁的抗震能力,但花费巨大、效率较低、加固耗时较多。根据参考资料,京昆高速公路改扩建采用如下桥梁抗震加固原则。

首先,应从体系抗震加固角度出发,依据识别的抗震薄弱部位或构件,讨论经济有效的加固方案,并从提高桥梁各构件的抗震能力(强度和延性能力)和降低地震对桥梁结构的地震需求(减隔震)两方面出发,来探讨各种可能的有效加固方案。

其次,在体系抗震加固方案比选的基础上,针对典型构件抗震能力的不足,进行各薄弱构件抗震能力加固方案比选,构件加固方案的确定需同时考虑桥梁正常使用条件的限制。

2)桥梁体系的抗震加固方法

目前从桥梁结构体系角度出发的抗震加固方法主要有:上部主梁连续化法、地震力合理分配加固法、减隔震加固方法、防落梁构造加固方法等。

(1)上部主梁连续化法。这种抗震加固方法,在旧桥主梁加固提升或换梁中,将上部结构由简支体系改为连续,以达到减轻落梁和降低下部结构地震力、提高全桥抗震能力的目的。

(2)地震力合理分配加固方法。部分现浇梁式桥结构中纵桥向地震力由固定墩承担,导致固定墩及其下部基础的抗震能力可能存在严重不足。通过变更支座体系或配置适当装置,可使地震力均匀分配至尽可能多的桥墩,从而降低固定墩及下部基础的地震力需求。

(3)提高桥墩弯曲强度、剪切强度、弯曲延性。

①增大混凝土截面。

在既有墩柱表层沿墩柱全高或部分高度范围内增大混凝土截面,增设纵向及横向约束钢筋,可提高墩柱的弯曲强度、剪切强度。但在增加强度的同时,亦增加桥墩刚度,从而使传递到桥墩的地震力大幅度提高。

②外包钢套。

对于加固圆形截面,利用两个半圆形钢套卷成筒状后将其安置在墩柱需要加固的部位,并将竖向的缝隙进行焊接,并在钢套与墩柱间灌注纯水泥浆。钢套在墩柱发生径向膨胀时可以提供有效的被动约束。

③复合材料壳套。

将复合材料沿墩柱圆周方向缠绕,并用聚酯、环氧树脂或乙烯基酯基材黏合。这些复合材料通常是一些高强的碳纤维、玻璃纤维或芳族聚酰胺纤维,它们具有各向异性的特性,这就可以在不改变弯曲强度和刚度的情况下,提高墩柱弯曲延性、连接强度和剪切强度。

④体外预应力钢绞线。

通过在墩柱外缠绕预应力钢绞线对墩柱进行约束。钢绞线的主动压力为提高弯曲延性提供所需的侧向约束应力。这种方法可以成功提高墩柱的弯曲延性,但是对于剪切强度提升有限。

（4）减隔震加固方法。

①减隔震支座。

当桥梁所处场地较坚硬,下部结构基本振动周期较短,且上部结构为连续梁时,可将原支座全部更换为隔震支座,并达到从体系角度全面提升桥梁结构抗震能力的目的。这种加固方法是通过延长结构自振周期和增加结构耗能能力,使传递到下部桥墩和桩基础的地震力大幅度减小,从而避免额外增加桥墩和基础的地震需求。对场地存在液化可能性、下部结构振动周期较长、支座可能受拉、场地软弱可能导致共振等情况,不宜采用隔震方案,可通过增设阻尼装置进行减震加固。

②更换支座力学行为。

在减隔震加固方法中,一种经济有效的特殊加固方法是允许支座发生滑动并配合设置防落梁装置的加固方法,即更换支座力学行为。其原理是允许支座在强烈地震作用下发生滑动,通过摩擦消耗部分地震能量,并提供足够的防落梁长度或设置位移限制装置(如防落拉杆、柔性拉索和挡块等),一方面避免传递过大的地震力给下部结构,另一方面确保不发生落梁震害。

更换支座力学行为的加固方案主要有:将支座更换或改造为滑板式橡胶支座、盆式和球钢摩擦滑动支座等。

这种加固方法对下部结构会产生轻微的损坏,同时在大地震时上部结构将发生较大的残余变形,并伴随附属设施的损坏,一般宜用于交通量不大的桥梁;此外,只要提供足够的搭接长度和配合防落梁装置,通常可以防止落梁。

（5）防落梁构造加固方法。

为防止强烈地震作用下产生落梁震害,桥梁应有足够的搭接长度,必要时还需设置防落梁装置。

目前,防止落梁的构造措施主要包括加长搭接长度以及设置防落梁装置这两类。对于防落梁长度不足的混凝土桥墩,可在墩顶侧面采用混凝土扩座或钢托架方式来增加长度,如图 8-16 所示;此外,还可设置混凝土挡块、钢制挡块、防落梁拉杆、PC 钢索、锁链形式、拉环形式等防落梁装置。防落梁装置应具有一定的强度及可移动的距离,并设置缓冲构造以吸收冲击力;同时不得影响支座正常平动与转动,不得妨碍其他装置的功能发挥。

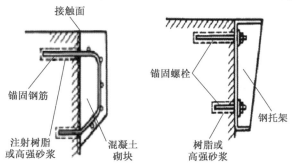

图 8-16　增加搭接长度示意图

以上抗震加固方法分别是从体系抗震加固、降低地震对桥梁结构的地震需求及桥墩弯曲强度、剪切强度、弯曲延性提高角度提出的经济有效的加固方案。

针对实际桥梁结构抗震能力不足的特点，可首先开展体系抗震加固方案的比选，进而确定各薄弱构件抗震能力的加固方法，以最终找到经济有效的加固方案。

8.5.4 桥梁抗震加固实例

现以某桥为例，建模分析，以说明标准变迁及拼接加宽对既有桥梁抗震性能的具体影响情况，及抗震加固改造设计方法应用。

某旧桥上部结构采用 14×25m 小箱梁，板式橡胶支座，下部柱式墩、肋板式台、钻孔灌注桩基础；荷载标准汽—超 20 级，挂车—120，地震烈度为 7 度。抗震设计依据《公路工程抗震规范》(JTJ 004—1989)。

改扩建采用两侧加宽各 7m，加宽后 42m 达到八车道设计标准；拼宽桥与原桥同跨径、同结构、上连下不连拼接。抗震设计依据《公路工程抗震规范》(JTG B02—2013)，地震反映分析采用多振型反应谱法。作为高速公路 B 类桥，E1 作用下抗震重要性系数 $C_i = 0.5$；场地系数 $C_s = 1.0$；阻尼调整系数 $C_d = 1.0$；特征周期 $T_g = 0.4s$；水平向设计基本地震动加速度峰值 $A = 0.2g$。E2 作用下抗震重要性系数 $C_i = 1.7$。

既有桥墩柱配筋率 0.74%，计算结果显示，E1 地震作用下结构处于弹性范围，桥墩强度满足规范要求。

通过对 E1 结果分析，旧桥地震烈度为 7 度，《中国地震动参数区划图》(GB 18306—2015) 将桥址区划分至 0.2g 区，两区域计算地震力对比增加约 1.33 倍。旧桥宽 13.5m 双柱；而拼宽后为 20.5m 4 柱，每柱桥面面积降低 1.32 倍。

由此可见地震动对地震力的增加，与每柱对应桥面面积的减小基本抵消，且现行规范 E1 地震作用，基本与原规范抗震水准持平，故拼接后 E1 满足规范要求。

E2 地震作用评价，通过轴力—弯矩—曲率 ($P\text{-}M\text{-}\phi$) 曲线分析，很明显既有桥墩在 E2 作用下已进入塑性，需按弹塑性分析。

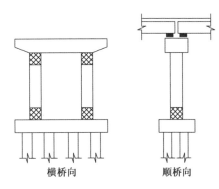

图 8-17 塑性铰位置

通过 PUSHOVER 法分析得出桥墩容许位移；纵横向位移虽满足塑性铰最大容许转角，但已远远超过旧桥支座乃至板式橡胶支座所能提供的剪切变形，支座已脱落，塑性铰设置位置如图 8-17 所示。

横纵向塑性铰区域抗剪承载力显示，横桥向塑性铰抗剪不满足规范要求。

经与汶川地震百花大桥震害情况比对，与以上分析结果吻合。

究其原因，《89 规范》采用一次强度设计法，未考虑延性设计,故而旧桥配箍率偏低,支座变形能力弱。

提高既有桥梁抗震性能的关键就是改善其延性能力,首先通过引入减隔震装置改变桥梁在地震作用下的动响应,进而减少地震输入,并对原构件几乎无损伤。针对旧桥配箍率偏低、剪切强度不足的现象,采用沿墩柱圆周方向缠绕并张拉预应力碳纤维的方式,改善墩柱弯曲延性、剪切强度。

原桥支撑空间十分有限,减隔震支座必须满足其有限的安装空间还要起到隔震效果。

新型减隔震支座,设计压应力25MPa,极限压应力可达210MPa。相比传统高阻尼橡胶支座,可以有效减小支座尺寸以满足空间要求。

对更换新型减隔震支座后的拼接桥采用非线性动力时程法建模分析,扩建后宽跨比较大,上部采用梁格法建模,基础采用土弹簧模拟桩土作用,结构阻尼比按照瑞利阻尼模型进行选取。

通过设计反应谱拟合确定的三条E2地震时程波,如图8-18所示。

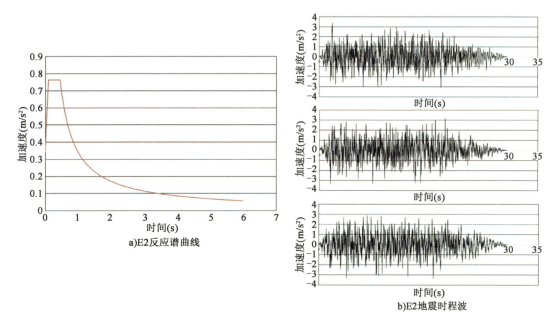

图8-18 反应谱与地震时程波

E2地震作用下通过非线性时程分析得到桥墩部分进入塑性,基本处于弹性状态;桩基均处于完全弹性状态,没有进入塑性。

综上所述可知,在E2地震作用下,采用新型减隔震支座方案,支座竖向承载力得到加强,支座受力及位移均满足规范要求;减隔震体系有效地延长了结构周期,降低了结构地震响应,提高了桥梁结构的抗震安全性能。

通过对京昆高速公路改扩建桥梁结构抗震性能分析可知,既有高速公路桥梁改扩建后,难以满足现行抗震规范的要求,更换新型减隔震支座能有效提高既有桥梁抗震性能。

随着《公路桥梁抗震设计规范》(JTG/T 2231-01—2020)的颁布实施,不仅对桥梁抗震性能提出了更高要求,也对既有桥梁抗震性能提升发出了新的挑战,亟须对既有桥梁抗震性能评估及提升做出系统性规划。

8.6 涵洞设计

8.6.1 涵洞设计原则

高速公路改扩建项目涵洞设计主要包括:旧涵利用、旧涵拼宽利用、旧涵加固利用、旧涵拆除新建等。在具体设计中,应遵循安全可靠、耐久适用、经济合理、统筹协调等要求。

涵洞的分类可按照材料、填土高度、水力性质、施工方法等不同的标准进行。常见的分类多按照构造形式的不同划分,根据涵洞构造形式的不同涵洞可分为:管涵、盖板涵、拱涵、箱涵等。

涵洞设计时结合以下原则:

(1)涵洞技术状况评价等级:涵洞技术状况评价等级为1类,可原位利用;2类可经维修后利用,3类宜拆除新建。状况等级判断标准如表8-2所示。

涵洞技术状况等级 表8-2

技术状况等级	涵洞技术状况描述
1类	全新状态、功能完好
2类	有缺损、对涵洞使用功能无影响
3类	有重度缺损、不能正常使用、危及路基稳定

注:需要开挖才能维修的缺损,为重度缺损。

(2)涵洞功能:涵洞多用于泄洪、灌溉等功能。根据道路改扩建的规模(平、纵、横指标)、综合现状地质水文情况、农田灌溉的发展状况,对既有涵洞的孔径进行核算评定,进而确定利用或拆除方案。

8.6.2 涵洞设计

涵洞设计主要分为旧涵利用、旧涵拆除新建。

1)旧涵利用

直接利用:涵洞技术状况等级为1类,同时涵洞的孔(跨)径、净高、涵长等能满足道路扩建的需求,则可对涵洞进行疏通直接利用。

拼宽利用:涵洞技术状况等级为1类,涵洞的孔(跨)径、净高能满足道路扩建的需求,涵长不足的,可对旧涵进行拼宽接长,以满足道路扩建需求。

加固利用:涵洞技术状况等级为2类,应对旧涵进行维修加固,检测合格后,进行利用。此类涵洞应进行旧涵维修加固、拆除新建方案的综合比选,确定最优方案。

(1) 涵洞拼接设计

① 涵洞接长部分应与既有涵洞的结构形式、孔(跨)径、净高相同,不同时接头部位应特殊设计。设计前应调查清楚旧涵的位置、功能、结构形式、净跨净高、涵底高程等,确保接长部分的设计能够与旧涵顺利拼接。

既有涵洞为盖板涵、箱涵时,拼宽接长部分宜采用同孔(跨)径尺寸的盖板涵、箱涵;既有涵洞为混凝土管涵、拱涵时,拼宽接长部分宜采用同孔(跨)径尺寸的混凝土管涵、拱涵,也可考虑采用钢波纹管材料的管涵、拱涵。

② 充分考虑涵洞接长部分与既有涵洞的相互间作用,如基础沉降差等。涵洞接长部分的地基处理,应结合涵位处的地质、水文以及既有涵洞基础形式,可采用换填垫层、挤密桩、搅拌桩、预制桩等方法对基底地基进行加固,同时适当加大基础设计尺寸,以有效地减小拼接后新旧涵洞间的不均匀沉降。

对于地质条件较好,浅层开挖换填垫层即可达到设计要求的,优先考虑换填垫层法;对于地质条件较差的软弱地基,换填垫层厚度较大,开挖基坑较深,影响旧涵结构安全,建议以搅拌桩、挤密桩等方案进行地基加固。灰土挤密桩多用于湿陷性等级较高、含水率较小、地下水位较深的黄土地区;水泥搅拌桩多用于承载力较低、地下水位较浅的湿软地基段落。

(2) 涵洞的维修加固

涵洞的维修加固主要有:淤积清理、裂缝的修补、涵底铺砌修补、接头或铰缝修补、盖板的加固、涵身的加固等。

盖板加固常用的方式为板底粘贴钢板或纤维复合材料,明板涵板顶加铺钢筋混凝土铺装等。

涵身加固常用的方式为粘贴钢板或者钢筋混凝土加厚。

加固方式需要经过计算确定,材料的选择需要满足相应的规范标准。

2) 旧涵拆除新建

涵洞技术状况等级为3类,需要对该涵拆除新建。

涵洞拆除新建注意事项:

(1) 详细调查现状的地质、水文、农田灌溉系统、路基排水系统等总体情况,合理确定涵洞新建位置。

(2) 涵洞结构形式的选择应经济合理、耐久适用,满足功能需求,同时兼顾交通保畅需求。

8.7 改扩建桥梁新技术应用

8.7.1 新材料在改扩建桥梁中的应用

8.7.1.1 ECC 和 MMA

无论是桥梁拓宽时横向拼接部位,还是简支梁桥的纵向拼接(桥面连续)部位,其受力情况都比较复杂,不仅要承受较大应力,还要承受较大变形。混凝土材料本身抗拉性能和变形能力较差,难以满足桥梁拼接部位变形要求,极易造成桥梁拼接部位的破坏。要改变这种现状,需要采取措施改变混凝土的特性,或采用一种抗拉强度高、延性好的材料。

随着科技水平发展,越来越多可用于桥梁结构的新材料被研发出来,其中 ECC(高性能纤维水泥基复合材料)混凝土和 MMA(树脂砂浆聚合物),由于其优异的抗拉性能和延性,被越来越多地应用于桥梁结构改造中。

ECC 混凝土是通过将聚乙烯醇(PVA)掺入到水泥基中而形成的高性能纤维水泥基复合材料,ECC 材料内部均匀分布着 PVA 纤维,使其在荷载作用下破坏时呈现多裂缝形式。ECC 在单轴拉伸和四点弯曲作用下,其极限拉应变可达 2% ~ 3%,是普通混凝土的 200 ~ 300 倍。MMA 砂浆是以硅砂、重钙粉为主要原料并加入 MMA 树脂混合而成。MMA 在单轴拉伸作用下,其极限拉应变可达 3% ~ 4%,是普通混凝土的 300 ~ 400 倍,弯折强度可达 17MPa,是普通混凝土的 10 ~ 15 倍,抗拉强度为 3 ~ 4MPa。其抗压、抗折、抗拉试验如图 8-19 ~ 图 8-21 所示。

图 8-19 抗压试验

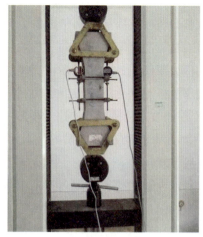

图 8-20　抗折试验　　　　　　　　　图 8-21　抗拉试验

ECC 和 MMA 不仅强度较高,其延性也远高于普通混凝土材料,ECC 和 MMA 不仅有良好的力学特性,还有良好的防水性和耐久性。将 ECC 或 MMA 材料应用于桥梁拼接部位,能有效改善结构受力状况,提高结构耐久性。

8.7.1.2　UEA

中小跨径桥梁拼接设计采取原桥与拼宽部分共同受力的原则,其上部结构的拼接是重要受力部位。因而施工工艺及质量保证措施成为施工的控制重点。上部结构拼宽主要依靠现浇湿接缝和横隔板(预应力混凝土 T 梁)混凝土实现,除需保证植筋质量和新老混凝土黏结界面外,拼接混凝土质量控制是关键。

UEA 混凝土是补偿收缩的微膨胀混凝土,当混凝土膨胀时钢筋产生拉应力,与此同时该部分混凝土对约束面产生了相应的压应力,这相当于提高了混凝土的早期抗拉强度。当混凝土开始收缩时,其抗拉强度已增长到足以抵抗收缩产生的拉应力。同时该部分混凝土的膨胀值抵消了收缩值,从而防止和大大减轻混凝土的收缩开裂,达到抗裂、防渗的目的。

现今 UEA 补偿收缩混凝土技术越来越多地应用到桥梁拼接施工中,实践证明其已取得了较好的效果。基本解决了拼接部位混凝土出现收缩和不均匀沉降产生的裂缝问题,保证了改扩建工程桥梁拼接的施工质量。随着高速公路拓宽扩建增多,该技术将会在更多的桥梁拼接施工中得到广泛应用。

8.7.2　新施工技术在改扩建桥梁中的应用

8.7.2.1　调高技术

调高技术在桥梁和道路的改扩建工程中使用广泛,能够有效利用原有的桥梁资源。调高技术对于旧桥上部结构的梁板横向连接不构成破坏,采用整体并且同步顶升旧桥上部结构的梁板施工方式，通过在其下安装具有微调高功能的支座进行对桥梁的扩建。使用调高技术可以调整旧桥因支座破坏而造成的上部结构梁板横向不均匀沉降，并且还能够调整上部结构横坡因为基础的沉降而造成的一些坡度或者方向的变化。调高技术的应用还能够使旧桥上部结构的横坡跟新设计的桥梁横坡完美地结合到一起，对旧路改建完成后产生的新建桥梁沉降大和支座脱空等问题能够很好解决，并且能够及时地测量和调整支座的受力，使各个支座的受力平衡，保证改建后桥梁和道路的质量。目前，在我国有许多重要的工程施工中都应用到了调高技术，例如南水北调工程、南昌的生米大桥改建工程、京津城际客运专线的建造以及沪杭客运专线的建造等。

目前在改扩建工程调高技术中常用的桥梁支座是盆式橡胶支座的衍生品，这类支座的承载力大，并且转动比较灵活、成本低。而在具体施工中的调高方式主要有垫板调高、螺旋调高、楔块调高、填充调高。其中填充调高和垫板调高的使用较为广泛。垫板调高是在梁体整体进行同步顶升之后，视施工的具体情况将钢垫板在支座的上座板或者下座板的地方进行调高。垫板调高只需要增减钢垫板来进行高度的调整，是调高方式之中构造最为简单的调高方式，但是在每次调高时，垫板调高技术施工都需要根据调高的尺寸来加工钢垫板，并且需要千斤顶顶梁进行施工，这种方式比较经济，在改扩建工程中也比较常见。填充调高是在支座的下座板上设置填充孔道，从外部利用高压装置向盆腔内部填充液体来进行调高。填充调高的支座构造简单，只需要根据施工实际情况调整下座板盆环的高度，并且能够进行无极操作，不需要千斤顶顶梁进行施工，且可以在支座上进行多个填充孔道的设置进行多次无极调高，施工方便简单，支座成本低，是目前普遍使用的调高技术。

调高技术在改扩建工程中的应用能够使旧桥的上部结构梁板横向整体性得到有效保证，并且避免了传统施工中的拆除梁板横向连接、移动梁板、调平支座、安装梁、浇筑横向连接等复杂的工序，使得改建工程的施工速度得到有效提升，大大减少了施工成本的投入，使改扩建工程的速度能够更加适应我国经济发展对交通运输的需求。

8.7.2.2 全预制装配施工技术

全预制桥梁是将桥梁的主要构件通过工厂化预制，运至现场后进行拼装，少量部位进行现浇的施工技术。主要将桥梁的桩基、墩柱、盖梁、主梁、护栏等在工厂进行整体预制或节段预制，桥梁的承台、桥面铺装等现场施工。实质上是将现场的顺序施工转化成工厂的并行施工，具有提高工程质量、节约工期、降低环境污染、提高劳动效率等优点。

全预制桥梁构件可分为上部结构和下部结构构件，上部结构预制构件主要有箱梁和护栏，箱梁可采用钢箱梁和混凝土预制箱梁等，依据工程要求和经济效益选择。下部结构预制构件主要有桩基础和墩柱，墩柱可依据工程情况，采用整体预制和分节段预制。

全预制装配式桥梁施工技术越来越成熟，装配式技术是国家大力推广的新技术，也是解决施工效率低、生态环境破坏严重等问题的有效途径。桥梁全预制施工技术的标准化设计、生产、施工意义深远，在设计层面，从源头出发，在满足结构安全的前提下，综合考虑抗震设计、构造设计、材料要求等方面,遵循构件标准化设计,形成一套具有一定适应性的设计程序;在生产方面,主要构件通用尺寸的设定,统一规格,形成一套通用的标准,在工厂进行高质量的预制生产;在施工角度,主要是采用标准化构件并能适用于不同的施工环境,规范施工机械,吊运安装规范化。改扩建项目有个共同特点,就是对建设周期要求很紧,尽早建成尽快通车,而且建设过程中需要保通,并且有些桥梁因功能需求,需要拆除重建或新建,规模较大,而这符合全预制装配施工技术的特点。图 8-22～图 8-25 为墩柱安装图。

图 8-22 墩柱安装图一

图 8-23 墩柱安装图二

图 8-24 墩柱安装图三

图 8-25 墩柱安装图四

8.7.3 钢结构及组合结构在改扩建桥梁中的应用

高速公路改扩建工程规模大,车流量大,影响因素多,改扩建工程施工时需要尽量保证原路交通不中断,更增加了技术难度,但这也为材料轻质高强、施工快速便捷的钢结构桥梁在高速公路改扩建工程中的应用创造了条件。

对于上跨主线的互通匝道桥、支线上跨桥,以及上跨干线航道的主线桥梁,由于互通改扩建或者航道等级提升而需要拆除重建时,因所需跨径加大,以及执行最新规范荷载要求,常规混凝土桥梁建筑高度增大较多导致纵断面抬高,桥梁长度和互通规模增加,跨线部分采用钢结构可在一定程度上降低建筑高度,从而控制纵断面,另外,部分上跨匝道桥平面处于半径较小的曲线段,支架施工混凝土桥梁对桥下高速公路保通不利,而钢结构灵活快速的施工方法可以发挥优势。

1) 钢箱梁

改扩建项目中的互通匝道桥、支线上跨桥、主线上跨桥,受到下穿主线、高等级道路、大堤等净空限制,需要合适的桥型减少纵断面抬高量,保证施工时的交通组织,从而不中断下穿道路正常通行。钢箱梁由于其本身截面较宽的特点,使得其刚度和稳定性较好,因此在实际工程建设中对不同的施工方法均有较好的适应性,可以采用支架拼装、顶推、吊装等多种工法。当所处工程环境需要快速架设,如跨线或跨高等级公路时,钢箱梁可整体拼装后通过吊装或顶推的方法实现快速架设。同时,由于其整体性较好,能够适应弯道和斜交桥梁,因此在匝道桥梁中应用较为广泛。

以国家高速公路京昆线(G5)陕西境蒲城至涝峪段改扩建工程中关中环线分离式立交桥为例,其标准横断面如图8-26所示。

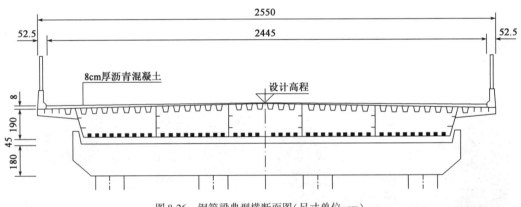

图8-26 钢箱梁典型横断面图(尺寸单位:cm)

桥梁全宽25.5m,新建桥梁桥跨布置为25m+2×35m+25m,与下穿主线交角129°,上部结构采用钢箱梁跨越高速公路主线。若采用相同跨径的混凝土预制梁,其梁高较高,施工速度较慢。为了尽量减少纵断面抬升,降低建造规模,优先选择钢箱梁方案。另外钢箱梁对中分带设墩存在斜交角适应性强的优点,其采用顶推施工,对下穿道路影响最小,施工速度快,具有保通优势。

2) 钢混组合梁

钢混组合梁桥是一种叠层组合结构,它通过剪力连接件将混凝土桥面板与钢板梁、钢箱梁、钢桁梁等组合成整体共同受力的桥梁结构形式。可充分发挥钢材抗拉、混凝土抗压性能良好的优点,有效地降低结构高度,增加桥梁的跨越能力。钢混组合梁典型横断面图如图 8-27 所示。

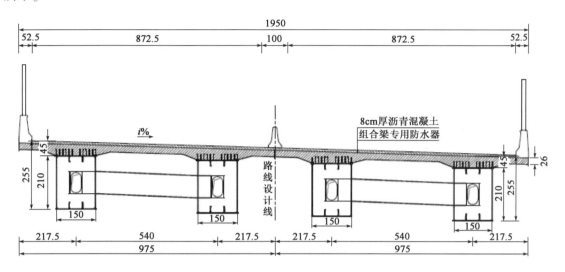

图 8-27 钢混组合梁典型横断面图(尺寸单位:cm)

采用钢混凝土组合梁进行桥梁拓宽,使新旧结构协同工作,具有其他加宽方式所不具有的很多优势。与钢结构相比,由于钢混凝土组合梁具有很高的刚度,在活载作用下分担到较多的荷载,从而起到对原结构的卸载作用,在一定程度上能够提高整个桥梁的荷载等级。

此外,由于钢—混凝土组合梁自重较轻,因此加宽后基础的后期沉降量较小,从而能够有效地保证新旧结构间不会因产生过大的沉降差而引起结合部位的开裂。同时,恒载大部分由钢梁承担,混凝土的徐变变形小,也有利于减少新旧结构间的变形差。对现有桥梁进行加宽还需要增强新、旧主梁间的横向联系。采用钢—混凝土组合锚固技术可以在原结构损伤较少的前提下将新旧结构结合成整体,同时具有很高的强度和刚度。

与常见的混凝土梁拓宽方案相比,采用钢—混凝土组合梁进行拓宽具有以下优势:

(1)方便工业化施工。钢结构部分吊装重量轻,混凝土桥面板可以采用预制拼装,或者采用现浇叠合板。

(2)承载力较大,延性好。在同样截面高度的情况下,由于组合梁受拉区全部为钢材,因此较全截面混凝土梁的承载力明显提高,延性增大。

(3)组合梁结构自重较轻,新建下部结构的受力和沉降小,也减少了桥面开裂的可能。

(4)组合梁采用无支架施工,桥面板恒载主要由钢梁承担,能够减轻混凝土徐变带来的不利影响,减少了新旧桥面间结合部位的开裂风险。

钢混组合梁在改扩建项目中的应用具体来说分三种情形:

(1)跨路口、低等级航道(跨径 40~50m)。

这类桥梁跨度较大,若采用现浇混凝土梁,梁高较高,施工速度慢;若采用钢箱梁,经济性较差;推荐采用一跨简支钢混组合梁。经初步研究,在上跨桥梁中采用钢箱梁或钢混组合梁,吊装重量轻,施工快速方便,相比混凝土桥梁在高速公路扩建项目中具有明显优势。

(2)拆除重建的中小跨径桥(跨径25～30m)。

由于部分原有主线混凝土桥梁上部结构健康状况较差,或原桥采用旧规范设计,与现行规范荷载标准相差较大,部分主线混凝土桥梁需要拆除上部结构更换新梁,如果仍然采用混凝土梁体,一方面建筑高度的增加可能会导致主线纵断面的调整,而为了保持纵断面,可能需要拆除桥墩盖梁等;另一方面由于新规范荷载标准的提高引起了新梁自重的增加,原桥下部结构承载能力富裕度不够,甚至不满足规范承载能力要求,也需要拆除重建。这将造成拆除量进一步加大,降低了经济性,也增加了废弃工程量。若采用钢结构或钢混凝土组合结构,可以达到维持纵断面不变,快速施工的效果。其自重比混凝土梁轻,可使原桥下部结构保留利用,桥梁扩建方案的保通性、安全性和经济性均可得到明显提高。并且钢材可以回收利用,绿色环保,未来可避免出现废旧混凝土梁难以处置的问题。若跨径太大,采用钢混组合板梁结构刚度较差,经济性也不占优势,因此这种结构主要应用于跨径25～30m的情况。

(3)净空受限拼宽桥(跨径25～40m)。

对于跨高等级公路或航道的既有桥梁,原桥评估状况良好,可利用原桥进行拼宽改造。一方面,原桥混凝土结构梁高偏低;另一方面,由于横坡影响,导致新建拼宽桥梁桥下净空压缩。而下穿高等级公路交通量大,无法下挖,拼宽桥梁就受到净空限制的影响。

钢混组合箱梁具有施工快速轻便、利于交通组织、梁高较低能满足拼宽后下穿道路净空,刚度较大可以对原桥受力卸载,自重较轻使得拼宽后基础后期沉降较小等优点,是十分适宜的桥型。钢混组合梁拼宽案例如图8-28所示。

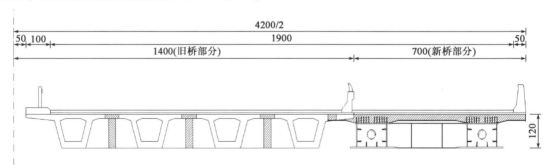

图8-28 钢混组合梁拼宽案例(尺寸单位:cm)

钢箱梁与钢混组合梁在改扩建项目中的适用跨径基本相同,都在25～50m范围内,其中钢箱梁的用钢量对跨径增加的敏感性更强,超过30m后,其经济性较钢混组合梁差。钢混组合梁由于采用混凝土桥面板,能够有效减少用钢量,在中小跨径中是一种较为理想的桥型。

8.7.4 改扩建桥梁设计中待解决的问题

1)桥梁拼接的发展情况及其在实际工程中的应用

国内对公路桥梁拓宽的早期研究是从钢筋混凝土简支T梁和板梁改造开始的,在实际工程中,下部结构通常采用不连接的方式,上部结构则结合不同情况采用不同方式。一般来说 T 梁和板梁拓宽时,上部结构多采用刚性连接,如图 8-29 和图 8-30 所示。T 梁常用的连接方法是,将边 T 梁翼缘板凿除一定长度,在新旧 T 梁之间现浇混凝土并通过横隔板实现二者连接,为了增强新旧 T 梁横向联系,还通过在新旧 T 梁之间设置加强钢筋的方式进行连接。

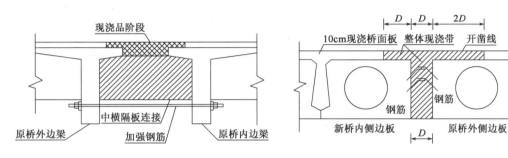

图 8-29 简支 T 梁刚性连接示意图　　　　图 8-30 简支板梁刚性连接示意图

空心板梁的常用连接方式为:新旧空心板梁之间设置纵向湿接头,旧桥边板与新桥空心板之间通过植入钢筋进行横向连接,同时连接段的铰缝与混凝土调平层采用一次性浇筑,并对此处桥面铺装的钢筋网进行加强。

目前国内外关于中小跨径的空心板梁和 T 梁的拼接技术研究取得了一定成绩,拓宽技术和工艺也逐渐成熟,实际工程中空心板梁和 T 梁多采用刚性连接拼接。对于箱梁的拼接,以下形式的连接构造已经在实际工程中得到应用,但悬臂箱梁上部连接时,存在的问题仍然值得研究。

(1)新旧主梁不连接

新旧主梁在拼接位置设置分隔缝,在分隔缝处设置纵向伸缩缝、型钢或采用沥青和木条填塞。南京新庄立交桥箱梁拼接即采用设置纵向伸缩缝的形式;广州北环高速公路在 2008 年改造时,采用设置型钢的形式,如图 8-31 所示;广佛高速公路第一次拓宽改造时,主梁之间设置纵缝,纵缝填塞沥青和木条,桥面铺装连续。

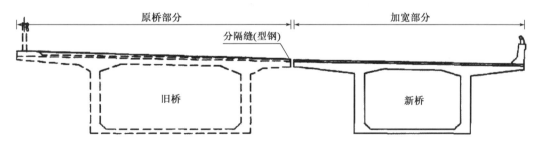

图 8-31 新旧桥上部结构不连接

新旧主梁不连接,可以有效避免新桥基础沉降、混凝土收缩徐变等问题对原有结构的影响。新建桥梁和原有桥梁单独受力,不需要考虑两者共同受力问题。但在实际使用过程中,这种连接方式存在诸多问题。

如图 8-32 和图 8-33 所示,南京新庄立交纵向伸缩缝锚固区混凝土破损,伸缩缝位置渗漏水严重,雨水进入梁底裂缝会引起钢筋锈蚀,影响结构安全。同时,伸缩缝型钢在雨雪天气下,容易引起车轮打滑,存在较严重安全隐患。

图 8-32　南京新庄立交纵向伸缩缝

图 8-33　纵向伸缩缝处渗漏水严重

广佛高速公路运营后的结果表明,桥面铺装层极易损坏,使得沥青混凝土连接部遭到破坏形成了纵向裂缝和横向错台,影响了行车的舒适性和路容美观,增加了后期养护工作。2002 年后,广佛高速公路开始实施桥面连续工程来解决这一问题,故大规模采用这种连接方式是不合适的。

(2)新旧桥半刚性连接

该方式通过在新旧桥拼接处削弱部分截面刚度,使新旧桥在该处形成铰接,铰接位置不能承受弯矩,仅能承受剪力作用。宁沪高速公路的陆慕大桥拓宽即采用该方式,如图 8-34 和图 8-35 所示,通过在拼接段顶面设置宽 2cm 深 10cm 空隙,并填塞沥青玛碲脂,在拼接段底部填塞宽 2cm 高 3cm 的木条,将桥面拼接部位设置成半刚性连接形式。这种方式可减少收缩徐变和基础不均匀沉降对拼接部位影响,既减少附加内力,又保证桥面连续性。

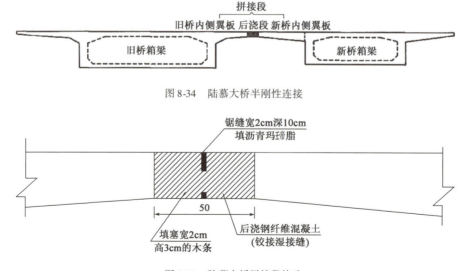
图 8-34　陆慕大桥半刚性连接

图 8-35　陆慕大桥拼接段构造

该种方法存在的问题为：混凝土抗拉性能较差，受拉时容易开裂；拼接段受力情况复杂，在各种荷载作用下，需要承受较大拉力作用；因此拼接段混凝土在使用过程中容易开裂。如图 8-36 和图 8-37 所示，陆慕大桥拼接段在使用过程中出现横向裂缝。

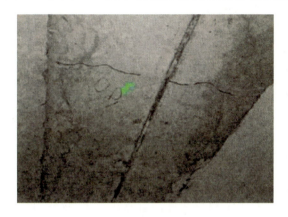

图 8-36　陆慕大桥后浇段横向裂缝

图 8-37　陆慕大桥后浇段横向裂缝（局部）

（3）新旧桥刚性连接

新旧桥直接采用刚性连接，为了提高拼接段刚度需在拼接段内设置增强钢筋，这种连接方式使拼接段可以传递剪力和弯矩，并保证桥面平顺性，但对结构内力影响较大。为了减小因此造成的附加内力，施工过程中需要对新桥基础进行预压，从而减小基础不均匀沉降影响，同时应待新桥浇筑完成后放置一段时间后再进行拼接段施工，减小混凝土收缩徐变的影响。

对于大箱梁悬臂结构，一般横向布置有预应力钢筋，翼缘板处设有横向预应力锚具，新旧桥无法通过凿除部分翼缘板，现浇拼接段方式拼接。为了避免拼接对横向预应力锚具的影响，在实际工程中采用削弱旧桥部分截面方式进行拼接。沪宁高速公路塘河大桥新桥的上部结构为三向预应力混凝土箱梁，拼接时将旧桥悬臂翼缘板凿除，新桥翼缘板采用搭接方式与旧桥拼接，并在拼接段进行植筋，具体拼接方式如图 8-38 所示。采用这种方式连接，施工复杂，对技术要求高。拼接段发生病害后，维修难度极大。

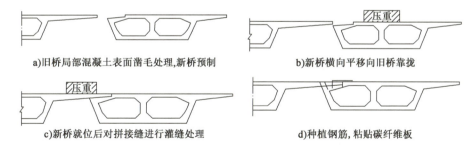

a）旧桥局部混凝土表面凿毛处理，新桥预制　　b）新桥横向平移向旧桥靠拢

c）新桥就位后对拼接缝进行灌缝处理　　d）种植钢筋，粘贴碳纤维板

图 8-38　有横向预应力筋箱梁的刚性连接

对于没有横向预应力的悬臂箱梁，拼接时将旧桥悬臂段切除一部分，然后新旧桥悬臂段通过现浇拼接段连接，为了保证连续段刚度需在桥面连续段设置加强钢筋。2002 年广佛高速公路改造工程采用该方式拼接，具体拼接方式如图 8-39 所示。

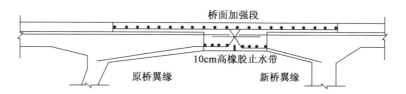

图 8-39　广佛高速公路改造工程搭接钢筋 + 桥面连接

采用刚性连接拼接,在新旧桥混凝土收缩徐变和基础不均匀沉降作用下,拼接段需要承受很大的附加内力,在使用过程中容易开裂,同时开裂后修补困难。

综上所述,桥梁横向拼接在使用过程中还存在一些问题。主梁不连接方式,拼接缝处普遍存在渗漏水问题,影响结构耐久性;拼接段采用纵向伸缩缝,雨雪天气情况下给行车安全带来隐患;拼接段采用桥面连续,在后期使用过程中桥面铺装极易破损。主梁采用半刚性或刚性连接,拼接段混凝土在使用过程中容易开裂,进而引起桥面铺装开裂,影响结构安全。为了改善拼接段容易开裂的问题,需要采取措施改变混凝土特性或采用延性好且具有一定强度的材料,以满足拼接段受力和变形要求,因此有必要对拼接段使用材料进行研究。

2) 全预制拼装桥梁的发展情况及其在实际工程中的应用

20 世纪 40 年代,世界第一座预制节段拼装混凝土桥梁建成以来,经过多年技术革新和发展,预制拼装技术已经成为桥梁工程建设最主要的技术。2016 年 1 月 8 日,世界首座全预制拼装超高性能混凝土桥梁——长沙北辰三角洲横四路跨街天桥在我国湖南长沙正式建成通车,其施工工艺是在工厂将构件预制完成,然后托运至现场在 10 小时以内快速拼装搭建完成。该桥梁的厚度只有普通混凝土桥梁厚度的三分之一,而且建造速度之快,符合快速施工的标准。

同年 9 月 28 日,上海嘉闵高架路(G2—S6)及地面道路工程也竣工通车,嘉闵高架桥梁是全国第一条全预制拼装高架桥梁。在桥梁建造过程中,劳动力、工期以及对交通环境等影响程度均减少了一半以上,然而造价却并未增加。该高架桥梁是将提前在工厂预制的 2431 个构件运输至现场,以"搭积木"形式拼装建造而成的。上海嘉闵高架桥梁的建设体现了全预制拼装桥梁的特色和优势,也标志着全预制拼装技术在城市高架桥梁中的成熟应用。

随着我国基础设施的不断建设,可以预见未来将有更多的高架快速路、轨道交通高架桥梁将采用全预制拼装技术建造。然而,桥梁预制拼装技术在我国尚处于起步阶段,相关施工技术等规范仍处于空白状态,加之大多数施工企业对预制拼装技术的工艺还未掌握,这无疑加重了施工企业对预制拼装技术施工的安全技术管理难度。

全预制拼装桥梁施工技术的提出,符合节能、低碳减排的目标,符合绿色建筑的标准,更为城市高架桥梁建设的快速施工提供了较为可行的实施方案。但装配式的施工方法相比传统的现浇施工有着自身的特殊性,高空架设吊装是其最为明显的特点,但也相应增加了安全隐患。图 8-40 为 2017 年施工中各类事故发生的比例,可以看到,高空坠落事故约占事故总数的一半。

预制拼装连接技术较为新颖,传统的施工安全技术难以适应,我国在这方面的施工技术操作规程又相对较少,这给预制拼装桥梁施工的安全管理带来了很大的难度。安全事故发生的原因归根结底都离不开技术和管理,所以,正确认识预制构件的连接技术,对症更新相关的安全技术措施,动态评价项目的安全状况并加强施工现场的安全管理是亟待解决的问题。

3) 钢结构的发展情况及其在实际工程中的应用

国内组合梁已经应用于旧桥加宽工程中,例如重庆市万梁高速公路牛儿河桥的加宽改造工程。牛儿河桥为 11×40m 预应力混凝土简支 T 梁,左右分幅布置,单幅由 5 片 T 梁组成,宽 11.5m,每片梁高 2.5m。原桥通行能力不足,需加宽 1 个车道(宽 3.75m)。

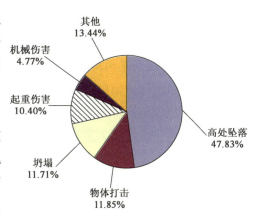

图 8-40 2017 年施工安全事故比例

因该桥跨越峡谷,无法在桥下吊装,原设计的 2 片混凝土 T 梁,吊装质量过大,旧桥承载力无法满足桥上吊装要求。根据设计要求与现场情况,采用开口钢箱—混凝土叠合板组合梁进行加宽。

旧桥 T 梁与钢—混凝土组合梁的截面如图 8-41 所示,采用组合梁加宽旧桥的吊装质量轻、数量少,每跨只需要整体吊装 1 根箱形钢梁,吊装质量为 44.4t。而原设计采用 T 梁加宽,需要吊装 2 根混凝土 T 梁,单根混凝土 T 梁质量达 103.1t。

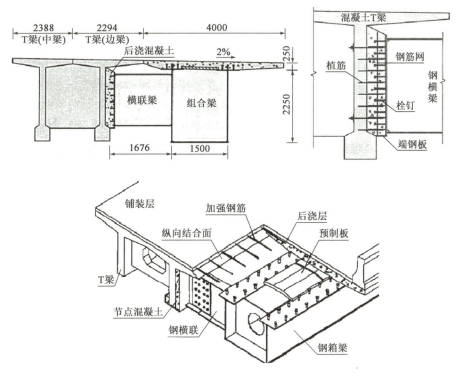

图 8-41 旧桥 T 梁与钢混组合梁横向拓宽(尺寸单位:mm)

组合梁与旧桥之间的横向联系采用如下方式：通过植筋及钢板加固的方式，旧桥边主梁与新的横联梁连接，如图8-41所示；凿除旧桥部分混凝土桥面板，露出桥面横向钢筋与新桥横向钢筋焊接，然后浇筑新桥桥面板。

国内外目前针对钢混组合结构在桥梁拓宽工程中的应用做了一些研究，也在一些实际工程中得到应用，取得不错的经济效益，但是仍有诸多尚待研究的问题。基于大量文献调研，很多学者在研究中常选择T梁或小箱梁、空心板等截面类型梁桥为研究对象，而对于以混凝土箱梁为分析对象所做的相关研究不多，针对组合结构剪力连接件因拓宽产生的受力变化，新旧桥间的合理刚度等问题，也缺乏系统深入的研究总结。

桥梁拓宽设计的特殊性，主要来源于结构及荷载工况的横向不对称与不均匀，由此带来许多待研究的技术问题。对于采用钢混组合梁进行拓宽时，受力分析尤为复杂，其挑战性主要表现在：

(1)钢混组合梁与原混凝土桥在横向截面形式、材料特性上存在差别，导致组合结构与既有混凝土桥在强度、刚度等力学特性上差异显著，因此新旧结构间存在荷载相互传递与横向分配问题。

(2)在活载及不均匀沉降受力工况下，考虑到新旧桥的相互约束，剪力连接件在拓宽组合梁中有其特殊的受力需求，需要开展有针对性的分析研究。

第 9 章 路线交叉

9.1 既有互通式立交的综合评价

路线交叉部分需要根据路线方案进行调查和综合评价,然后再确定路线交叉的改扩建方案,对既有互通式立交的综合评价从以下几方面进行论证:总体布局与路网功能的适应性,既有互通式立交与沿线城镇规划的适应性,既有互通式立交与城市交通需求的适应性,以及既有立交的通行能力及服务水平分析。

9.1.1 总体布局与路网功能的适应性

随着国民经济的发展,地方政府在辖区内高速公路沿线新建了很多的国省干道,地方旅游道路等,特别是新建了一大批的高速公路和市政道路等,新建道路对原有路网功能起到了补充和强化作用,同时也对既有高速公路上的交通量产生影响。既有立交能否满足调整后的路网功能,是路线交叉综合评价中要做的第一步。

1)路网调整后立交功能是否满足要求

互通式立体交叉分为枢纽互通式立体交叉和一般互通式立体交叉。枢纽互通式立体交叉的主要功能为在高速公路与高速公路之间进行交通转换,一般互通式立体交叉的主要功能为在高速公路与国省干道或市政道路之间进行交通转换,主要实现地方道路上的车辆上下高速公路的功能。

路网调整后对既有立交功能的评价需要结合现有路网情况,地方规划等情况确定是否需要增加立交或是调整立交位置等。

枢纽互通式立体交叉:高速公路的立项和建设先后顺序为,大部分先建设的高速公路无法预期后建设高速公路项目的立项时间及交叉位置,因此枢纽互通式立体交叉的规划设计一般由后建设高速公路项目完成。高速公路改扩建的时候,路线方案主要有两种情况,一种是原位改扩建方案,一种是另建新线方案。对于原位改扩建方案,由于枢纽互通式立体交叉位置已经确定,无法改变,综合评价时候主要关注点为既有立交匝道线形是否与匝道设计车速相适应,匝道横断面类型和变速车道车道数是否满足交通量的需求。对于另建新线方案,枢纽立交的位置将成为路线方案的控制点,按照新建枢纽立交的研究方法,首先根据总体设计目标、设计思想和设计原则,全面分析路网结构,明确主线、被交公路及节点的功能作用,根据交通量分布情况和建设条件(地形地貌、地质概括、河流走向等),结合地方规划选择合适的立交形式、匝道设计车速、匝道断面类型、变速车道形式、立交规模等。

一般互通式立体交叉:一般互通式立体交叉主要服务于与高速公路相接的一级公路、城市主要道路以及重要的经济、政治中心、矿区、港口、机场、车站和游览胜地等。

随着经济发展,国省干线等一级公路在不断建设,部分新建的一级道路、市政道路在与高速公路交叉的时候,部分采用了互通式立体交叉,部分采用分离式立体交叉。高速公路改扩建设计前期需要对于新增的互通式立体交叉分析其位置是否合理,立交节点功能是否满足,立交形式是否与交通量匹配,立交收费站位置是否合理,收费站规模是否满足交通量需求。对于分离式立交,需要分析其改建为互通式立交的可行性,地方政府近期是否有改建规划,改建互通式立交后的收益/成本比是否经济。京昆高速公路改扩建中高陵区由高陵立交直接与高陵主城区相接,距离高陵立交 4.36km 处新建国道 310,国道 310 连接渭南市区、临潼区、高陵区、西咸新区等。国道 310 为一级公路,设计速度 80km/h,路基宽度 33.5m,为双向六车道。目前国道 310 采用桥梁上跨京昆高速公路,在京昆高速公路改扩建设计中,地方政府提出将此处分离式立体交叉改建为互通式立体交叉的意见,考虑到国道 310 沿线有很多产业园区和城镇村庄,最终经过分析论证,决定在此处增设互通式立体交叉。

为了满足人民群众日益增长的休闲娱乐需求,很多地方修建了一些旅游景点和游乐设施,新增旅游景点导致在节假日期间来往车辆数量激增,最终造成一些临近旅游景区的收费站产生拥堵。为了解决上述问题,高速公路改扩建中提出了两种解决方案:方案一,当旅游景区距离既有互通式立体交叉较近时,可对既有的收费站进行局部扩建,增加收费站车道数,增加 ETC 车道数,优化平交口形式等方法来解决。方案二,当旅游景区影响力较大,距离既有互通式立体交叉较远且相邻的互通式立体交叉也距离较远时,可考虑通过增加互通式立体交叉的方法来解决。

西安乐华欢乐世界是亚洲超大主题乐园,为国家 AAAA 级旅游景区,为"西安乐华城·国际欢乐度假区"核心项目之一,也是西咸新区泾河新城重点项目。西安乐华欢乐世界于 2015 年 7 月 1 日开园。开园时候,包茂高速公路改扩建已经建成通车(通车时间 2011 年 12 月 8 日)。园区距离包茂高速公路上泾阳立交 7.5km,距离机场公路立交 9.5km,距离 S1 机场专用高速公路上的马家堡立交 5.5km,而园区距离包茂高速公路直线距离最短只有 500m,因此后期在包茂高速公路上新增了一处泾河立交,距离园区 2.2km,方便群众出行。

2)立交布局变化后立交功能是否满足需求

高速公路改扩建设计中,经常会遇到立交布局变化的情况,对此我们在改扩建设计前期工作中,应当对此种情况做专门的分析,以便在初步设计中合理设计立交方案。

在改扩建中遇到的立交布局变化有如下几种情况:

(1)枢纽立交作为改扩建设计的起终点,需要在立交区范围内完成主线车道数的变化。

高速公路改扩建设计一般需要以立交作为项目起终点,以便进行车道数变换,主线基本车道数的增减方式应根据互通式立体交叉的形式、匝道车道数量以及交通量的分布情况确定,枢纽立交作为起终点时,基本车道数增加一个车道时,一般通过双车道平行式入口辅助车道延伸的形式完成;基本车道减少一个车道时,一般通过双车道直接式出口取消渐变段的形式完成。

对于作为高速公路改扩建设计项目起终点的枢纽式立体交叉,需要结合交通量、既有匝道形式等确定能否满足主线车道变换的功能,对于不能满足要求的匝道,进行局部修改或是重新设计后再判断能否满足要求。

(2)T形枢纽需要改建为十字形枢纽立交。

高速公路新建项目和改扩建设计中,一般都会遇到需要将T形枢纽改建为十字形枢纽立交的情况,一般的T形枢纽立交多为匝道上跨既有高速公路,T形枢纽立交改建为十字形枢纽立交的时候,会遇到净空不足的问题,为此本文对新建主线的纵断面做了两个方案:方案一中,现有T形枢纽立交匝道纵断面维持现状,新建项目主线上跨既有匝道和既有高速公路;方案二中,新建项目主线纵断面满足上跨既有高速公路的需求即可,对现有匝道进行改扩建,使其上跨或是下穿新建项目主线纵断面。在T形枢纽改建为十字形枢纽的过程中,对既有匝道连接部也需要进行局部改造,或当既有匝道不能满足要求的时候,应对既有匝道重新设计,设计中应尽量贴近既有匝道。

(3)T形枢纽需要改建为具有落地功能的复合式立交。

高速公路改扩建设计中经常会遇到需要将枢纽改建为具有落地功能的复合式立交的情况,这种情况多出现在临近城区的地方,一般碰到这样的情况,多在枢纽立交范围另外设置一处互通式立体交叉,以满足落地功能。互通式立体交叉需要与枢纽立交之间预留足够的净距,当无法满足最小净距要求的时候,需要设置辅助车道、集散车道或是匝道连接形成复合式立体交叉。

(4)枢纽立交主流交通量发生变化,既有匝道平纵面指标与实际交通量不符合。

高速公路改扩建项目一般都是在距离建成通车十几年之后,其间附近建设了很多的产业园区、旅游景点等,这些因素都会引起交通量发生变化,既有匝道的通行能力无法满足现有交通量。遇到这种情况,设计前期需要综合考虑立交匝道改建的可行性。

3)连接道路路网功能调整后立交功能是否满足需求

随着国民经济发展,许多地方道路的主要功能也发生了变化,由此引起的立交功能调整,也是改扩建设计前期需要考虑的问题。

(1)低等级公路改建为高等级公路。

高速公路改扩建项目一般针对建成十年以上的高速公路,原有互通式立体交叉的连接道路,随着国民经济的不断发展,地方规划的不断调整,路网功能也发生了一些变化。匝道与地方道路连接点处平交口,也发生了变化,经过现场调查,平交口一般存在如下问题:随着交通量增加,平交口易产生拥堵;平交口位置距离收费站位置较近,车辆排队较长,拥堵至平交口,影响地方道路车辆通行;平交口由原来的三路交叉变为四路交叉、五路交叉等情况,影响地方道路车辆通行。原有平交形式及位置是否还能适应,需要调查及判断,对于不同的情况分别进行针对性设计,例如改移平交口交叉形式及位置,改移匝道收费站位置,改移连接道路及地方道路等方案。

在现场调查中,我们经常会发现一些地方道路的等级提升了,由原来的三级公路改建为二级、一级道路,同时道路两侧新建了一些产业园区、厂房、仓库等,相应地带来交通量及交通组成的变化,平交口形式及立交形式是否与现有的交通量相适应,对于环线平交口,需要验算交织段长度能否满足要求。

(2)连接道路改建为市政道路。

一些互通式立体交叉收费站,以前可能距离城区还有一段距离。随着地方经济的发展,城市布局等也在不断扩大,一些收费站出口直接连接市政主干道,收费站与城市距离越来越近,如京昆高速公路的阎良立交、富平立交、高陵立交,连霍高速公路的渭南东立交、渭南西立交,西兴高速公路的咸阳立交、咸阳西立交等,这些立交的连接道路已经为市政道路,市政道路上车辆组成与高速公路上不同,而且市政道路上有信号控制,因此收费站距离市政道路平交口需要预留足够长的距离,以免出口车辆等待信号灯时候排队过长,影响高速公路出口车辆通行。

9.1.2 既有互通式立交与沿线城镇规划的适应性

1)沿线城镇规划调整引起的立交服务功能调整

高速公路沿线的城镇在最近十几年中不断发展,城镇规划也在不断调整完善,城镇规划调整后,需要对既有立交的服务功能进行重新评估。城镇规划有很多方面,与高速公路相关的主要有如下几方面内容:城镇地方道路规划情况,城镇供水、排水、供电、通信、燃气、供热等规划情况,历史文化名镇有保留意义的历史文化古迹、革命纪念地等开发情况。

随着经济的发展,城市也在不断发展,新的城市规划理念与以往的完全不同。早期高速公路建设时,地方政府要求高速公路及立交距离城市越近越好,一般高速公路沿着城区外围布设。但是最近几年,随着城市发展,城市道路多次穿越高速公路,建设多有不便。连霍高速公路改扩建项目临近渭南市及宝鸡市的时候,高速公路选择移位新建,远离城市区域。在京昆高速公路改扩建项目中,既有阎良立交紧邻城区,地方政府要求移位建设,阎良立交移位2km,立交与关中环线相接。京昆高速公路改扩建项目中,在通过港务区时,地方政府要求区域内以大跨径桥梁通过,为地方规划道路预留足够的空间。

2)产业布局调整引起的立交服务功能调整

最近几年地方政府结合自身经济发展条件,引进新建了一些产业园区,如西安高新三星产业园区,高陵泾河汽车产业园区等,产业园区及周边相应的配套生活设施带动大量就业。因此周边交通组织也需要重新规划,特别是高速公路附近的产业园区,很多的产业园区建设晚于高速公路建设,地方政府要求在高速公路上新增立体交叉。

9.1.3 与城市交通需求的适应性

随着国民经济的快速发展,我国交通事业取得了重大的成就,众多的公路建设促进了城乡交流和客货运输发展,但同时城市化进展迅猛,原来修建的高速公路逐渐被城市"包围",由原来的绕行式变成了穿越式,使原来有助于城市发展的运输通道成为城市发展要逾越的门槛。对于高速公路的改扩建来说,不仅是简单地扩充道路满足通行能力,而是要增加其服务功能,将高速公路的使用"城市化",让高速公路更好地与城市路网相融合,保证高速公路与城市道路的无缝衔接,提高社会经济效益。

1) 城市规划调整引起的立交功能变化

高速公路成为城市扩展的门槛。自修建高速公路以来,我国高速公路网的规划要落后于建设,城市空间扩张到一定程度时,高速公路往往成为城市空间扩展很难跨越过的阻碍。城市扩展需要跨越高速公路时,这些最初以环线绕行或者是环形切线形式穿过城市的高速公路及其两侧的绿化景观带,都变成一道很难逾越的门槛。

早期修建的高速公路多是双向四车道,而随着社会经济的持续发展,交通量激增,加上城市扩展,城市的内部交通过多地进出了高速公路,使其不再单纯的作为具备交通功能的道路,还要兼顾城市道路的功能,因而降低了高速公路的通达性,出现了交通拥堵现象,严重影响了道路的服务水平和交通安全。而且交通拥堵使车辆频繁加减速度会对环境造成更大的污染。

由于城市空间的扩展,城市道路网与高速公路网的规划相对独立,忽略了与对外交通的协调性,使原来高速公路出入口与城市路网出现了错位。许多城市的出入口交通状况恶化,出现交通拥堵和交通事故,制约了城市交通系统。与此同时,高速公路封闭式的收费管理模式不再适应城市化对其开放式的要求。高速公路本身的性质也对出入口位置的选择、数量的多少、距离的长短有更为严格的限制,这就对被城市包围的高速公路改扩建提出很大的挑战。

早期修建高速公路时,城市经济总量及用地规模远不及现在,且城市规划的滞后性,使高速公路的线位被有意无意地靠近了城市,随着城市的快速发展,城市周边的高速公路严重制约了城市的发展。一般只能将高速公路外移或改为高架。

2) 连接道路的功能变化引起的立交功能变化

高速公路与城市道路的连接道路是连接城市内外交通的纽带,它是实现高速公路与城市道路有效衔接,高速公路与城市道路一体化发展的重要设施。但由于我国交通机动化、城市化进程的快速发展和交通需求的增加,最初的衔接模式难以适应新形势下交通和城市土地开发可持续发展的需要。连接道路过度街道化是现在主要面临的问题之一。

高速公路立体交叉功能也要做出相应调整,城市交通有其特点,小客车数量多,交通流具有潮汐性。为了避免收费站处产生拥堵,在改扩建设计中应增加 ETC 车道数,优化连接道路,优化平交口,对交通量较大且易拥堵的平面交叉,应增加立体交叉方案。

9.1.4 现状立交的通行能力及服务水平适应性

高速公路改扩建宜在服务水平下降到三级服务水平下限之前实施。

9.1.4.1 现状交通量情况下的立交通行能力及服务水平分析

互通式立体交叉的通行能力包含匝道、分合流区和交织区,以上三处的通行能力应分别计算。

互通式立体交叉设置收费站时,匝道通行能力应根据收费站的通行能力确定,不设置收费站时,应根据匝道与被交公路连接处的平面交叉的通行能力确定。

互通式立体交叉分合流区的通行能力应根据设计速度、主线外侧两车道流量、匝道流量、变速车道长度等因素确定。

互通式立体交叉交织区的通行能力应根据设计速度、车道数、交织区构型、交织流量比和交织段长度等因素确定。

现有交通量情况下的立交通行能力及服务水平分析,需要结合现有交通流实际情况,通过现场调查,计算出实际交通量情况,公路交通调查是交通需求分析的重要步骤,通过它可了解项目所在通道公路交通量的组成、特性及发展趋势;分析交通流的流向、车型构成等信息,掌握交通流的规律,为交通量预测、模型拟合、规模与标准的确定、方案论证及经济评价提供依据。

根据项目主要影响范围,结合改扩建项目复杂、难度大的特点,确定交通调查工作主要包括以下几方面内容:

历史资料收集、相关交通量资料调查、高速公路 OD 调查。历史资料收集包含车型比例变化趋势、交通量弹性系数、月变系数。相关交通量资料调查包含收费站车辆总量、车型比例、收费标准、方向分布、时间分布。高速公路 OD 调查包含出行数、交通分布、车辆构成。高速公路现有交通量调查时不仅要调查高速公路上的交通状况,同时还要对沿线的地方道路、高速公路、铁路运输的发展状况进行调查。

9.1.4.2 预测交通量情况下的立交通行能力及服务水平分析

预测交通量情况下的立交通行能力分析位置与现有服务水平相同,包含匝道、分合流区和交织区。

预测交通量通常由趋势交通量、转移交通量和诱增交通量三部分组成。趋势交通量以现状通道交通调查资料为基础,结合沿线区域经济社会与交通发展之间的相关分析,采用"四阶段"法进行,即社会经济发展预测→发生、集中交通量预测→交通量分布预测→交通量分配预测。转移交通量指由于改扩建项目及其他相关项目的实施,引起区域交通条件发生变化,导致通道内交通量在各种运输方式、各相关道路之间的转移。诱增交通量是指由于交通条件的提高、路网结构的改善进而影响了区域经济和产业布局,提高了区域投资环境、区间经济可接近性,使得通道整体通行能力提高而引发的新生交通量。

1)趋势交通量预测

(1)社会经济预测

根据路线布局走向及功能定位,对拟改扩建项目的主要直接影响区及主要间接影响区的生产总值进行预测。

(2)集发交通量预测

交通运输增长与经济发展之间互为因果关系,经济的发展带动交通需求的增长,交通运输条件的改善促进经济的发展,可通过分析交通运输与经济的关系,较准确地掌握交通需求的变化规律。因此,集发交通量预测采用弹性系数法进行,即首先分析历史年高速公路项目及周边道路的交通指标增长与经济指标增长的弹性发展关系,预测未来交通与经济的弹性系数,根据各交通小区未来经济增长率,推算相应小区交通量增长率,从而预测其发生、集中交通量。

(3)交通量分布预测

这里的交通量分布预测仅指趋势型OD,采用弗莱特法进行预测。

(4)交通量分配

交通量分配主要是路径选择问题,即通过了解分析各OD对之间的交通出行在路网上的流动情况,把各交通小区间的OD出行量分配到具体路网上,其具体流程为:输入各特征年份车型OD表及抽象路网→选择交通分配模型→确定路段路阻→标定模型参数→运行分配模型→运行结束、输出各特征年的路段交通量。

2)转移交通量预测

转移交通量预测重点是对规划、在建中的高铁、城际铁路等建成后对拟改扩建项目客车交通量产生的分流影响进行分析。

(1)预测方法

根据调查,未来高铁、城际铁路等建成后,对旅客出行方式选择意向调查表分析,在高铁、城际铁路建成通车后将改变项目影响区居民出行方式。首先根据"无高铁、城铁"情况下公路承担的客运量推算通道客运总量,再根据"有高铁、城铁"情况下公路承担的比例测算公路承担的客运量,"有、无"情况下公路承担客运量之差即转移至高铁、城际铁路的公路客运量。

(2)转移交通量预测

在前述趋势客车OD表预测基础上,结合出行意向调查,预测未来年公路可能向铁路转移的旅客OD表。

3)诱增交通量预测

交通运输是推动区域经济快速发展的重要基础和前提,其运行环境的改善与同期区域优势产业发展具有较强的相关性,是诱发区域潜在交通的重要因素。拟改扩建项目的实施将大幅改善区域对外交通运输条件,提升主轴交通网络的综合效益,有效刺激和拉动沿线区县经济的增长,产生较大诱增影响。

目前诱增交通量计算多采用在趋势交通量的基础上,按照有无对比法,利用重力模型进行,该模型重点考虑的是区域交通运输条件的改变,而诱增交通量的产生除了交通条件这一直接影响因素外,还包括经济、社会等其他联动因素,它们对诱增交通量的影响过程很复杂,难以定量计算。

因此我们在定量计算的基础上,根据项目沿线社会经济和交通运输发展程度,参照目前已建类似道路诱增交通量发展规律的研究结果,确定诱增率为3~5。

9.2 互通式立交改扩建方案比选论证

9.2.1 既有互通式立交评价

拟改扩建工程本身已在某些方面不能满足现有交通需求,因此,对既有互通立交进行评价是互通立交改扩建设计的一项首要工作。找出现有工程存在的不足,提出具有针对性的改建目标和改建重点,挖掘现有工程可以利用的部分,可以作为改扩建工程后续方案拟定的重要依据。既有互通立交评价内容主要包括功能评价和安全评价。

(1)功能评价是对既有互通立交使用性能、通行能力等方面进行评价,主要包含如下内容:

①既有互通立交位置是否合适,使用是否方便,是否存在绕行现象;

②既有互通立交形式是否与交通流向匹配;

③既有互通立交匝道宽度是否与交通量匹配;

④既有互通立交收费出入口车道数及引线长度是否与交通量匹配等。

(2)安全评价包括交通安全评价和结构安全评价,主要包含如下内容:

①既有互通立交线形指标、行车视距、加减速车道长度、分流鼻半径、超高设置等是否满足现行规范要求;

②既有互通立交路侧净区宽度、路面抗滑性能、路缘石形式、护栏防护等级等是否满足安全行车要求;

③既有互通立交交通标志、标线是否清晰有效;

④既有互通立交间距是否合理,出口形式是否一致;

⑤互通立交内既有桥涵构造物经检测是否合格,能否利用等。

既有互通立交评价可采用事故统计分析法、交通冲突分析法、运行速度差分析法、安全清单核查法等方法进行评价。

9.2.2 互通式立交改扩建原则

1）满足现行规范要求

互通式立交的改扩建不宜降低现有立交的技术标准，原立交采用旧标准，需在改扩建时采用新标准，使加减速车道最小长度、渐变段长度、出入口渐变率、辅助车道长度和最大纵坡等技术指标满足现行规范的要求。

2）最大限度地利用原有工程

互通式立交改扩建应尽可能地利用现有匝道路基、排水设施、防护工程、跨线桥梁、涵洞、通道、收费广场、房建区等设施，最大限度地利用原有立交用地，以节约工程投资，减少新增用地，缩短建设工期，节约资源，降低工程造价，获得较好社会效益。

3）满足远期交通量增长需求的可持续发展

互通式立交的改扩建应根据远期交通量特征年的预测值，结合路网分析，合理确定改建、扩建方案。

4）改扩建工程施工期间保证交通顺畅，减轻对地方交通的干扰

互通区域交通中断，极可能引发附近区域交通瘫痪，不仅会造成经济损失，而且会造成恶劣的社会影响。改扩建方案的选择应考虑合理的交通组织，在改扩建时尽量维持地方交通上下高速公路或缩短中断交通的时间，把对地方交通、经济的影响降到最低。

5）有利于优化交通组织、提高道路服务水平

改扩建过程中互通式立交的设置和改建方案应有利于道路的交通组织，避免不符合交通组织习惯的通行方式，杜绝安全隐患，以提高道路的服务水平。

6）便于计重收费、治理车辆超限运输的实施管理

互通式立交改造应综合考虑正在实施的计重收费及治超工作需要，对收费站的规模及位置予以仔细研究，争取一次到位，并预留发展空间，避免工程重复和浪费。

9.2.3 互通式立体交叉扩建的方式

9.2.3.1 预留方案

在社会经济迅速发展的今天，高速公路互通立交特别是枢纽互通立交，占地规模较大，一次性投资较高，转弯交通量前期少，但增长迅速，现有的互通匝道数和车道数在短短几年内便不能满足各向转弯交通量的要求，因此建议从匝道和车道两个方面采取预留措施，以减少前期投资额。

两种预留方式都是建立在整体设计方案的基础上，遵照目前转弯交通量情况，建设适应这一交通量的匝道及车道。并在此基础上预留适应远景转弯交通量的匝道和车道，以备后期修建，同时减少前期投资金额。匝道预留是指在互通建设前期没有或有可以忽略的转弯交通量

时,预留该方向匝道;车道预留是指只建设适应目前转弯交通量的车道数,预留适应增长后的远景转弯交通量的车道。后者通过横断面拼宽的方式增加车道数进行互通立交的改扩建。

此外,预留方案还存在以下两种形式:

(1)对跨线桥下净宽、净高的预留:除特殊情况外,高速公路互通立交范围内被交路净宽按双向四至八车道预留,为适应远期道路养护及改造的要求,净高应不低于 5.2m。

(2)高速公路互通立交的改扩建,易导致楔形端内移,而缩短匝道有效长度。因此,建议在主线道路与互通的连接段分(合)流处纵坡应尽量平缓,缓坡段的长度也应适当加长,这样在后期的改造中工程量及规模就会大大减少,同时也有利于行车。

9.2.3.2 非预留方案

由于经济的发展,一次建成的高速公路互通式立交其转弯交通量增长速度较快,简单的预留已不能满足互通式立交的通行能力,为此,必须采用非预留的方式进行互通式立交的改扩建设计。

非预留方案分为原位扩建、原位改建、移位重建三种。

1)原位扩建

原位扩建是在现有高速公路互通立交的基础上,实行不改变或是部分改动互通位置的方法,对立交的部分匝道进行局部改建。

原位扩建方式的优点:

(1)沿线拆迁数量少,新增用地少,总体节省占地。

(2)旧路基、部分路面及匝道还可以继续使用,跨线桥工程大部分也可利用。

(3)降低规模,减少造价,不需要对周围相关道路进行调整。

原位扩建方式的缺点:

(1)受约束条件多,匝道平、纵断面设计的灵活性偏低。

(2)尽管改扩建立交设计的几何指标能满足规范要求,但很难提高甚至会有所降低。

(3)改扩建施工期间正常的交通受影响,对施工期间交通组织要求高。

一般情况下,在满足如下条件时,适合采用原位扩建方式进行高速公路互通式立交改扩建:

(1)高速公路互通立交为了迎合被交路的改扩建而被迫扩建。

(2)没有路网结构的大规模调整,交通量仅在互通现有范围内发生较小的变化,且能够满足该区域未来若干年内的交通量发展需求,更不需要改变立交所处位置的道路结构。

2)原位改建

原位改建是在保留互通立交位置不变的情况下,对立交的形式、匝道的设计指标及行驶方向进行调整的改扩建方式。

原位改建的优点:

(1)部分利用老路工程用地和路基以及部分跨线构造物。

(2)高速公路互通式立交匝道平、纵面设计的灵活性相对有一定提高。

(3)不要求对周围相关道路进行大规模的调整。

原位改建的缺点：

(1)对老路工程仅部分利用，造成工程的浪费，改建费用增大。

(2)施工期间对交通的影响大。

当高速公路互通立交建成后的转弯交通量增长迅速，靠原位扩建不能满足匝道的线性设计标准时，需要对互通立交的形式及规模进行大的修整。原位改建可以提高高速公路互通立交的建设标准，相对移位重建方式影响范围较小；老路征地及路基路面可以部分利用；对互通周边的环境影响也小；在高速公路互通立交的改扩建工程中广泛应用。

3)移位重建

当城镇化进程导致原立交范围城市化严重，原位置改扩建立交不能满足快速上下高速公路需求时，则需移位修建互通立交。移位重建可以不受老路互通的约束，完全根据路网规划及转弯交通量的要求设计，提高通行能力及服务水平，使得行车安全、舒适，立交更能适应城镇长远的发展。

移位重建的优点：

(1)匝道平、纵面全部进行新设计，可以采取更高的指标，安全、舒适性更高。

(2)移位重建匝道及连接线，更能适应新的交通需求。

移位重建的缺点：

(1)对原立交完全舍弃，造成工程浪费，费用增大。

(2)施工期间新建和拆除立交匝道对交通的影响大。

9.2.4 互通式立交改扩建案例

9.2.4.1 原位扩建

原位加宽扩建就是在现有匝道位置、充分利用老路的基础上，对道路进行拓宽扩建以达到提高道路通行能力的目的。在扩建工程中可对现有道路各个方面所存在的缺陷进行改造修复，减少交通事故隐患。

高陵北枢纽立交为京昆高速公路与西咸北环线高速公路进行交通转换的枢纽立交，立交形式为环形+半定向匝道组合式立交，京昆高速公路下穿西咸北环线，该立交于2015年12月通车运营，如图9-1所示。

西安外环高速公路跨越京昆高速公路处桥梁跨径为25m，桥墩距离京昆高速公路中心22.1m，可以满足主线加宽要求。上跨京昆高速公路的F、H匝道桥梁跨径分别为36m和30m，桥墩距离京昆高速公路中心最小距离21.5m，可以满足主线加宽要求。

主要设计思路：西安外环高速公路设计时已预留京昆高速公路改建为八车道的条件，设计主要对与京昆高速公路相接的4个连接部进行处理。设计中，对该立交的各匝道宽度与交通量分布进行了核查,各匝道宽度满足通行能力要求。

图 9-1　高陵北枢纽互通式立交平面

结论:该立交通车时间较短,设计时已预留京昆高速公路改建为 8 车道的条件,设计仅对连接部进行顺接。

9.2.4.2　原位改建

互通式立交的原位改建方案,具体到各个匝道细部则包括了匝道原位重建和匝道局部改建两种。

局部改建是指当原有互通各向交通量增长均衡,并且在设计年末,现有匝道维持现状或进行一定加宽改造即可满足远景交通需求时,采用的仅对局部的匝道或跨线桥进行拆除重建或者不拆除只是加宽扩建的工程。

谢王枢纽立交为京昆高速公路与绕城高速公路进行交通转换的枢纽立交,立交形式为环形 + 半定向匝道组合式立交形式,该立交为京昆高速公路北段改扩建设计终点。

谢王枢纽立交周边已完全城市化,立交形式紧凑。现状立交中京昆高速公路右转 F 匝道(北绕方向)位于车道内侧,左转匝道 A(南绕方向)位于车道外侧,与驾驶员行车习惯不一致,容易产生误行。改扩建设计将去往右转匝道(北绕方向)改建至外侧匝道,在桥头处接回原匝道,如图 9-2 和图 9-3 所示。

在设计中,对该立交的各匝道宽度与交通量分布进行了核查,该匝道与京昆高速公路相接各匝道宽度满足通行能力要求。该方案解决了运营管理中存在的大量车辆误行的问题,同时工程规模增加有限。

第 9 章 路线交叉

图 9-2 谢王枢纽立交现状

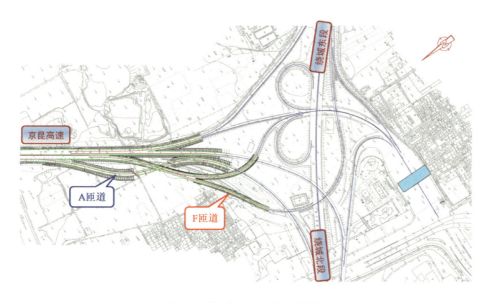

图 9-3 谢王枢纽立交改建总体图

9.2.4.3 移位重建

既有阎良互通式立交接阎良区城市主干路人民路，为目前阎良区对外交通的主要出入口，立交规模承担的交通量较大，出口段城市化严重，目前经常造成拥堵，严重影响城市交通和高速公路上下车辆，随着京昆高速公路改扩建的实施，车流量更大，对区域交通造成重大影响，如图 9-4 所示。

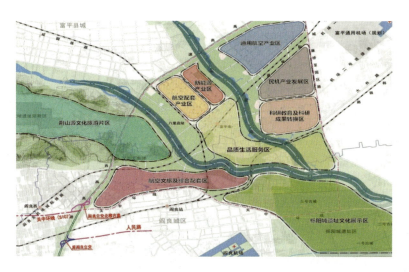

图 9-4　富阎一体化规划布局图

2018 年,陕西省委、省政府出台了《关于支持富阎一体化发展的指导意见》,西安市委、市政府也提出了建设富阎板块的决定,西安市、渭南市合作建设富(平)阎(良)合作区。根据最新富阎一体化规划调整,未来阎良区北部的发展重心逐步位于关中环线 S107 附近,阎良区北部将布局航空大世界项目、绿地项目、宝佛麟汽车项目、中医院项目、北京师范大学未来学校项目等重大项目,同时拟建的西安至韩城城际铁路阎良站也布局于关中环线 S107 北侧,未来北部区域对对外交通的需求将逐步增加,而既有阎良立交位于老城区,周边路网狭窄,对富阎一体化合作区的带动作用较弱,对未来北部区域交通疏解功能较弱。

为配合富阎一体化的发展,目前西安市规划建设的西阎快速路将于 2019 年底前开工建设,S107 省道阎良过境段也将南移,未来中环线 S107 省道将转变为城市主干道,这些都为阎良立交的北移创造了条件。结合阎良区人民政府《关于京昆高速阎良出入口北移建议的函》(阎政函〔2019〕17 号),将阎良立交北移至关中环线 S107,采用单喇叭型互通式立交。

移位后的阎良立交采用 A 型单喇叭方案,与 S107 的平交口因交通量较大,为保证运营安全,采用灯控方式进行交通流管制。因立交位置受限因素较多,设计过程中已与地方政府进行了多次沟通,故阎良立交未设置比较方案。

阎良立交所接道路为 S107(一级公路),采用平交形式是由于阎良段 S107 南移已进入设计阶段,南移后现状 S107 将变为阎良区的市政道路,为减少拆迁及保障运营安全,地方政府建议采用灯控的 T 形平交,如图 9-5 所示。

阎良立交内环半径 60m,匝道上跨主线,最大纵坡 3.2%,匝道收费站为 6 入 6 出 12 车道。根据交通量预测,阎良↔西安方向交通量较大,该方 D 匝道采用单向双车道,路基宽度 10.5m,B 匝道因距离较短采用单向单车道,路基宽度 9.5m。而阎良↔禹门口方向交通量较小,该方向 A、C 匝道改建后采用单向单车道匝道,路基宽度 9.0m。

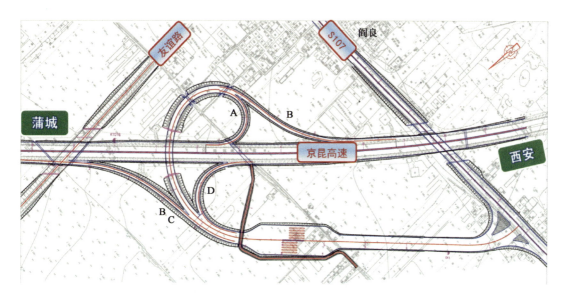

图 9-5 阎良互通式立交移位后平面设计

9.2.5 既有立交工程的充分利用

9.2.5.1 利用思路

既有立交工程利用主要包括:现有匝道路基、排水设施、防护工程、跨线桥梁、涵洞、通道、收费广场、房建区等设施,最大限度地利用原有立交用地,以节约工程投资,减少新增用地,缩短建设工期。节约资源,降低工程造价,获得较好社会效益。

路基、防护、排水工程,在匝道设计过程中,平、纵面尽可能地拟合原有匝道,尽可能多地利用原有匝道工程,减少填挖,如果因线形调整,则应尽可能地将旧匝道作为新路基填料。跨线桥梁、通道、涵洞、房建区等工程,宜按新规范的要求,对其进行检测、验算,在满足安全使用工程的前提下,依照新规范进行拼接加宽。

9.2.5.2 实例分析

京昆高速公路改扩建,阎良立交移位新建,原阎良互通式立交中心桩号为 K1018+300,立交范围内主线最大纵坡 -2.01%,E 匝道桥梁上跨主线,现有互通式立交形式为 B 型单喇叭,如图 9-6 所示。

由于阎良立交周边已完全城市化,结合地方政府诉求,将现状阎良互通式立交拆除,人民路下穿处京昆高速公路,主线路基改为桥梁,预留人民路(红线 40m)向西延伸条件,由于项目填方量较大,现状匝道拆除后可作为被交路及主线建设的填料,既节约了项目投资,又践行了绿色公路设计理念。原立交收费站和养护中心合址建设,占地 45 亩(1 亩≈666.67m²),保留房建设施,移位后立交只建设收费站,养护工区功能保留在原址。

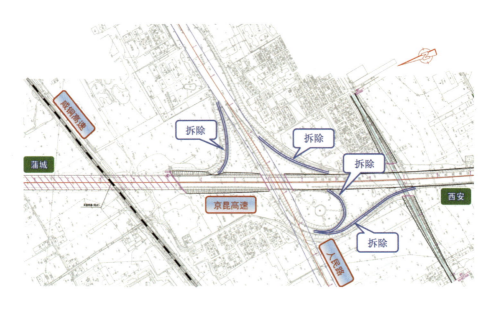

图 9-6 阎良互通式立交移位后平面设计

9.2.6 新增互通式立交设计

鄠邑南枢纽立交位于鄠邑区天桥镇,鄠周眉高速公路主线起点与规划中西高新至天桥高速公路相接。三条道路形成十字交叉,需新建枢纽立交一处,通过匝道完成几条公路之间的交通转换功能。

依据立交转弯交通量分布情况,布设符合主流行驶的立交线形,立交形式采用半定向匝道+部分苜蓿叶型,主线起点与规划中西高新至天桥公路相接,如图 9-7 所示。

9.2.7 共建互通式立交设计

高速公路改扩建过程中,互通式立交往往需要多家高速公路管理主体共同参与建设,一般采用一次设计到位,分批施工实施,各家管理单位界定彼此养护管理范围。

鄠邑南枢纽立交位于鄠邑区天桥镇,鄠周眉高速公路实施上跨京昆高速公路主线工程及四条转向匝道工程,远期西高新至天桥高速公路实施两条匝道及主线向东延伸,详见工程界面划分示意如图 9-8 所示。

工程界面划分:

(1)鄠周眉高速公路项目与京昆高速公路改扩建项目暂定界面划分如下:

项目以 F 匝道与主线大鼻端为界,大鼻端以西计入鄠周眉高速公路项目,大鼻端以东计入京昆高速公路改扩建项目。

第 9 章　路 线 交 叉

图 9-7　鄠邑南枢纽立交平面总体示意图

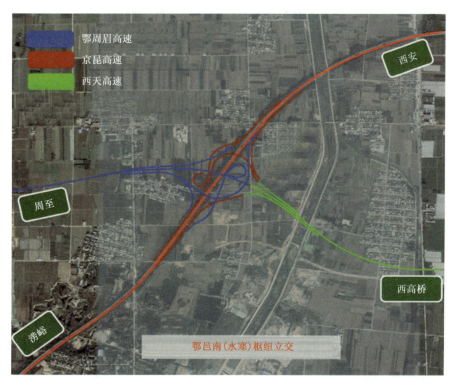

图 9-8　鄠邑南枢纽立交工程界面划分示意图

· 187 ·

（2）匝道工程界面划分：项目实施界面为连接鄂周眉高速公路的 A、B、E、F 匝道桩号范围 A 匝道：AK0+251.578～AK1+570.938；B 匝道：BK0+000～BK1+783.662；E 匝道：EK0+000～EK0+490.411；F 匝道：FK0+115.501～FK1+190.942），以及与 A、B 匝道及主线连接的 D、H 匝道三角区段落（H 匝道：HK0+000～K0+124.479、HK0+876.680～HK0+954.442；D 匝道：DK0+373.872～DK0+535.715）。

9.3 其他交叉工程

9.3.1 现状交叉工程的适应性分析

分离式立交、通道和天桥的改扩建应与社会经济发展相适应。在公路改扩建设计时，应论证既有被交道路受改扩建影响是否还能正常使用，当跨线桥的跨径不满足改扩建后断面需要，或改扩建后主线桥下净空不能满足被交道路要求时，应对被交道路进行改建。

当公路分离式立体交叉通行能力不足、运行安全问题突出、交叉公路改扩建或新增交叉公路时，公路交叉应予改扩建。

1）上跨主线的被交路适应性分析

当下穿公路需要改扩建，且现有跨线桥跨径不足时，应对跨线桥重新布孔并予重建。

2）下穿主线的被交路适应性分析

当仅上跨公路需要改扩建时，应对原有桥梁进行技术状况评估。当现有跨线桥可以利用时，宜采用拼宽原桥梁的方案，否则应拆除重建。

3）通道构造物的适应性分析

当公路改扩建加宽后，受加宽部分公路横坡及通道加板结构厚度的影响，应论证既有通道的拼宽方式，尽量利用既有通道构造物，净空不满足时，应结合实际情况对被交路进行优化设计。

随着经济的不断发展，国省高速公路网承担的交通量呈倍增趋势，日趋增加的交通量与公路实际通行能力不相匹配的矛盾渐显。高速公路原走廊改扩建方案通过道路扩容，能有效缓解矛盾，但高速公路改扩建工程项目的设计及施工中，往往存在原高速公路主线平面、纵面、横断面技术指标设计不匹配，立体交叉设置紧凑而无法适应改扩建方案所需的布设条件，原路基横断面未考虑扩建方案所需放坡空间，上跨主线桥涵构造物跨径无法满足改扩建条件等情况。以上种种不利因素均对改扩建方案产生很大制约，导致改扩建工程规模偏大，不能充分利用既有高速公路横断面进行扩建，部分桥梁构造物废弃，部分困难路段因为无法有效扩建而成为瓶颈路段。因此，现阶段高速公路勘察设计中，如何有效地为远期多车道改扩建方案预留空间，又不过于增大现阶段投资规模，对预留改扩建条件的高速公路超前设计进行探讨是很有必要的。

9.3.2 交叉工程改建设计原则

(1) 应遵循安全顺畅、技术可靠、经济合理、资源节约的原则。

(2) 应满足设计目标年的功能要求，并预留远期发展空间。应考虑改扩建方案的可行性，有利于施工期间现有交通的通行、运行安全及施工安全。应考虑改扩建方案的合理性，实现全寿命周期的效益最优。应充分利用原有工程和用地，废弃部分应予拆除。

(3) 分离式立交新建或拼宽部分的工程应满足现行技术标准的规定，现有工程运行状况良好时，可按原有技术标准予以利用。

(4) 应在适应路网结构和交通量变化的需求的前提下，以原工程为基础，优先选择现有道路保通及有利于施工的建设方案。

(5) 对路线交叉范围内的建筑限界、视距等指标进行符合性检查、验证，必要时应深化方案比选，以确保总体方案的可行性和合理性。

(6) 新增路线交叉结构物时，其结构物的采用形式应综合考虑施工期交通组织、施工难度、施工工期等因素的影响，跨越有保通需求的公路时，应根据施工和采取安全保护措施所需空间，留有足够的净空。

(7) 主线上跨的结构物在施工时，应解决好可能产生的桥下道路中断等问题。上跨主线的分离式立体交叉桥梁及天桥不能中断交通时应移位改建，短期允许中断交通时，可在原位改建。需封闭或中断交通时，应有其他的解决途径并根据需要确定绕行方案。

(8) 上跨的结构物改扩建时，其桥下应满足相应公路所需要的净空标准并应根据分离式立交的结构形式考虑挠度及施工空间高度。

(9) 上跨结构物在中央分隔带设墩时，应符合下列规定：

①桥墩基础不宜侵入路面范围；侵入时，基础顶面在路面下的埋深应不小于1m。

②中墩两侧应设置防撞护栏，并预留护栏变形的空间。

③应满足管线和排水设施设置要求。

④下穿道路需维持通行时，上跨结构物改扩建设计应预留合理的施工高度。

(10) 改扩建公路桥下新建道路时，应对桥梁桩基的单桩受压容许承载力进行验算，并对桥墩、桥台采取保护措施。采用下挖地面的方式增加桥下道路净空时，不应减小分离式立交桩基的单桩受压容许承载力。原桥梁采用浅基础的，其开挖深度不得低于原基础底面。

(11) 应满足现有管线的安全与保护要求。因改扩建导致安全距离或其他指标不能满足时，应采取避让或改移等措施。原道路已有管线保护设施的，拼接路段宜采用相同保护措施。

9.3.3 交叉工程与路网及规划的衔接

9.3.3.1 交叉工程服务对象的变化

基于城市快速扩展的背景，提出了高速公路更好地与城市路网相融合以及对高速公路改扩建综合评价指标,保证了高速公路与城市道路的无缝衔接,具有重要理论意义和工程应用价值,且有很好的社会经济效益。

(1)高速公路成为城市扩展的门槛。自修建高速公路以来,我国高速公路网的规划要落后于建设,城市空间扩张到一定程度时,高速公路往往成为城市空间扩展很难跨过的阻碍。城市扩展需要跨越高速公路时,这些最初以环线绕行或者是环形切线形式穿过城市的高速公路及其两侧的绿化景观带都变成一道很难逾越的门槛。城市空间布局想要整体改变必须跨越此道障碍。

(2)高速公路超负荷运行。早期修建的多是双向四车道的高速公路,而社会经济的持续发展,交通量激增,加上城市扩展,高速公路不再是单纯作为交通功能的道路,还要兼顾城市道路的功能,因而降低了高速公路的通达性,出现了交通拥堵现象,严重影响了道路的服务水平和交通安全。

(3)出入口设置不合理。由于城市空间的扩展,城市道路网与高速路网的规划相对独立,忽略了与对外交通的协调性,使原来高速公路出入口与城市道路网出现了错位。许多城市的出入口交通状况恶化,出现交通拥堵和交通事故,制约了城市交通系统。同时,高速公路封闭式的收费管理模式不再适应城市化对其开放式的要求。高速公路本身的性质也对出入口位置的选择、数量的多少、距离的长短有更为严格的设置,这就对被城市包围的高速公路改变其功能提出很大的挑战。

(4)衔接线设置不合理。高速公路与城市道路的衔接线是连接城市内外交通的纽带,它的双重功能实现了高速公路与城市道路网的有效衔接,是改建一体化高速公路—城市道路系统的条件。

但由于我国交通机动化、城市化进程的快速发展和交通需求的增加,最初的衔接模式难以适应新形势下交通和城市土地开发可持续发展的需要。衔接线过度街道化是现在主要面临的大问题。高速公路改扩建以促进城市健康发展、满足城市区域交通需求为根本目的。改建中将交通与环境的协调、资源优化配置体现在其中,建立以人为本、满足城市区域交通需求、资源优化、环境改善为目标的发展。

9.3.3.2 交叉工程与城市规划的衔接

由于城市化进程的不断推进,城市逐步向外扩展。内外交通的矛盾开始明显,使得高速公路出入口功能也要新重调配。

衔接道路具有公路与城市道路的双重特性。在高速公路改扩建中,应充分考虑在高速公路功能性质改变后,衔接道路在居民出行的便捷性、功能清晰度以及与城市协调度方面是否还能充分发挥作用,是否能很好地成为高速公路—城市交通系统的一部分,不因交通量的过度增加降低其功能。

衔接道路要的功能是实现高速公路与城市道路系统的便捷衔接,构成一体化的交通系统。高速公路与城市道路的衔接系统能否高便捷的满足交通的要求,是衔接道路功能优劣最为直接的体现。

高速公路的改扩建不仅是简单地通过拓宽道路来提升通行能力,而重在减少交通拥堵、降低安全事故、节约能源、保护环境和与城市协调发展,即满足交通需求和经济发展的同时,不能突破资源、环境承载力的限制,要与城市空间布局相协调,以谋求城市和高速公路可持续的一体化发展。使高速公路不单要承担起点和终点的运输,而且要让其可以承担起局部的运输和服务的功能。

高速公路路网规划应与城市及城市体系总体规划相协调。城市规划属于点状规划,高速公路网规划是线状规划,两者各成体系,互不统一。他们管理体制上的分隔,影响了各自职能和作用的发挥,也影响了区域城市的协调发展,所以在区域规划层次上要反映高速公路与城市规划的有机衔接,高速公路网规划要支持城市体系布局,通过不同层次规划的协调实现交通设施、管理等方面的统一。

第 10 章　交通工程及沿线设施设计

10.1　安全设施设计

10.1.1　设计原则

10.1.1.1　总体要求

改扩建项目与新建项目不同,一方面,改扩建高速公路通常已经运行了较长时间,积累了一定的运营资料,这些资料有针对性地改善安全通行条件,应予以充分利用;另一方面,高速公路改扩建后,经常会出现同向分离、集散运行等不同于改扩建前的道路条件和交通组织方式,同时改扩建后车道数增加也造成了车辆运行环境的变化。所有这些变化会带来一些新的影响行车安全的因素,需对其进行综合分析,相应确定新的设计重点和交通安全处理方案。

安全设施设计应根据改扩建高速公路的安全设施现状、交通事故情况及改建后公路技术等级、功能、交通量、交通组成、环境因素等方面进行设计,设计中将主要从以下几个方面进行考虑。

(1)安全设施设计应安全合理、经济适用、资源节约、因地制宜,且必须结合道路、桥梁、隧道等主体工程,两者应协调统一,最大限度地发挥高速公路快速、经济、安全、舒适的特点。

(2)在调查和评价的基础上做总体设计,设计方案需经过充分比选,从系统的先进性、实用性、可靠性、技术经济、标准化等多种角度评价,选择最佳方案。

(3)安全设施的设置应符合绿色公路、品质工程的设计理念,从安全、环保、资源节约等方面进行考虑。

(4)安全设施设计应结合道路现状运营情况、交通事故情况进行分析,针对性地提出并解决公路运营过程中存在的问题。

(5)改扩建项目应充分考虑既有道路安全设施的再利用,对既有安全设施进行充分论证,考虑在扩建中作为临时安全设施使用或在扩建后作为永久安全设施使用。

(6)在高速公路上实施多车道管理,其目的是使交通运行的效率更高,使交通更加顺畅。

(7) 开展临时安全设施设计。

10.1.1.2 安全设施设计与主体工程的协调统一

安全设施的设计文件同路桥主体设计文件一样,应按照交通部门有关设计文件编制办法编制,一般分总体设计、初步设计、施工图设计及招标文件编制等几个阶段。根据我国的实际情况,交通安全设施设计一般采用一次设计、分期实施的原则进行。这样,交通安全设施就有大量的预留件、预埋件与道桥主体工程同步实施,就不可避免地对主体工程设计提出协调设计的要求,从而对主体工程造成影响。因此安全设施与主体设计关系最为密切,影响较大。

改扩建工程项目的安全设施,必须与主体工程同时设计、同时施工、同时投入生产和使用。安全设施投资应当纳入建设项目概算。改扩建工程项目的安全设施设计应根据主体工程改扩建设计方案及既有公路现状、交通量和交通组成、运行速度、交通事故情况、气象环境状况等进行综合分析,并应结合调查与评价进行技术经济比较,确定安全设施设计重点和设计方案。

与新建项目不同,改扩建项目的交通安全设施设计具有即时性、阶段性、设计周期更长的特点,同时,和主体工程施工存在相互交叉的特征更加明显。在项目实施前,就需要对既有的、可利用的设施进行迁改和保护。在主体工程施工期间,安全设施还要配套为施工和通行保障提供服务,在建设后期,部分临时安全设施还需拆除改移或改造,有时上一阶段的施工方案确定后才可确定下阶段安全设施的具体实施方案。

安全设施设计要注意与主体工程、机电工程的界面划分,这样能更好地全面控制施工进度、施工质量,不至于后期因为未预留等情况导致返工或以其他方式进行变更设计且达不到原设计效果。

10.1.2 既有高速公路交通事故分析

10.1.2.1 收集道路现状运营情况信息

交通事故与道路运营息息相关,道路现状运营情况主要包含了公路现状、交通量和交通组成、运行速度等主要内容。随着高速公路车流量增大,高速公路交通事故频频发生,引发交通拥堵甚至交通瘫痪。交通事故和交通拥堵之间相互作用、相互影响,突发性的交通事故会造成原有道路堵塞,交通流通行缓慢,与此同时,会增大驾驶员操作难度,易引发交通事故,从而造成高速公路交通拥堵的恶性循环;交通组成主要包括客货车分类以及流量信息,客车和货车在运行过程中存在速度差,如若高速公路存在客货混行车道,客车在跟随货车时,会受货车速度影响进而导致客车频繁加减速,影响客车的制动性能,在地形受限制时,容易引发交通事故,在进行交通事故分析时,交通组成是重要影响因素。

运行速度是车辆运行的基本属性,在高速公路中,当车辆以最接近平均速度的速度运行时,事故率最低,运行速度过高或过低,事故率都会增加,事故率会随速度差的增加而增加,与此同时,运行速度离散性较大时,交通事故率较高,通过大量的数据统计发现,交通事故造成的伤亡率和肇事车辆的行车速度有关,通过以上分析,公路现状、交通量和交通组成、运行速度是交通事故的重要影响因素,研究高速公路运营数据,目的在于了解交通事故发生的影响因素,并提出响应的交通安全政策,减少交通事故发生。

10.1.2.2 收集事故特征、事故多发点、气象环境状况等详细资料

交通事故的发生是随机的,道路上的任何路段、任何地点、任何时间和任何环境下都有可能发生交通事故,但也表现出一定的特点和规律。研究公路路段交通事故的分布规律和统计学特征参数,根据交通事故分布特点,发掘交通事故重复性、持续性的规律,分析交通事故的原因,寻求解决问题的方法和措施,改善交通安全状况,达到预防和减少交通事故的目的。收集事故特征、事故多发点等详细资料,全面分析改扩建高速公路交通事故的特征、多发点,对交通事故进行调查与分析。通过相关分析,基本了解改扩建高速公路事故发生的形态和原因,以及交通管理的基本现状。互通式立体交叉是高速公路必不可少的组成部分。作为高速公路的交通转换的重要节点,互通式立体交叉范围内事故统计分析,对于高速公路安全性评价起着至关重要的作用。

收集气象环境状况等详细资料,进行相关分析。在雾雪天气状况下,因视线不良、路面打滑等原因,高速公路处于封闭、半封闭或交通管制状态,出行车辆少,交通量小,运行速度低,驾驶警惕性高,发生交通事故较少,但事故发生率大。在晴天状态下,交通完全开放,高速公路视线良好,路面干燥,出行车辆增加,车辆运行速度较高,交通事故发生数量增加,但事故发生率较小。在晴天发生的交通事故基本都是因车辆超速行驶、超载、不规范行车操作等造成。交通活动,如交通流量大小、速度特性等在一年内的不同月份上、一周中的每一天、一天中的不同时段一般有一定的规律性,交通活动所处的自然环境,如季节和天气情况等,也随时间变化明显。下坡、雪天路滑对大车安全影响比较大,气温低时,路面会结薄冰,冬天大车制动器淋水设备不能使用,大型车制动困难,易造成事故,应多设置提示标志。分析交通事故的时间分布特征,可以揭示交通事故的发展趋势,为进一步研究交通事故的形成原因提供依据。从交通事故的月分布和小时分布方面进行分析,为制定预防交通事故的宏观对策提供科学的依据。研究交通事故的月分布情况,目的在于有针对性地在不同的月份对交通安全制定相应的对策,便于进行有效的管理与控制,减少交通事故的发生。

10.1.2.3 对既有高速公路交通事故归纳及原因分析

通过多年的运营,既有高速公路沿线事故特征、事故多发点均有详细的数据,因此对于改扩建项目的交安设施设计,交通事故分析研究是其前提条件。只有对道路现状运营情况、交通事故情况进行分析,才能针对性地提出并解决公路运营过程中存在的问题,提升公路运营安全水平。

高速公路交通事故是在"人-车-道路环境"组成的系统中,由于它们自身或相互作用失调而造成的,人、车和道路环境是影响高速公路交通安全的要素。从安全系统工程学的观点而言,只有详细地分析交通事故的成因,找出交通事故发生的规律,才有可能采取有效措施对交通事故的发生进行控制。因此,分析交通事故的成因必须从系统的角度出发,综合考虑交通事故产生的人、车和道路环境和交通管理的影响,为消除交通事故隐患指明方向。

(1) 与驾驶员相关的因素

国内外的事故统计资料表明,人的过失行为是导致交通事故的主要原因。从事故原因分布中可以看出,制动不当、转向不当、未保持安全距离和疲劳驾驶是事故多发的主要原因。

制动不当和转向不当是尾随相撞、撞固定物、同向刮擦事故的第一原因,一般也与车辆间速度差过大有关。未保持安全距离是尾随相撞事故的主要直接原因,但一般与驾驶员超速行驶或车辆间速度差过大有关。

疲劳驾驶是研究路段事故的主要起因之一,长时间连续驾驶是导致高速公路疲劳驾驶相关事故的重要因素。高速公路路面宽阔,固定参照物少,车流速度高,又无行人、非机动车和其他低速机动车干扰,所有车辆都保持较高的速度,各行其道、有序地行进,在持续不变、单一环境、只有少量视觉刺激的道路上,驾驶员不需要花太多精力在车辆控制和避让其他车辆、行人、障碍物上,在这种道路上连续长时间的驾驶很容易引发驾驶员瞌睡,导致交通事故的发生。在高速公路上行车,驾驶员的精力始终处于高度紧张的状态,体力消耗增大,会不知不觉地提高车速,甚至丧失制动减速意识。在这种环境下长时间驾驶车辆,驾驶员会感到单调、枯燥,容易产生松懈或疲劳。驾驶员开夜车时,受昼夜时差限制,人在灯光下总会有一种昏昏欲睡的感觉,再加上晚上车少路宽,或驾驶员白天没得到很好的休息,产生疲劳是很自然的事。

驾驶员在驾驶过程中需要处理大量的感知信息并做出正确的反应,疲劳驾驶会影响到驾驶员的感觉、知觉、思维、判断、意志、决定和运动等方面。疲劳后驾驶员继续驾驶车辆,会感到困倦瞌睡,四肢无力,注意力不集中,甚至出现精神恍惚或瞬间记忆消失,使其感知、判断、操作特性下降,出现路况信息漏看,动作迟误或过早,操作停顿或修正时间不当等,极易引发道路交通事故。

(2) 与车辆相关的因素

研究路段的车型主要是小客车、大货车、特大货车及拖挂车,此时交通组成比较复杂,由于大、中型载重车与大小客车间的动力性能和质量差异很大,不同性能的车辆速度差异较大,造成速度较低的车辆"压道"行驶,高速车辆频繁违章变更车道超车。正是由于不同车辆间动力性能差异引起的"速度差",使得大型车与小型车之间的相互干扰较大,最终导致路段发生较多的尾随相撞或同向剐蹭事故。

研究路段尾随相撞事故居多,除车辆间未保持安全距离外,很大一个原因是有的车辆的制动性能差,特别是超载货车的制动性能;撞固定物的事故一般是由超速、转向不当或制动失效引起的。大型车在下坡路段行驶过快,需要更长的制动距离,易导致交通事故。

车辆的侧滑或侧翻与行驶稳定性和操纵性有关,而稳定性的丧失往往使车辆失去操纵性而处于危险状态。发生翻车事故一般与车辆操纵稳定性的丧失有关。轮胎是车辆与路面接触的介质,其功能是支承汽车自重、传递车辆和地面之间的作用力、缓冲、吸能等。轮胎的性能直接影响运行状况,而爆胎事件发生的结果却使汽车失去安全性。

10.1.3 设计内容

10.1.3.1 既有安全设施的分析及再利用

既有高速公路设置有完善的交通标志、标线、护栏、隔离栅、防眩设施、轮廓标、防落网等安全设施,在建设时期投入了巨大的费用,是一批巨大的国家资产。虽然经过多年的使用,部分设施已经老化,加之《公路交通安全设施设计规范》(JTG D81—2017)、《道路交通标志和标线》(GB 5768—2009)等规范的实施,部分设施达不到新规范规定的要求,但一般情况下交通标志、护栏、隔离栅等主要设施使用良好。根据交通运输部发布的《关于实施绿色公路建设的指导意见》,资源节约、生态环保、节能高效、服务提升是绿色公路的4大特征要素。在高速公路改扩建项目中,对既有安全设施的利用是体现绿色公路"资源节约"的重要方面。设计时应根据绿色公路的设计理念,尽最大可能对现有设施进行利用,主要考虑利用交通标志、护栏、隔离栅,其他设施由于老化且不符合新规范要求,利用价值不大。具体利用方案如下:

(1)交通标志利用

交通标志利用主要结合施工阶段交通组织中临时标志的使用情况、标志拆除、使用过程中的损坏情况进行考虑。

版面、结构、净空等满足现行规范要求的标志牌,经翻新处理后作为永久标志利用。

腐蚀严重或其规格参数不满足要求的标志牌,拆除后在改扩建过程中作为交通组织的临时标志使用,在临时标志使用结束后可根据具体情况,决定其是否作为永久性标志材料加以利用。

(2)波形梁护栏利用

波形梁护栏是安全设施投入最大的设施,也是车辆运营安全的重要保障,其再利用时需满足《公路交通安全设施设计规范》(JTG D81—2017)的要求。由于规范的更新,建设时期波形梁护栏结构尺寸、防护能量均不能满足现行规范的要求,因此在波形梁护栏再利用时,需对原有护栏结构进行改造加强,经过论证后可将路侧护栏拆除后用于中央分隔带护栏加强,具体方案可考虑以下几种形式。

①护栏板、立柱均利用,护栏立柱加密、加高并设置上下两排护栏板;
②将原有的护栏板、立柱重新按规范设置,同时护栏板改为上下两层;
③改造后的护栏需进行相应的仿真计算及碰撞试验,需满足《公路护栏安全性能评价标准》(JTG B05-01—2013)的要求。

(3)隔离栅利用

在改扩建过程中需保障高速公路正常通行,可将隔离栅用作分隔施工区和运营区的临时隔离设施,在防止人、畜进入高速公路的同时,也节约了土建施工围挡,从而节约工程费用。

在临时隔离设施使用完成以后,可根据隔离栅的损坏情况,对使用良好的隔离栅进行整形、翻新处理,用于永久隔离栅;而对于损坏严重的隔离栅,则进行折旧处理。

10.1.3.2 利用设计方案比选

(1)既有交通安全设施再利用时应遵循下列原则:

①符合现行标准规定,且能满足改扩建后使用需求的,应继续使用。

②符合现行标准规定,但不能满足改扩建后使用需求的,应进行改造,并经经济技术比较后确定利用方案。

③难以整体利用的,可将其材料加以利用。

(2)利用设计方案比选总体思路

高速公路改扩建工程的加宽有双侧拼宽、单侧拼宽等多种方式,应本着"安全合理、经济适用、资源节约、因地制宜"的理念,结合项目实施的特点,充分利用既有交通安全设施。对于既有安全设施,符合现行标准规定同时能满足改扩建后使用环境需要的,应继续使用。对于符合现行标准规定,但不能满足改扩建后使用需要的安全设施,如部分指路标志版面不能满足改扩建后的路网需求,需要重新设计版面,进行贴膜处理改造;标志设置位置不合理,需要进行整体移位方式改造;单侧拼宽的高速公路改扩建工程,既有公路的交通流向发生改变时,护栏板的搭接顺序已经不能满足通行需求,需要搭接方向改造;原上坡方向变为下坡方向时,既有公路护栏防撞等级可能会不满足要求,则需利用既有护栏结构进行提高防撞等级的改造;当改扩建工程中路面加铺导致既有护栏高度不能满足要求时,利用既有护栏结构改造提升高度等。以上这些均视为不能满足改扩建后的使用要求而进行的改造,应经经济技术比较后确定利用方案。对于难以整理利用的,可将其材料加以利用,如拆除的标志进行简单加工改造用作道路施工阶段的保通临时标志;拆除的波形梁护栏立柱和护栏板经处理后重新使用等。

10.1.3.3 永久安全设施的设计

(1)多车道高速公路交通组织

双向四车道扩建为双向八车道时,全线车道数较多,路段内交通流复杂,扩建后主线路段的交通组织是安全设施设计中的关键内容之一,也是减少交通安全事故的重要措施。具体可从以下两个方面进行考虑。

①分车道交通管控方案

由于车道数较多,设计中建议根据车型及车速,在路段内分车道分车型进行管控,合理分配车道,减少不同车型、不同速度车辆之间的来回交织,从而减少交通安全隐患。可考虑在双向八车道路段由内往外按小客车、客车、客货车、客货车进行车道分配。

②提高标志视认效果

高速公路改扩建成双向八车道以后,由于车道数增多,车辆视认角度变大,加之路侧大型车辆的阻挡,路侧柱式标志的视认效果较差,影响了车辆行驶。设计中可考虑对标志的结构形式进行优化,把柱式标志改为悬臂式或门架式标志,增强视认效果,同时可提高反光膜等级,改为大角度反光膜,从而提高夜间的标志视认效果。

(2)交通标志和标线

应根据调查与评价结果,结合改扩建后的车辆通行环境、路网条件和交通需求,进行交通标志、标线的改造和新增设计。与新建项目不同,改扩建项目需要深入调查、总结既有公路交通标志、标线使用过程中的经验,结合既有公路使用者的习惯,进一步对交通标志、标线设置进行梳理和优化。改扩建后的运行环境具有不同于新建项目的特点,如:同向分离路段、单侧拼宽路段等,其标志、标线设计会有新的需求。改扩建后,出入口数量、位置及沿线设施的分布通常也会发生变化,应对路径指引标志,各类警告、禁令和指示标志,各类标线等统筹考虑,保证信息的连续性和一致性。

改扩建工程标志体系的调整和完善,主要涉及入口系列指引标志,包括入口预告标志、入口地点方向标志、高速公路入口标志;行车确认系列标志,包括地点距离标志、高速公路命名和编号标志;出口预告系列标志,包括出口预告标志、出口标志和地点方向标志。改扩建工程的标志布设必须和标线布设统一考虑,保证信息协调一致。同时,标志布设应与监控、通信、收费、供配电、服务设施、房屋建筑、环境等其他沿线设施协调配合,重要信息重复提示、多级预告,应使标志提供的信息及时充分,同时又不造成信息过载,确保行车的舒适安全和服务功能完备。

对于长大纵坡路段,应加强交通标志、标线及其他安全设施设计,增强标志标线的指示、引导和警示作用。对于平曲线或竖曲线半径小于一般值的路段、视距不佳路段,可采用设置线形诱导标、加密轮廓标、设置纵向减速标线、偏移标线等措施改善。对于分合流路段,特大桥及大桥路段,特别是同向分离迎向车流方向的三角端头、匝道分岔口等,应增设图形化的警告标示、合理渠化标线,同时,设置防撞垫等缓冲设施。另外,也可通过设置警示弹性分道体,强化对同向交通的隔离。对互通式立体交叉间距小于5km的路段,应设置组合出口预告标志。互通式立体交叉间距较近的路段交通流运行复杂、信息量大,易分散驾驶员注意力,增加其疲劳度。因此标志、标线内容及设置的距离对驾驶员在合适的时间内完成识别、认知、判断、行动一系列动作有较大影响。

(3)护栏

高速公路改扩建工程其护栏设置应满足下列规定:①护栏的防护等级不应低于《公路护栏安全性能评价标准》(JTG B05-01—2013)的要求。②应根据既有公路护栏使用状况的调查与评价结果,结合主体工程改扩建方案,统筹确定全线护栏布设方案及各路段防护等级。③因主体工程改扩建而产生的同向分离起点、不同加宽方式过渡段等路段,应增设防撞垫等缓冲设施。

高速公路改扩建工程中,可根据《公路护栏安全性能评价标准》(JTG B05-01—2013)并结合《公路交通安全设施设计规范》(JTG D81—2017)的要求设计新护栏,也可以对既有护栏结构或材料进行改造利用,但改造后护栏的防护性能必须经过《公路护栏安全性能评价标准》(JTG B05-01—2013)的验证。对改扩建前事故率相对较高,主体工程设计限于客观条件未改造彻底的路段,应分析既往发生的事故与护栏设置的关系,事故是否与既有设置的护栏防护等级有关,是否与护栏的设置形式有关,同时,还应分析改扩建后,交通组成变化对护栏防护的要求,车辆碰撞护栏的速度、车辆碰撞护栏的角度是否发生变化等因素。护栏等级和形式应与该路段曾经发生的事故等级相适应,满足《公路护栏安全性能评价标准》(JTG B05-01—2013)的要求。

对于单侧加宽的高速公路,当既有公路的中央分隔带改为同向车道分隔带时,就存在护栏的拆除与保留问题。如将其拆除,对交通安全和行车舒适更为有利,但如遇到该分隔带范围内有上跨桥墩、标志立柱、通信管道等设施需要保护等情况时,拆除护栏将会带来复杂的相关设施的工程改建,在此情况下,需要进行技术经济分析。如可以通过其他手段保证行车安全且经济性较佳,就不必要硬性拆除。改扩建过程中需要对既有桥梁护栏进行改造,以符合现行规范对防护等级的规定。对于利用既有桥梁护栏结构进行改造的护栏,其改造后防护等级的验证,应根据《公路护栏安全性能评价标准》(JTG B05-01—2013)进行评价。

(4)其他安全设施

拆除的隔离栅、防落网等设施的网材、支撑钢材等,经局部修补或翻新等方式进行处理、检验合格后,宜重复利用或作为施工期间临时设施使用。视线诱导设施、隔离栅、防落网、防眩设施及防撞垫等其他安全设施设计应符合现行《公路交通安全设施设计规范》(JTG D81—2017)的规定。改扩建高速公路主线分流端、匝道分流端等位置设置可导向防撞垫。防撞垫的平面布设应与公路线形相一致,设置于主线分流端、匝道出口时,防撞垫的轴线宜与防撞垫两侧公路路线交角的中心线相重叠,并与所在位置的其他公路交通设施相协调。防撞垫设置的作用是使碰撞车辆得到缓冲、减速并安全停止,或者将其导向正确的行驶方向。

10.1.3.4 新产品的应用

(1)行车安全智能诱导与防撞系统

适用于不良天气路段,如团雾多发路段。行车安全智能诱导与防撞系统利用设置在公路两侧行车安全诱导装置(边缘标)为在途车辆提供安全诱导。边缘标按纵向等间隔设置,可根据护栏立柱实际情况微调。系统采用无线通信技术实现联网协同控制,根据不同的照度、能见度与车流情况,采用不同的发光亮度、颜色、闪频等组合实施有针对性的诱导策略,为驾驶员提供道路轮廓强化、行车主动诱导、防止追尾警示等多种安全诱导工作模式,从而实现具有交通环境自适应特点的团/浓雾多发路段、事故多发路段或线形条件较差路段在途车辆的安全诱导。该系统主要由边缘标、通信预处理器、能见度环境检测器等设施、设备组成,如图10-1～图10-3所示。

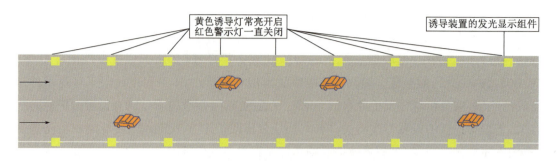

图 10-1　道路轮廓强化功能

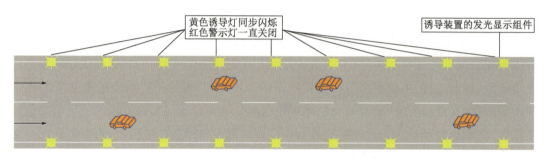

图 10-2　行车主动诱导功能

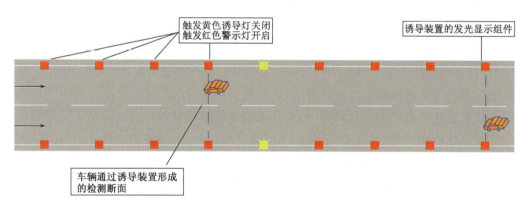

图 10-3　防止追尾警示功能

智能边缘标含有黄色和红色双色显示灯,根据不同控制条件,黄灯与红灯的开启、关闭、常亮、同步闪烁等状态会随之变化,用于强化道路轮廓、警示追尾风险,诱导车辆安全行驶;在该系统中,车辆检测功能集成在智能边缘标中,采用红外线断面检测技术。

通信预处理器主要负责外场监测设备数据采集、自动本地以及上位控制指令的下发。

天气现象环境检测器采集照度、能见度以及天气现象实时信息,采集的信息作为该防控预警系统不同工作状态的触发条件。

系统功能:行车安全智能诱导与防撞系统主要具备以下几种功能:

①道路轮廓强化功能——系统中边缘标的黄色诱导灯常亮开启。

②行车主动诱导功能——系统中边缘标的黄色诱导灯同步闪烁。

③防止追尾示警功能——系统中的智能边缘标红色警示灯处于开启状态,当前车道前方车辆在行进的过程中,会在其后方形成一条动态尾迹,提示后方车辆当前车道前方是否有车辆以及与前车间距,尾迹长度将为后车提供一个跟随状态的安全间距,从而避免前后车辆间的追尾事故。

④事件/事故预警功能——当系统检测到车辆碰撞护栏的事件时,将使事件位置上游一定范围内(也称为事件上游预警区间)的边缘标红色警示灯同步闪烁开启,提示前方发生交通事件/事故,从而防止追尾或二次事故的发生。

系统布设与安装:边缘标安装成组横向同址安装在中央分隔带和路侧位置,纵向间距按照等间距布设,可根据护栏立柱实际情况微调。采用安装适配结构将边缘标安装在现有波形梁或混凝土护栏之上。

通信预处理器安装在路侧杆柱上;天气现象环境检测器安装在路侧杆柱上,也可以将天气现象环境检测器与通信预处理器同址安装在一套杆柱上,并共用供电设施。

布设要求:

①边缘标布设

按24m纵向间距成对布设,双幅1km路段共需168个边缘标。

②能见度环境检测器布设

该路段设置1套能见度检测仪,设置桩号为西安方向K771+750(与通信预处理器同址安装),设置位置可根据现场实际进行调整。

③通信预处理器布设

该路段通信预处理器共设置2套,设置桩号为西安方向K771+750、延安方向K773+250(与天气现象环境检测器同址安装),设置位置可根据现场实际进行调整。

④供电系统设计方案

项目中智能诱导系统设备采用太阳能/市电双供设备。

设备性能要求和技术指标:项目涉及的行车安全智能诱导与防撞系统的全部性能、技术指标需符合《雾天公路行车安全诱导装置》(JT/T 1032—2016),需持有国家级权威机构的检测报告。

(2)SA级多功能低变形量护栏

SA级多功能低变形量护栏具有适用范围广、防护等级高、动态变形量低、施工时间短、安装简单、通透美观的特点,同时具有防阻雪功能。SA级多功能低变形量护栏由横梁、立柱波形梁板、摩擦梁等构件组成,SA级多功能低变形量护栏通常在中央分隔带处,单侧长度为18m,双侧长度为36m;可根据ETC门架或桥梁桥墩外形、位置和数量增加多功能型低变形量护栏的低变形量段的长度,ETC门架或者桥墩标准段长度宜为整米数,且低变形量段应不小于6m,上、下游过渡段不小于6m;增加长度按标准段单价进行计量核算。实施方案如下:

①拆除ETC门架或桥墩处前后相应段落的原有护栏的护栏板、立柱和防阻块/托架等构

件,按照SA级多功能低变形量护栏图纸,开挖护栏基槽。

②在ETC门架或桥墩中心两侧安装多功能低变形量护栏的立柱,根据放线定位,打入其他护栏立柱。立柱间距一般为2m、1m。在立柱上安装横梁托架;以上安装完成并检查无误后,逐次安装上横梁、下横梁、波形梁、摩擦梁;最后与相邻护栏进行过渡连接。中分带左右两侧SA级多功能低变形量护栏应单独设置,左右两侧不得连接成整体,应可适用于不同形式的ETC门架或桥墩。

③安装无误后,在ETC门架或桥墩处按设计图纸要求绑扎钢筋、浇筑C30混凝土基础。

④SA级多功能低变形量护栏与双波形梁护栏和三波梁护栏可直接顺接,护栏板搭接顺序与行车方向一致;与混凝土护栏过渡时,可将双波护栏板和摩擦梁锚固在混凝土护栏侧立面。

⑤遇有不可移动的障碍物基础、井盖、墩柱等障碍物时,可根据现场情况使用法兰式立柱或调整立柱间距。

(3)A级施工区移动护栏

目前,临时施工区域的安全防护主要通过设置安全作业区、诱导标志标线等方式实现,防护设施主要为防撞桶及塑料水马,这两者的防撞能力较低,不满足现行规范的防撞等级要求,对施工区域造成一定的安全隐患。A级施工区移动护栏满足施工区安全需求的临时防护设施对于提升安全防护能力,对保障施工区域及行驶车辆安全具有重大意义。A级施工区移动护栏针对施工区防护要求,具有安装、拆除、运输方便的特点。为消除对路面的破坏影响,护栏与路面不进行锚固连接,通过一定长度内节与节之间的纵向连接,形成类柔性结构对车辆实施防护。

该护栏适用于以下路段:①高速公路养护施工区域、服务区互通、停车区主线出口等车辆出口、分流的特殊路段;②改扩建道路施工时,封闭道路用;③已通车路段,路面大中修封闭道路时。依据《公路护栏安全性能评价标准》(JTG B05-01—2013)要求并通过小型客车、中型客车、中型货车进行三次实车足尺碰撞试验验证,A级施工区移动护栏防护性能应达到三(A)级的碰撞标准。护栏高度不低于750mm,底部宽度不大于450mm;横梁钢材厚度不低于3.5mm。护栏为组合安装形式,分为护栏标准段和锚固段,护栏长度根据现场确定,每72m需安装一节锚固段。A级施工区护栏主要防撞受力部件采用高强度钢材,在保障防撞性能的前提下,重量更轻型,便于安装工人移动。产品可以回收,重复利用,降低成本。

10.1.3.5 提出针对性措施

根据运营高速公路交通事故情况的分析,一般情况下,互通立交、服务区、停车区出入口是交通事故多发点,而桥梁、隧道、高路堤、长大下坡、临水等路段是重特大事故发生的路段,设计中应结合相应路段的交通事故情况进行分析研究,并提出针对性的措施。

以互通出入口为例,互通出入口处车辆频繁变换车道,是高速公路交通事故多发点,车辆在多车道高速公路出口或入口突然变换车道,更容易造成交通事故。在常规设计中,互通出口或入口处车行道分界线一般均为虚线,车辆随意变道,设计中应结合该处特点,采取针对性设计,具体可采取以下措施,以减少出口或入口路段的交通事故。①在互通出口外,分界线由内往外逐级设计为实线,并设置地面文字标记,引导车辆按序驶出,减少车辆随意变道带来的安全隐患。②在互通入口处,将车道分界线及部分加速车道处入口标线施划为实线,使主线行驶的车辆在合流路段不能随意变道,匝道上驶入车辆加速到一定速度后再汇入主线,以减少主线与匝道车辆的速度差带来的安全隐患。③改扩建高速公路,主线将拓宽到双向八车道,内侧车道变换到外侧车道时间更长,内侧车道小车受外侧大型车遮挡不易识别出入口位置,应加强车辆下坡速度控制,加强连续入口位置预告,提醒驾驶员注意前方车辆汇入,保持跟车间距,禁止超速和强行超车。同时应加强出口的交通组织,通过采取交通标志标线、地面文字标记等综合措施,提前提醒预告出口位置,及时将驶出车辆诱导到外侧车道,设置抓拍设施,禁止错过出口车辆强行变道驶出。

综上所述,要加强相关禁令、警告及告示标志设置,最大限度地消除由于车辆超速行驶、超载、不规范行车操作等原因造成的安全隐患。合理设置必要的车距确认标志、禁止超车及分车道、分车型限速标志,各行车道分界线实线、虚线如何设计要认真研究,以确保各车型车辆按照标志、标线指引文明驾驶,将事故率降到最低。交通事故最主要的直接原因是未保持安全车距、违章行车和变更车道不当。事故原因归结起来可以分为三大类,一是驾驶员疲劳驾驶、酒后驾车、违章行车,二是机动车超载、故障,三是有行人、乘车人干扰行车。因此设置相关行车安全提醒标志尤为重要。项目通车后,在路线平纵指标较高的平直路段增设必要的限速标志,按照车型和车速合理划分行车道,从而达到分道行驶,减少车辆的频繁变换车道,造成交织行驶,从而降低交通事故的发生。项目货车所占比例较大,如何告知货车驾驶员行驶在外侧两个车道。同时避免载有重要信息的标志牌被阻挡,重要标志支撑结构应选用悬臂或门架。改扩建工程应结合项目实施的特点,坚持以人为本,全面贯彻"安全、环保、舒适、经济、和谐"的设计理念;充分体现"标准化、规范化、精细化、人本化"的理念;充分贯彻执行厅"勤俭办交通、科学办交通、合力办交通"的建设理念,力争将项目设计成为经济合理、质量优良、生态环保、自然和谐的高速公路。

10.2 机电工程设计

10.2.1 总体要求及设计原则

10.2.1.1 总体要求

建立与公路改扩建配套的机电工程设施,满足持续发展的道路交通、运营管理对监控、收费、通信、照明供电系统的需求。

经机电工程改扩建,实现系统改造重组、优化、更新升级,使因建设期不同的路段机电设施达到均衡统一的标准。

调查研究,参考借鉴国内外优秀设计经验,结合工程实际提高设计目标值、系统及设备寿命,使监控、收费、通信系统达到省总体规划目标,便于实现全省联网的目的。

利用公路改扩建的契机,实现各路段光、电缆管道敷设的统一标准化,为道路机电持续发展奠定坚实基础。

经设计方案的研究精选,确定一套可行的方案,以便修建、安装调试、对接能满足原机电系统微间断或局部少间断要求。

精心设计减少改扩建拆改损失,既保证系统设计标准,又能良好兼容,使原系统指标合格运行期较短的设备能更新利用,达到节约环保的目的。

10.2.1.2 设计原则

贯彻"以人为本"的设计理念,考虑社会效益、经济效益和环境效益,体现高速公路安全、环保、舒适、和谐的服务目标。

从省路网规划出发,设计符合交通工程总体规划的目标,满足全省联网的需求,注意与相交高速公路的各种接口,保证系统的先进性和实用性。

充分调查项目高速公路机电系统的现状,分析其存在的问题,并提出解决方案。改扩建后的系统应与原系统有良好的兼容性,对于尚能使用并能适应新系统的旧设备尽量加以利用。

机电的改扩建工程与主体工程同步进行,监控系统与主体一致,收费系统确保车辆能正常交费通行,并与主体工程同步建成通车。

按"就高不就低"的原则,通盘考虑长远发展与现实需求,借鉴国内外道路验证的先进模式,结合道路的实际情况,通过改扩建以成为标准规范且具备先进性的道路机电工程设施。

10.2.2 既有路段机电系统现状及存在的问题

10.2.2.1 外业调查

机电工程改扩建外业工作中,应充分调查既有道路机电系统建设现状、管理机构设置情况。应对道路机电设备、分中心、收费站、服务区等设备进行深入了解,包括但不限于建设年代、使用年限、设备品牌型号、设备工作运行情况等。与管理人员、维护人员的座谈中,应着重了解目前存在的问题,与运营单位沟通其对于改扩建的前期建议和意见。勘察设计人员在外业工作结束后,应对外业资料进行整理并将外业上报审查组,经修改确认最终形成详细的外业调查报告并作为设计依据。

10.2.2.2 现状分析

勘察设计人员在外业调查报告审查完成后,对机电系统现状进行完整地分析,包括主要存在的问题及大致的解决方案,初步形成改扩建的设计原则,明确系统主要设备的利旧或更换情况。

10.2.3 机电系统施工期间临时方案

由于项目为改扩建工程,改扩建工程不能影响道路运营,原道路监控、收费等机电设施需要不间断持续运行,这就要求现有的通信系统在改扩建的过程中能保证原有数据传输的绝对安全。

10.2.3.1 通信系统

根据改扩建方案和施工组织,一般改扩建工程通信站分为新建站、原址扩建站、移位新建站。

实施顺序为(通常情况):新建站先期实施,待新建收费站和服务区建成通车后封闭原址扩建站和移位新建站进行改扩建工程。

1)新建站

(1)改扩建工程开始后,新建站建设工程中现有通信站均不受影响,利用改扩建期间临时光缆保持原有通信系统传输方式不变。

(2)新建站改扩建工程完成后,根据项目需求有以下几种方案:

方案1:根据施工需要,新建站建成后需利用新采购的通信设备组成临时接入网来传输各项综合业务数据。待全线所有通信站均改造完成后,再对新建站通信设备进行调试联通至新建通信系统;

方案2:根据施工方案,新建站建成后暂不启用,待全线所有通信站均改造完成后,新采购设备在各机房安装,然后,对新安装的通信设备进行调试联通,随后选择车流量较少的时段,将原有通信系统承载的各类业务割接至新建通信系统。

2)原址扩建站

待新建站改扩建工程完成后,进行车辆分流(利用其他道路或已建成的新建站),封闭原址扩建站进行改扩建工程。由于ETC门架系统数据传输的需要,原有通信系统环网仍需要正常运行。

3)移位新建站

按照施工安排,进行移位新建站的改扩建工程。

(1)若移位新建站通信设备采用全新购买,则在移位新建站改扩建工程完成后,按照施工安排中移位新建站的启用时间,对移位新建站通信设备进行调试联通。

(2)若移位新建站通信设备采用旧通信设备,待全线所有通信站均改造完成后,选择车流量较少的时段,将原有通信设备搬迁至移位新建站并进行调试联通。

4)通信分中心迁移方案

土建改扩建阶段,各通信站业务数据通过临时光缆传至现有通信分中心。当全线机电系统改扩建时,不论已改造完或是还未改造的通信站,其业务数据均仍通过临时光缆传至现有通信分中心。当全线通信站改造完成,以及新建通信分中心建成、调通后,将业务数据全部统一传至新建通信分中心。同时旧通信分中心停用并且对设备进行检测,仍可再利用设备作为备品备件。

10.2.3.2 通信管道

1)主线通信管道

方案1:新敷设临时通信管道。在永久通信管道贯通后,将数据转移至永久通信管道,并拆除临时管道或作为备用管道使用。

方案2:当改扩建工程实施过程对原有通信管道无影响,并且原用信管道全线贯通可使用时,可利用改扩建工程路段原有通信管道作为临时通信管道。

在永久通信管道贯通后,将数据转移至永久通信管道,并拆除临时管道或作为备用管道使用。

方案3:"永临结合"。根据施工组织,改扩建工程从开始实施到永久通信管道敷设完成的过程中,对原有通信管道无影响,可使用原有通信管道作为临时通信管道。

当改扩建工程将对原有通信管道将带来影响并且永久通信管道已敷设完成时,将数据传输转移至永久通信管道。

该方案可用于改扩建工程全线或部分段落,在施工过程中,应注意原有管道与新敷设的永久通信管道的接续问题。

2)互通立交区通信管道

对于互通区,存在新建、移位新建和原址扩建三种方式。

(1)新建和移位新建立交:施工期间对立交区进行新建,并敷设永久通信管道、永久通信光缆。

(2)由于主线管道及光缆还未建设完成,无法使用,新建收费站通信设备改扩建期间仍需采用主线原有光缆进行传输,故从主线道路至立交区通信设备仍需敷设临时光缆进行数据传输。

(3)原址扩建立交:施工期间封闭立交区,但通信站仍需上传 ETC 门架数据至分中心,故仍需架设临时光缆,利用现用通信设备进行数据传输。

立交原址扩建不拆除原有匝道,在原有匝道基础上进行扩建,并敷设永久通信管道、永久通信光缆。

在改扩建工程实施过程中,仍需利用现用通信设备进行传输,故为保证在施工过程中通信系统正常运行,存在原有通信管道与新敷设的永久通信管道的过渡问题。具体过渡方案如下:

(1)架设临时通信管道:在互通区立交临近收费站等站区路基两侧合适位置架设木杆,将临时光缆沿两侧混凝土杆或木杆所拉钢绞线吊挂横穿道路,沿立交匝道埋设进收费站站前人井。

(2)进行互通区立交的建设,并沿匝道边坡敷设永久通信管道、永久通信光缆。通信站施工完成后,在临近通信站路基两侧合适位置架设木杆,将临时光缆沿两侧混凝土杆或木杆所拉钢绞线吊挂横穿道路,沿立交匝道埋设进通信站站前人井。通信数据传输采用临时光缆进行传输。

(3)待全线贯通后,统一采用永久管道中的永久光缆进行数据传输。

10.2.3.3 道路监控系统

传统道路监控的外场摄像机图像及情报板数据均通过通信系统上传监控分中心,改扩建期间,受施工作业影响,无法保证光电缆的通畅,无法通过有线网络传输图像数据,且设备工作用电难以得到保障。

京昆改扩建工程(蒲城至涝峪段)施工图设计中,做出大胆尝试,率先采用移动监控设备,设备提前进场,在改扩建施工期间,对重点路段加强监控。

移动监控设备包括移动式感知设备与移动式发布设备两类,其中,移动式感知设备包括长期在岗的移动式高清球形摄像机,以及方便临时调度的车载单兵监控设备和移动式布控球。

改扩建施工时,在互通立交、(特)大桥、长大下坡等重点监控路段设置移动式高清球形摄像机。移动式高清球形摄像机采用太阳能供电,内置蓄电池,阳光充足时可一直持续野外作业,连续阴雨天可持续工作一周左右,移动式高清球形摄像机内置SIM卡以及无线通信模块,通过运营商网络传输视频,分中心通过移动摄像机管理云平台统一管控,调取现场监控画面,通过磁盘阵列下载保存图像,以便历史回放,移动式高清球形摄像机如图10-4所示。

在路段紧急情况发生时,移动式高清球形摄像机不方便第一时间运输至现场时,需要调度车载单兵监控设备和移动式布控球及时前往现场。两者皆为工具箱式组装型摄像机,箱体尺寸不超过普通旅行箱,普通小型车辆即可批量运输,根据蓄电池容量不同,待机时间有所不同,现场5min内可装配调试完成后立即投入使用,通过运营商网络将图像上传至移动摄像机管理云平台,通过手机、计算机客户端可以直接观看现场情况,辅助应急指挥作战,极大程度上提高事故事件的处理效率,如图10-5所示。

图10-4　移动式高清球形摄像机

图10-5　移动式布控球和车载单兵监控设备

10.2.3.4 收费系统

1）收费站原址扩建

与土建工程总体保畅方案保持一致,改扩建施工期间先封闭出口边车道并用隔离设施将边车道与相邻车道隔离。新的出口车道通车后再封闭入口边车道,扩建入口车道。

改扩建期间广场至站房之间,主线 ETC 门架至站房之间的原有的线缆应尽力保证不中断,提前在夜间或车流量小的时段,在广场至站房之间架设临时线缆,确保收费数据及图像上传。

2）收费站移位新建

与土建工程总体保畅方案保持一致,改扩建施工期间原收费站继续运行使用,新建收费站封闭施工。待收费站完工且系统调试完成后开放通行,同时封闭原收费站,进行设备拆除等工程。

10.2.4 现有设备利旧

（1）前期外业勘察期间,将收集到的各收费设备的品牌、型号、使用年限、运行状态、外观磨损等情况整理成表。

（2）按照经济合理、适度利旧的原则,5 年以内工作正常的设备原则上利用,超过 5 年的设备作为施工过渡期间使用,使用过后作为备品备件入库。

（3）因机电设备更新换代较快,设计需充分考虑把握新、旧设备的系统兼容性。

10.2.5 新旧机电系统过渡方案

10.2.5.1 通信系统

通信系统过渡方案根据上述通信系统临时方案所述执行。

10.2.5.2 通信管道

当临时管道采用方案 1、方案 2 时,应在全线永久管道贯通后,确保之后的改扩建工程对永久管道不造成影响,选择车流量少的时间,将数据传输转移至永久通信管道。

当临时管道方案采用方案 3 时,为保证在施工过程中原系统正常运行,存在原通信管道与新敷设的永久通信管道的接续问题。具体过渡方案如下：

（1）改扩建工程施工初期阶段,利用原通信管道敷设光缆进行数据传输。

（2）各路段在实施路面及边坡施工过程中,同步敷设永久通信管道。

（3）根据施工组织,之后的施工过程将对 A 路段原有通信管道带来影响。待 A 路段施工完成后,利用新敷设的永久通信管道敷设光缆进行数据传输。剩余路段依旧利用原有中央分隔带通信管道敷设光缆进行传输。

A 路段与剩余路段接续处,对 A 路段永久通信管道中敷设的光缆与剩余路段原有通信管道中敷设的光缆进行接续。

(4)剩余路段施工完成后,全线利用新敷设的永久通信管道中敷设光缆进行数据传输,原通信管道内敷设光缆可做备用传输路由或拆除。

10.2.5.3 收费系统

1)ETC 门架系统过渡方案

高速公路主线入/出口前方设置 ETC 门架系统,实现对所有车辆(包括 MTC 车辆与 ETC 车辆)分段计费。对于 MTC 车辆,通过读取 CPC 卡内车辆信息(包括车牌号码、车牌颜色、车型信息等),计算费额并写入 CPC 卡内,形成 CPC 卡通行记录,并同抓拍图像信息及时上传至省联网中心和部联网中心。因改扩建工程实施过程中车辆仍正常通行,故需保证改扩建过程中 ETC 门架系统数据传输与供电不中断,完成正常的计(扣)费功能。

道路主线既有 ETC 门架多采用桁架式结构,设备机柜放置在 ETC 门架上或路侧,电力、信号传输光电缆沿中分带或路侧敷设,因改扩建路基变动,影响原有 ETC 门架系统运行。

对于施工阶段 ETC 门架系统过渡方案,可增加设置单悬臂 ETC 支架(临时),单悬臂 ETC 支架根据主体工程施工推进,需进行多次拆除、移位、转向,同时,ETC 门架设备也需进行多轮设备调试、光电缆续接、IP 地址调整等,故在施工期间,行驶车辆通过 ETC 门架计费的工程难度艰巨,可操作性不强,可行性较低。

因此对于改扩建项目,施工期间采取路段区间收费方式,改扩建路段区间内不再设置临时 ETC 门架系统,利用与改扩建路段相交路段的 ETC 门架系统实现车辆的标识,同时改扩建路段区间范围内收费站的收费车道软件调整使其具备 ETC 门架系统小区域路径拟合功能,代收改扩建路段区间通行费。

2)收费站过渡方案

机电工程需与土建工程改扩建方案保持一致,为不影响施工期间车辆通行,收费车道按照"逐条封闭、逐条施工"的原则,先封闭并用隔离设施将施工车道与相邻车道隔离。新的车道施工、调试完毕后,再封闭相邻车道,直至全部收费车道施工结束。

改扩建期间广场至站房之间,主线 ETC 门架至站房之间原有的线缆应尽力保证不中断,提前在夜间或车流量小的时段,在广场至站房之间架设临时线缆,确保收费数据及图像上传。

10.3 房建工程设计

10.3.1 概述

随着社会、经济的进步,陕西高速公路历经从无到有,到快速发展的各个阶段,已实现省内县县通高速公路的目标。近年来,高速公路交通量激增,早期建成的高速公路存在车辆拥堵、通行不畅等问题,需要扩能改造,提升通行能力和服务水平。高速公路房建工程作为高速公路的重要组成部分,在改扩建过程中应与道路工程等其他专业协调一致,合理利用原有房建设施和资源,房建工程改扩建后应满足高速公路的正常运营要求。

10.3.2 房建工程改扩建设计原则

(1)房建工程改扩建应满足国家、部颁及地方制定的规范、标准的相关规定。

(2)房建工程改扩建需"以人为本",改扩建后房建工程各站点为工作人员提供良好的工作、生活环境。

(3)房建工程改扩建应对高速公路原有设施进行现场调研,对可以利用的原有设施尽可能利用,减少大拆大建和不必要的浪费。

(4)房建工程改扩建应满足高速公路管理设施、服务区设施、养护设施、收费设施的使用功能要求。

(5)房建工程改扩建应满足项目所在地在环保、节能、消防、绿色建筑方面的相关规定。

10.3.3 房建工程改扩建,扩征用地规模及改扩建建筑规模

道路工程收费广场扩建占用原房建工程收费设施、管理设施、养护设施场区用地,房建场区依据交通运输部颁发的相关标准补征用地,对影响到新建单体建筑与场区原有单体建筑防火间距、日照间距以及单体建筑朝向布置的一些不规则场区,可适当增加补征用地1~2亩;高速公路改扩建因主线道路拓宽占用服务设施场区,房建场区依据交通运输部颁发的相关标准补征用地,考虑到现阶段服务区新增加加气站、充电桩的设施,可适当增加补征用地,满足服务区的服务功能要求。

房建工程场区补征地应与原有场区合理衔接,便于新场区硬化地面和原有场区道路、广场的连接,原有场区破损的硬化地面可破除硬化地面面层重做。

道路工程主线或收费广场拓宽影响原房建工程单体建筑使用安全,或改扩建后已出房建区范围的原场区单体建筑拆除新建,服务设施新建单体建筑依据交通运输部颁发的相关标准,充分考虑拆除单体建筑的建筑规模和功能需求确定新建单体建筑建筑规模;随着收费广场ETC车道通行能力大幅提升,收费设施新建单体建筑,依据交通运输部颁发的相关标准,根据收费站实际人员编制,确定新建单体建筑建筑规模。

道路工程主线或收费广场拓宽后,单体建筑距道路工程主线或收费广场距离较近,满足原房建工程单体建筑使用安全,原单体建筑可保留改建,但应充分考虑道路噪声的影响,采取必要防噪措施,原单体建筑若功能改变,应满足现行规范的相关规定。

房建工程原配套设施用房满足设备扩容要求,根据现行规范改造原配套设施用房,若不能满足设备扩容和现行规范的相关规定,原配套设施用房需拆除新建。

10.3.4 房建工程改扩建总图设计

道路工程主线拓宽后占用原服务设施(服务区、停车区)场区,应完善服务区新场区加减速车道设计,确保车辆进出服务区安全、顺畅。

房建工程服务设施(服务区、停车区)总图设计,扩建场区停车场、道路与原场区连接需平缓、顺畅,应符合交通运输部颁发的相关规范的规定。根据新能源汽车的使用情况,增加加气站、充电桩设计,考虑多元化服务设施设计,设置无障碍停车位、加水站、房车营地等,对服务区、停车区内车流线、人流线进行分析、规划,减少车流线、人流线相互交叉干扰;服务设施(服务区、停车区)总图竖向设计,停车场纵、横坡度按≥0.3%且≤2.5%设计,场区内连接道路坡度按≥0.3%且≤5.0%设计;加油大棚、加气大棚下地面宜按水平地面设计,若因场区内地形因素影响,加油大棚、加气大棚下地面需带坡度,地面纵、横坡度按≤0.5%进行设计。

房建工程服务设施(服务区、停车区)总图设计,扩建场区停车场布置应满足车辆进出停车场便捷、顺畅的要求,扩建场区主要通道转弯半径应满足大型车辆通行要求;危险品停车位布置在人流不易到达、距场区内单体建筑间距较大且视线较隐蔽的地方,房车停车位布置在场区环境静谧的地方。

房建工程收费、管理、养护设施总图设计,应符合交通运输部颁发的相关规范的规定,总图办公楼、办宿楼布置应充分考虑建筑朝向、通风、日照间距、防火间距等因素的影响。

房建工程收费、管理、养护设施总图设计,房建工程改扩建场区出入口不应设在收费广场收费岛沿纵向范围内,房建工程场区出入口设在收费广场入口一侧,场区出入口(大门)距收费岛岛尖宜大于15m,若匝道收费站采用站前治超,房建工程改扩建场区出入口可设在收费岛岛尾与超限检测岛岛尖之间。

房建工程场区土壤若有湿陷性,单体建筑基础根据地勘及相关规范的规定进行设计,应对场区湿陷型做相应处理,对改扩建场区湿陷性采取设封水层的措施,防止场区硬化地面、绿化地面塌陷。

道路工程综合排水系统应充分考虑房建工程场区雨水排出措施;房建工程场区污水若不能接入城市管网污水排水系统,房建工程场区需增设蓄污池,污水经化粪池、污水处理装置处理后排至蓄污池,污水定期外运,满足当地环保要求。

房建工程有穿越扩建场区的高压线、石油管道、天然气管道、通信管线需移至房建工程场区外,并满足现行相关规范安全间距的规定。

10.3.5 房建工程单体建筑设计

房建工程服务、收费、管理、养护设施不同功能单体建筑应依据现行规范进行设计,满足改扩建工程使用功能要求。

房建工程新建单体建筑风格应结合当地自然环境、风土人情、因地制宜进行设计,新建单体建筑设计还需与原有单体建筑风格相协调。

房建工程新建单体建筑设计,树立低消耗、低排放、低污染、高效能、高效率、高效益的设计理念,选用可再生、低污染环保型建筑材料,满足环保、消防、节能、绿色建筑方面的相关规定。

房建工程新建单体建筑设计,应完善室内消防设计,并根据现行规范规定,完善单体消防救援窗设计。

房建工程新建单体建筑设计,服务楼、办公楼、办宿楼、宿舍楼、食堂、餐厅等人员密集建筑单体外墙保温材料选用 A 级耐火等级保温材料,屋面可选用 B1 级、B2 级耐火等级保温材料,通过节能计算确定单体建筑不同部位保温材料厚度。

10.3.6 房建工程结构设计

竖向加层:若原有建筑层数不多,加层后荷载增加比例太高,基础不够,上部结构应同时考虑抗震等级提高,所以如果要加层的话,就需要从基础到上部结构全部加固,成本太高,不建议增加层数。

平面扩建:①原有建筑地基处理采用垫层或挤密桩处理,扩建地基处理仍采用垫层法处理,垫层采用放台阶搭接,以确保地基整体性;基础与原有建筑基础脱开,上部结构采用悬挑方式与其连接;②原有建筑采用桩基,扩建建筑仍采用桩基。

场地允许的话,新建建筑单独建设。

对既有建筑保护:①地基处理不能采用挤密桩处理;②新开挖基坑时,对原有基础保护,应注意应力扩散角,同时应加强基坑排水措施。

10.3.7 给排水设计

1)前期调查

项目前期阶段,应深入调查高速公路沿线房建设施,对既有设施的运行情况及各项参数进行调研。需要调研的主要数据为:

(1)既有生活水源的水量是否满足用水要求,生活水箱的有效容积,既有生活供水设备的参数。生活热水的热源情况、供水方式、热水设备运行情况。

(2)既有消防设施的现状,包含室内外消火栓的设置状况、灭火器的设置级别和位置、是否设置自动喷水和气体灭火。

(3)消防水池的有效容积、高位消防水箱的有效容积;消防水泵、消防稳压装置的使用情况。

(4)现有雨水的排放情况,包括雨水口的设置位置、雨水的排放口位置、周边接纳雨水的沟渠等的现况。

(5)现有污水的排放情况,包括是否设置化粪池、隔油池、沉淀池等小型污水处理构筑物,是否设置污水处理装置,污水处理装置是否运行等;调查处理后污水的去处,是达标排放还是回收利用。

2)给排水设计

项目设计阶段,应根据现场实际调查情况及改扩建要求重新复核现有给排水设备的参数,并根据实际情况增加调整新设备。

经复核计算确定是否需要增加生活水箱容积和生活水泵参数。如需要增加水箱容积,可采用扩大原有水箱或者新建水箱的方式,具体需要根据现场实际的空间等决定。生活水泵需要根据改扩建的要求更换。

需要根据改扩建项目的人数和已有热水设备情况选取合理的热水制备方式,一般采用增加热泵或者电热水器的方式满足改扩建要求。原有太阳能集热器根据运行保养情况决定是否拆除重新设置。

根据新建建筑规模重新确定消防设计参数,合理利用已有消防水池的有效容积,一般采用新增加水池的方式以满足改扩建的水量要求,消防水泵需要根据新设计参数更换。

根据需要增加气体灭火系统,主要在监控室、电源室、通信室、配电室等电气设备用房内增加七氟丙烷气体灭火系统。

高位消防水箱需要设置在厂区内最高建筑,需要根据改扩建内容拆除或者新建高位消防水箱。

根据改扩建的总图新增设雨水口和雨水管道,雨水排放根据前期调查排放至道路边沟或者河流。无边沟或者河流的,可设置蒸发池就近排至蒸发池。

根据现行的环保法律法规要求设置污水处理装置,污水处理设备的处理能力必须达到改扩建的污水排放量。原有设备如无法达到改扩建项目的环保要求,必须升级环保设备。处理后污水根据环保要求回用或排放。

10.3.8 房建工程暖通设计

核查原有建筑是否有安全隐患,能否满足现行规范《建筑设计防火规范》(GB 50016—2014)、《建筑防烟排烟系统技术标准》(GB 51251—2017)、《汽车库、修车库、停车场设计防火规范》(GB 50067—2014)的要求;扩建的新建筑通风设计应优先考虑自然通风,当自然通风不能满足要求时,应采用机械通风或复合通风。

10.3.9 房建工程电气设计

1)前期调查

项目前期阶段,应深入调查高速公路沿线房建设施,对既有设施的运行情况及各项参数进行调研,需要调研的主要数据为:既有供配电系统配置、变压器容量、负荷率、柴油发电机容量、负荷率、场区内电缆敷设路径、各主要设备用电功率、数量。向现场工作人员了解场区电力供应情况,如:变压器是否出现过因负荷过大跳闸保护的情况,所在电网的停电频率等电网运行现状。对场区照明现状、场区通信管网现状、区防雷接地设施现状进行实际了解。通过当地电力供应部门,了解项目所在地的供电电压等级、变电所备用回路数及空余容量、电价政策等信息。

2)电气设计

在前期调查的基础上,结合建筑的布局方案及给水排水、暖通空调专业的设备设置情况,合理确定场区内的既有电力设施利用范围。随着绿色能源的持续推广,场区内以电能为能源的供电设备持续增多,厨房操作间、采暖制冷等用电负荷在整个场区的占比约为40%~50%。改扩建项目应充分考虑用电负荷增加导致的变压器增容、电力电缆线径变大等具体问题,合理设置变配电设施容量及位置,供电半径一般不超过250m。智慧公路、自由流技术的持续推进,使得机电负荷容量较之前有了较大的提高;考虑到高速公路沿线设施一般位置都比较偏远,厨房操作间供电负荷按二级负荷配置。在考虑二级负荷时,应充分考虑以上的因素,合理计算备用电源容量(备用电源一般采用柴油发电机)。室外照明应结合当地日照条件,在有条件的地区选用太阳能光伏电池供电的灯具,减少电力消耗。

第 11 章 交通组织设计

11.1 概 述

改扩建工程与新建工程相比,主要特点之一就是工程实施与维持交通畅通间存在着不易调和的矛盾,若中断交通进行施工,不仅影响整个路线所经区域的社会和经济活动,而且造成道路通行费收入的降低,降低高速公路的经济效益;若不中断交通,由于改扩建时占用部分道路资源,容易形成交通瓶颈,影响通行车辆的行车安全。显然,采用合理、科学的施工交通组织方案,在改扩建工程顺利实施的同时,确保施工期间交通的安全运行是改扩建项目设计中不可缺少的一项重要内容。

11.1.1 施工交通组织方案的目标与基本原则

11.1.1.1 交通组织设计目标
(1)充分利用区域路网资源和改扩建项目所在交通体系,运用交通管理措施对施工区域的交通需求进行适度管理,然后从交通需求产生和吸引的源头上引导、疏导部分交通量远离改扩建项目实施区间,减轻运输通道的通行压力。

(2)采用合理、科学的交通组织设计方案,保障改扩建工程顺利实施,同时确保施工期间交通的安全运行。

11.1.1.2 交通组织设计原则
为保证改扩建的顺利实施,改扩建期间施工交通组织方案应遵循以下基本原则:

(1)安全原则。在改扩建施工期间,必须保障运营车辆的行驶安全,同时也必须保障施工车辆及人员的安全。

(2)畅通原则。改扩建施工期间,高速公路应保持畅通,确保施工过程中车辆能以一定的速度顺利通过,保证一定的服务水平。同时,要减少对被交路交通的影响,采取有效措施保证不中断交通。

(3)保障施工进度原则。改扩建是在原有高速公路的基础上进行的,其施工必将带来原有高速公路的运营收入损失,同时对高速公路通行能力有较大的影响,长期施工对周边社会环境的影响更不容轻视。因此,确保施工进度、尽量缩短工期是非常必要的。

(4)可靠适用性原则。改扩建在施工技术方案上与新建工程存在较大差异,且部分项目建设里程长,沿线构造物较多,各分项工程应依据具体条件和交通状况选择施工工艺,确保技术方案的合理可靠性,并根据工程的技术方案确定适宜的交通组织方案。

(5)经济节约性原则。基于陕西省经济发展情况及创建"节约型"交通行业的要求,施工过程中应本着节约的原则,尽量利用现有资源,以节约工程造价;另外,通过对临时工程技术与组织利用环节上的协调,尽可能降低临时工程投入,控制工程投资。

11.1.2 交通组织设计内容

改扩建施工交通组织方案包括两部分:一是项目的实施技术方案,二是项目实施过程中的交通组织方案。实施技术方案结合分项工程的设计方案进行比选;交通组织方案针对既有实施技术方案,采用临时工程进行必要的交通外部分流及内部转换,保证施工中旧路在满足一定服务水平下的畅通;两者相互影响,不可分割。因此研究重点是在设计与施工方案确定的基础上进行交通组织方案研究,同时从保畅角度对设计与施工方案进行必要的调整。

施工交通组织方案研究的主要内容是:通过研究各分项工程施工的工序、工期及对道路(包括主线及被交道路)通行的影响,基于项目周边路网现状调查的基础数据,根据路段交通的主要流量和流向,对施工各个阶段的交通分流及交通转换方案进行深入研究;结合外部分流,对路段上单双幅的交通转换、临时交通工程设施设计、施工期管理措施等多方面内容进行系统研究,设计一套较为科学、完善的施工交通保畅方案。充分发挥路网整体作用,将施工造成的交通运行影响和财务效益影响降低至合理可接受的范围。

交通组织设计应包含应急预案及保障措施设计,并应设置相应的临时交通工程及沿线设施。临时交通工程及沿线设施的设计应与主体工程的设计协调、统一。进行交通组织设计保障措施、临时交通工程及沿线设施设计时,设计速度不宜低于60km/h。

(1)区域路网交通组织设计应针对既有公路及周边路网施工期间分流能力,确定合理的区域路网交通组织设计。

区域路网交通组织设计应包含下列内容:

①对周边路网交通量、交通组成、交通流特性的分析预测。

②对区域路网布局、沿线城镇分布、公路技术状况等的调查、分析。

③对路网分流点、分流车型、分流路径、实施计划安排等的分析论证,制定相应的分流、绕行、管制方案。

区域路网交通组织设计应符合下列规定:

①应对施工期既有公路及周边路网各自的通行能力、服务水平及可承担分流能力进行分析。

②应制订总体区域路网交通组织设计方案,内容应包括分流路径、分流车型、分流交通量、诱导点、分流点、管制点设置,以及分流路段改造、维修方案等。

(2)路段交通组织设计应针对既有公路的一般路段和关键工点,确定合理的路段交通组织设计方案。

路段交通组织设计应包含下列内容:

①对施工各路段、各阶段的通行能力及可容纳的交通量分析预测。

②对工程实施期施工与运营相互干扰程度的分析。

③对施工期路段保通、限速、改道等的分析。

路段交通组织设计应符合下列规定:

①应结合施工标段、行政区划、构造物分布、施工方案,确定区段划分。

②在满足施工安全和工期的前提下,应做好施工标段间、区段间的交通协调。

③应做好一般路段和关键工点的分流与保通设计。

(3)交通组织应急预案及保畅措施设计应针对施工期间可能发生的各种情况,进行应急预案及保畅措施设计。

交通组织设计应急预案及保畅措施应包含下列内容:

①交通管理、安全保障、应急预案等方面的总体框架。

②实施机构的组成建议。

③相关临时交通工程及沿线设施。

交通组织应急预案及保畅措施设计应符合下列规定:

①应提出针对各种突发事件的应急预案。

②应提出应急预案的启动时机、反应机制等。

11.1.3 工程阶段划分

根据工程性质与施工特点,改扩建工程分四个阶段,各阶段主要内容如下。

第一阶段:路基施工初期,主要内容包括清表、基底处理等,该阶段施工对主线车辆正常通行无影响,在合理安排施工的情况下,主线可维持双向四车道通行,不进行交通管制,路侧未设置护栏段落应增加 A 级可移动式护栏。

第二阶段:路基施工中期,主要内容包括路基填筑、结构物下部施工等,路基加宽施工的基本原则是施工中不能影响主线的交通,维持旧路四车道通行。施工中,为了保障行车安全与施工进度,需要对施工区与行车区进行有效隔离。

第三阶段:路基施工末期,跨线桥、互通扩建、路床拼接、桥梁上部施工等已开始大面积施工。施工作业面较多,施工工序相互交叉,路侧交通标志拆除,对道路通行能力交互影响。因此,该阶段是交通保畅工作的难点和重点,也是改扩建工程施工组织较为复杂的一个阶段。

第四阶段:路面施工期,主要内容包括路面基层、面层、交安工程、机电工程等,根据路基施工末期施工交通组织,半幅封闭最外侧车道,拼宽部分和旧路硬路肩施工至中面层后,进行四车道保通,封闭另外半幅并进行路床拼接和路面施工作业,施工至上面层后将车辆导改至此半幅,施工另外半幅上面层后进行新建八车道标线重新施画作业,完成后开放交通,实现双向八车道通行。

11.2 通行能力及分流方案

11.2.1 区域路网分析

应对项目路和影响区路网的现状进行分析和总结。了解各条道路的技术等级、交通量、服务水平、车辆构成等现状情况。并对项目路和主要分流道路的交通情况进行详细分析,为交通量的预测提供数据基础,从而为保通方案的论证和分流方案的确定提供支撑。

11.2.2 交通量预测

项目路改扩建期间,原有道路通行条件恶化。为判断施工期间项目路是否满足一定的服务水平,需对项目路施工期间各年的流量进行预测,为分流方案提供依据,交通量预测步骤如图 11-1 所示。

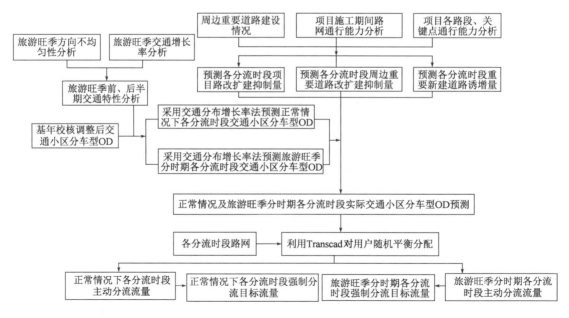

图 11-1 交通量预测步骤

11.2.3 施工区限速方案和通行能力分析

改扩建工程中的路段限速是指对于整个路段的车速进行限制,并非针对局部小范围作业区的限速,或者由于线形不利而进行的局部限速。对于改扩建工程来说,一般里程较长,因此研究的路段限速指的是一般路段的宏观限速。

影响改扩建工程车速的因素与通常情况不同,不仅有交通量、道路线形、路面、视距等,还有因施工而导致的车道数减少、车道与路肩宽度减少、隔离设施类型、路面施工程度等。因此,改扩建工程中路段合理的限速值应由主要的影响因素决定。

1)施工路段饱和度

在高速公路改扩建工程中,交通量是影响行车速度的重要因素,而路段饱和度是直接衡量路段交通量大小的指标,它反映了现有交通量与道路通行能力的比值。在改扩建工程中,为防止路段及关键点产生拥堵,通常会对路段交通进行分流,故流量较通常少,但由于改扩建中存在双向通行以及其他不利行车的情况,所以道路通行能力也会相应减小,因此路段饱和度需重新计算。

由国内外研究可知,交通量越大,交通密度越大,车速越低。又由上式知,施工路段饱和度正比于施工路段交通量。因此施工路段饱和度越大,实际运行车速越低,而饱和度较小时,车速则相对较高。

2)车道与路肩宽度

在改扩建工程进行时,"边施工边保通"要求以车道与路肩宽度的减少为代价,例如沪宁高速公路改扩建期间采取了保二车道通行的施工模式,在路面施工阶段由原来的双向四车道变为双向两车道通行。同时由于新老路面的拼接需拆除原有护栏并占用部分路肩,从而引起老路面的宽度减少,加之半幅双向通行时需布置相应隔离设施占据部分车道最终导致车道宽度的缩减。车道与路肩宽度的减少将直接影响行车速度的选取值,宽度越小安全车速也应越低。车道宽度若减小仍可占用部分路肩宽度行车;但路肩宽度若减小,将会直接产生压缩车道的不良效果。因此"车道宽度不变,路肩宽度减小"对于车速的影响程度将大于"路肩宽度不变,车道宽度减小"。

11.2.4 分流点设置

施工道路的交通拥挤,一方面是由于施工路段通行能力下降所致,另一方面是由于缺乏必要、及时的流量信息和分流诱导措施,致使驾驶员无法提前选择合理路线,造成交通量在路网上分布不均衡。

通过在适当地点设置分流点,一方面可以推荐服务水平较高的行驶路线以辅助驾驶员优选路线,充分利用现有路网有效地缓解交通拥挤;另一方面,极大地方便了交通管理部门对施工路段的交通管制,制定有效的强化分流引导方案。

11.2.4.1 分流点的主要功能

1)信息集中发布

从分流点的功能特点来看,路网分流点是各种必要的行车信息集中发布的平台或场所。行车信息包括分流路径信息、道路预警信息、管制措施信息、前方道路流量信息以及其他综合服务信息。对于公路使用者来说,及时、详细的行车信息是促使其对行驶路线进行选择的重要诱因。因此,通过设置分流点让车辆驾驶员提前掌握各种相关道路信息,可以有效地实现对路网资源利用的最大化,减少不必要的延误和混乱。

2)实现分流路径无缝衔接

根据前面的研究结果,在高速公路改扩建施工期间,为不同出行目的的车流都提供适当的分流路径,而且这些分流路径不仅分布广,而且存在多种组合方案。因而,需要将各种分流路径有机衔接起来,使分流点功能得到最大的发挥。

3)强化交通管制措施

作为交通分流组织方案的基础平台,除了上述功能以外,分流点还是实现强化交通管制的主要措施之一。一般情况下,在路网分流点设置各种醒目的预告、警示、指路以及分流标志,并配备交通警察指挥岗,重要分流点还应实行 24 小时现场指挥,以减轻施工路段的交通压力。

11.2.4.2 分流点设置

在拟定研究区域内的诸多分流路径后,需要在更大范围的路网中提前设置分流点,在省界以外对大量过境和始发交通流提前预告,起到疏导和必要的交通管制作用。

设置总原则:

(1)按流量流向需求布设、减少干扰;

(2)逐层上游疏导、由远即近、地区协调组织;

(3)分级分类、按作用功能级配优选。

以上述设置原则为指导,设置三级路网分流点,分别为诱导点、分流点和管制点,从网、线、面上进行交通分流。

一级分流点(诱导点):设置在区域路网的市级节点和外省公路入口处,发布分流消息、诱导交通,尽量分流过境交通;

二级分流点(分流点):在区域路网的主要交叉口设置以诱导性主要,并考虑设置部分临时交管的设施;

三级分流点(管制点):在改扩建路段沿线所有立交入口和与其直接相连的收费站处设置,同样以强制性交通管制为主要手段,解决出现拥堵时的交通疏解问题。

车辆分流时,需要提前告知驾驶员前方道路状况,使驾驶员及时获得相关路网分流信息,并进行相应的行驶路线选择,必要时以定向的交通管制措施为辅,实现关键路段、关键节点的分方向强制性交通分流。因此,可考虑设置相应的指路标志、禁令标志及相关的标线和大型可变信息标志,提供与驾驶员行车方向相同的广域道路以及直接相连的其他道路的信息,帮助驾驶员在不同道路间选择路径。

1) 诱导点

诱导点功能的实现可以依靠在相关道路上提前设置固定的宣传标志与可变信息标志,并重复提醒,以便驾驶员根据信息选择合适的路线来完成。可变信息标志可提供实时的道路交通信息和施工信息、前方路段改扩建情况、道路情况、天气情况、互通立交改建匝道、临时匝道出入口位置等行驶信息和服务区停车车位以及警告驾驶员前方道路有施工车辆出入、小心驾驶、减速慢行等服务信息。在改扩建施工期间,应充分利用周边路网的可变情报板,以管理驾驶行为和告知驾驶员足够的信息。

设置位置:宣传标志主要设置于区域路网的各诱导点入口匝道前。

设置内容:"××高速改扩建施工仅供小客车通行"及"××高速改扩建施工,请提前绕行",根据路网分流路径设置。

2) 分流点

分流点需要设置相应的指路标志、禁令标志以及相关的标线,引导出行者从主观意愿上实现交通的路径转换。分流点设置在区域路网的主要交叉口,提示和诱导过往车辆选择其他路径,辅之以禁令标志、临时交通标线及其他安全设施,保障施工及行车安全。

设置位置:①当分流点为高速公路与国省道相交的互通式立交时,分流标志设置在高速公路去往施工路段方向距出口匝道1900m、900m、400m处及立交连接线与分流道路交会处;②当分流点为高速公路与高速公路相交的互通式立交(绕城高速公路)时,分流标志设置在高速公路去往施工路段方向距出口匝道1900m、900m、400m处;③当分流点为平面交叉口时,分流标志设置在分流方向的路段上。此外,还应根据需要,在分流点出口适当位置设置标志,提示路线绕行方向。

设置内容:"××高速施工仅供小客车通行"或"××高速改扩建××方向施工"等,并表明绕行路线方向等。

3) 管制点

管制点应以强制性交通管制为主要手段,疏导主线与关键相交路段各方向车辆,全力保障互通出入口各方向分车型交通流有序、顺畅。管制点应设置相关的标志标线,如禁止大车通行以及限速标志,设置限高门架等。同时,还需要安排人员在道路施工期间对现场交通进行管理,负责封道及确保高速公路运营畅通;配置交通清障设施用于管理交通;安排专车在封闭区两端做好预警工作,安排专人负责现场交通维护巡查,及时扶正锥形筒等。

设置位置:高速公路立交上距出口匝道1900m、900m、400m处及与其直接相连的收费站处。

设置内容:设"××高速施工仅供小客车通行"或"××高速施工,大车请绕行"。

11.3 施工交通组织方案论证及比选

11.3.1 改扩建工程施工交通组织的目标与原则

11.3.1.1 施工交通组织目标

(1)高速公路改扩建的施工交通组织目标:维持安全、有序通行。

(2)主要分流公路:对高速公路,服务水平一般不低于二级,部分路段不低于三级;对国省道,不出现严重堵车现象(允许堵车出现,但加强引导可短期疏解)。

11.3.1.2 施工交通组织原则

1)保障改扩建施工顺利实施

由于改扩建项目采用"边扩建边通车"的模式,必然会对施工产生一定的影响。因此,交通保畅方案的制订,必须保障改扩建工程顺利进行。尽可能将交通对施工质量和工期的影响降至最低。

2)确保公路交通运行的畅通

改扩建路段往往是国家高速公路的重要组成部分,不仅是沿线区域经济社会联系的重要纽带,还承担着大量的过境交通。改扩建施工的实施,尤其是路面施工必然对交通流的顺畅产生干扰。因此,分流保畅方案要尽量协调施工和交通保畅的矛盾,确保公路的畅通。

3)合理分流,兼顾分流路网的通行能力

由于改扩建高速公路沿线路网发达,可供分流的道路资源较多。在确保分流方案可行的前提下,应尽量合理分流,兼顾分流路网的通行能力,减少分流车辆绕行路程。

4)尽量减小社会影响

在改扩建路面施工期间,通行断面受到压缩,交通拥堵和交通事故出现的概率有所增大,保畅方案应充分考虑这一因素,并将此影响降至最低。

5)尽量减小对高速公路收费的影响

高速公路属于收费还贷项目,因此,制订分流保畅方案时,应充分考虑对财务的影响,尽量减少分流交通量。

11.3.2 改扩建工程施工交通组织方案

大部分需改扩建的四车道高速公路一般是所在区域的运输干线和交通主骨架,承载的交通量大,增长迅速,其拓宽工程与沿线社会经济发展息息相关,也将会给沿线路网带来巨大的交通分流压力,给社会和经济发展造成不同程度的影响。在上述情形下,研究"在不中断交通情况下进行施工"模式下的高速公路改扩建或拓宽保通方案,已成为高速公路拓宽工程研究的重点之一。

参考国内及省内近期完成的高速公路改扩建交通组织方案,结合施工区通行能力分析,在保证改扩建施工进度和高速收费效益的前提下,根据施工段落和施工阶段的不同,常采用以下三种主要的交通保畅方案。

方案一:双幅全封闭施工。

方案二:双幅禁止货车及七座以上(不含七座)客车通行,即在第二、三阶段路基拼接路段,利用半幅最内侧车道和另半幅三条车道进行双向四车道保通。

方案三:半幅全封闭施工,即在第二、三阶段路基改桥路段,利用另半幅拼宽临时道路和第四阶段半幅施工至中面层后利用半幅双向四车道保通。

下面就不同施工交通组织方案的具体施工组织过程及交通组织方案进行分析论证。

方案一:双幅全封闭施工。

该方案是在道路改建过程中,禁止车辆在改建道路上通行,原来通行于该公路的车辆绕行其他平行道路。该方案相当于新建工程施工,施工期间主要考虑施工车辆的交通组织,适用于有平行公路(高速公路)作为主要分流公路,且分流公路等级较高情况。缺点是对分流公路产生了很大的交通压力,尤其是平行公路,对沿线经济社会负面影响较大,在我国近几年高速公路改扩建工程中很少采用全封闭施工的施工组织形式,但此方案具有便于控制和缩短工期,施工安全和交通安全易于保证,施工现场基本不需要交通疏导人员的优点。因此在某些施工难度较大、不易进行交通组织且交通安全难于保证的关键工点,为保证施工质量、缩短工期、保证车辆行驶安全,可以采用全封闭施工的施工组织形式。

方案二:双幅禁止货车及七座以上(不含七座)客车通行(图11-2)。

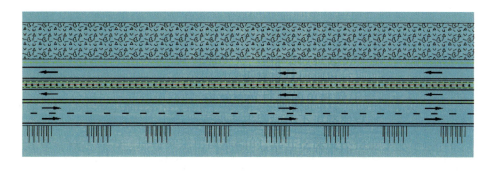

图11-2 双幅禁止货车及七座以上(不含七座)客车通行交通组织示意图

该方案是在路基施工中期原路段仍维持双向四车道通行,为保障行车区安全,采用移动式护栏对施工区与行车区进行隔离,同时路段实施交通管制,禁止货车及七座以上(不含七座)客车通行。

该方案的优点是在路基施工中期施工干扰较小的路段采用只分流而不封闭车道方法,可有效地保障路段的通行能力,同时路段上只通行小客车,车型统一,交通安全性好。该方案的缺点是部分路段路基填筑以及大型机械的调动时需临时侵占硬路肩及行车道,需对该路况做出交通组织方案。

根据上述情况,可采用在临时侵占硬路肩及行车道时的应急方案,即半幅分段封闭方案。半幅分段封闭施工组织即在施工中封闭临时占用旧路行车道的路段,原路段车辆借对向车道单幅双向通行,跨过施工区后再驶回原路,车辆行车路径如"S"形,如图11-3所示。

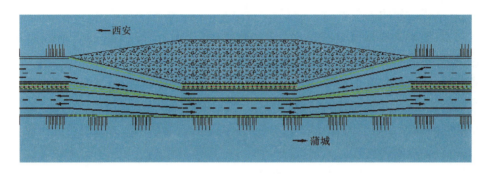

图11-3 半幅分段封闭施工交通组织示意图

方案三:半幅全封闭施工。

半幅全封闭施工主要用于路基改桥路段(采取临时拼宽便道,保证四车道通行)、涵洞换板(临时中断某段一条车道,另半幅双向三车道通行)、新旧桥拼接(临时中断某段一条车道,另半幅双向三车道通行),某半幅施工至中面层后利用中面层四车道保通、封闭另外半幅进行施工作业等。半幅路面施工期间,由于没有交通影响,可以连续开展整幅工作面,封闭施工时应考虑施工设备情况和其他条件,灵活选用作业面长度。

方案评价:

1)优势

(1)由于半幅路基施工末期及路面施工时,没有混合交通,施工干扰较少,施工安全,交警、路政协调最少,可以有效保证路面施工质量和施工进度。

(2)可以使先施工的半幅路基、路面拼接中存在的病害充分暴露,及时修补,减少隐患。

(3)半幅路基施工末期及路面施工时,交通组织压力较小,发生交通事故的概率较小,人员伤亡少。

(4)可以合理利用铣刨材料,避免浪费,保护环境。

(5)桥梁拼接时,不受车辆振动影响,能够保证拼接质量。

2)劣势

(1)半幅全封闭施工时,对路基改桥等施工周期较长的作业,需采取拼宽临时便道或便桥,增加工程费用;对涵洞换板、新旧桥拼接等施工周期较短的作业,临时封闭半幅,另半幅仅能通行三条车道,交通压力较大。

(2)施工过程中,施工机械需三次转场,延长了路面施工周期。

(3)由于没有加铺上面层就开放交通,对沥青面层会造成层间污染和渗水。

11.3.3 方案比选论证

拟改扩建项目所在的京昆线是国家高速公路网的重要组成路段,拟改扩建的蒲城经西安至涝峪段是京昆高速公路陕西境内交通量最大的路段,路线途经蒲城、富平、阎良、高陵、西安、户县等市(县、区),连接富平高新技术产业开发区、西安渭北工业区(高陵装备工业组团、阎良航空工业组团、临潼现代工业组团)、西安国际港务区、西安高新技术开发区(三星产业园和梁家滩国际社区)等。

G108是拟改扩建项目通道内重要的一条国道线路,拟改扩建范围内G108路线起自蒲城县西固村,利用原S106至富平东上官,利用富平产业大道至阎良界,之后利用关中环线向西经三原、泾阳、礼泉、乾县,最后利用S108向南经武功、周至与原G108相接。

经过上述对比分析可知,方案一最大的优点是施工过程便于控制且工期较短,施工安全和交通安全易于保证,但全封闭施工对分流公路产生了很大的交通压力,对沿线经济社会负面影响较大。因此只有在某些施工难度较大、不易进行交通组织且交通安全难于保证的关键工点,为保证施工质量、缩短工期、保证车辆行驶安全,可以采用全封闭施工的施工组织形式。方案二最突出的优势是不中断两方向的交通流;突出的劣势是半幅旧路上通行三个车道,仅能保证3.5m的行车道宽度,且无侧向余宽,安全风险较大。方案三主要适用于路基改桥段落及半幅新路施工至中面层后进行另半幅封闭施工,优点为没有混合交通,施工干扰较少,施工安全,交警、路政协调最少,可以有效保证路面施工质量和施工进度;缺点为对路基改桥等施工周期较长作业需采取拼宽临时便道或便桥,增加工程费用,对涵洞换板、新旧桥拼接等施工周期较短的作业,临时封闭半幅,另半幅仅能通行三条车道,交通压力较大。

(1)通行能力

施工期间路段的通行能力是评价保畅方案的一个重要指标。由方案二交通组织分析可知,方案二部分时段需封闭最外侧车道,一条车道需借用对向车道行驶,此时,路段保持双向四车道通行,一个方向的实际通行能力为3200pcu/h。根据分流不同车型时路段的通行能力状况,推荐采用双向分流全部货车及7座以上客车的方案,可保证施工区路段服务水平均为三级。

方案三采用半幅全封闭施工,通过临时工程措施和选择恰当的交通转换时机可实现双向四车道通行,与方案二相同,双向四车道一个方向上实际通行能力为3200pcu/h。

(2)社会影响

保畅方案对社会的影响主要表现在两个方面:公众对交通部门的满意度和分流对沿线经济发展的影响。方案二与方案三均分流货车及7座以上客车,影响了沿线城镇的交通出行,不仅降低了公众对交通部门的满意度,而且对沿线经济带来了一定影响。因此,在施工期需要做好宣传工作,尽可能争取公众的谅解和支持;并且把分流道路维修完善,把对沿线经济带来的影响降至最低。

11.4 项目路段施工交通组织方案

11.4.1 施工阶段的划分及各阶段施工对行车空间占用情况分析

第一阶段:路基施工初期,主要内容包括清表、基底处理等,该阶段施工对主线车辆正常通行无影响,在合理安排施工的情况下,主线可维持双向四车道通行,不进行交通管制,路侧未设置护栏段落应增加 A 级可移动式护栏。

第二阶段:路基施工中期,主要内容包括路基填筑、结构物下部施工等,路基加宽施工的基本原则是施工中不能影响主线的交通,维持旧路四车道通行。施工中,为了保障行车安全与施工进度,需要对施工区与行车区进行有效隔离。

第三阶段:路基施工末期,跨线桥、互通扩建、路床拼接、桥梁上部施工等已开始大面积施工。施工作业面较多,施工工序相互交叉,路侧交通标志拆除,对道路通行能力交互影响。

第四阶段:路面施工期,主要内容包括路面基层、面层、交通安全设施、机电工程等,根据路基施工末期施工交通组织,半幅封闭最外侧车道,拼宽部分和旧路硬路肩施工至中面层后,进行四车道保通,封闭另外半幅并进行路床拼接和路面施工作业,施工至上面层后将车辆导改至此半幅,施工另外半幅上面层后进行新建八车道标线重新施划作业,完成后开放交通,实现双向八车道通行。

11.4.2 一般路段路基施工交通组织

11.4.2.1 路基施工中期

路基加宽施工的基本原则是施工中不能影响主线的交通,维持旧路四车道通行。施工中,为了保障行车安全与施工进度,需要对施工区与行车区进行有效隔离。

1)路基加宽施工对交通的影响

路基加宽对交通影响较小,施工中利用两侧加宽部分作施工便道,边坡开挖采用分层台阶式开挖,开挖一层,填筑并压实一层,不得一次全部开挖,开挖不得侵占硬路肩,以保证行车安全。施工机具及人员一般不得进入行车区,临时侵占硬路肩时,应设置施工警示标志及诱导标志。此阶段路基的施工工序应不影响主线的通行,路基边坡可开挖至倒数第二级台阶为止,最上一级台阶留至路基施工末期及路面施工期完成。

2)路基加宽施工交通保畅组织

路基施工中期基本不影响旧路的正常交通,只有在大型设备调度、施工高度增加时,需短时间限制硬路肩停车或封闭 1 个车道。施工中,为了保障行车安全与施工进度,需要对施工区与行车区进行有效隔离,同时对路段进行交通管制,禁止货车及 7 座以上客车通行,限速

60km/h。一般路段的临时围挡安装在旧路侧波形梁护栏外侧；不设护栏的低填与浅挖路段采用 Am 级移动式护栏置于硬路肩外侧进行隔离,临时围挡采用后期可为永久工程所利用的隔离栅,如图 11-4 所示。

图 11-4　路基施工中期交通组织示意图(尺寸单位:cm)

11.4.2.2　路基施工末期

路基施工末期,跨线桥、互通扩建、路床拼接、桥梁上部施工等已开始大面积施工。施工作业面较多,施工工序相互交叉,路侧交通标志拆除,对道路通行能力交互影响。

1) 路基施工组织

路基拼接施工,对交通影响较小,可通过设立临时交通标志和交通安全设施来保障交通畅行。

在原路路面结构中,硬路肩下不设底基层,且此部分在扩建后为第三车道(重车道),结合前期路面检测结果,考虑建成后营运期的使用要求,需要对旧路硬路肩全部铣刨后加铺基层并新建路面结构。为了施工方便及质量保证,建议旧路硬路肩路床与新建路基路床一次填筑压实。因此对旧路硬路肩路床铣刨至与新建路基路床底面齐平后统一填筑。由于旧路路床铣刨的范围为硬路肩与土路肩,施工中将严重影响旧路通行,考虑行车及施工安全,施工中需封闭外侧车道(即旧路行车道)。为了将挖除硬路肩对通行的影响降至最低,在路基施工末期,即采取半幅封闭最外侧车道,对另半幅行驶的三条车道进行挖除硬路肩施工。

2) 路基施工交通组织方案

施工开始即采用半幅封闭最外侧车道施工的方案,先施工半幅,另半幅三条车道正常行驶,中间采取移动式护栏隔离,从而实现硬路肩拼接施工的四车道保通方案,如图 11-5 和图 11-6 所示。

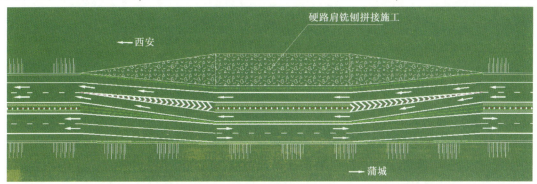

图 11-5　路基施工末期封闭半幅最外侧车道交通组织横断面(双向四车道)

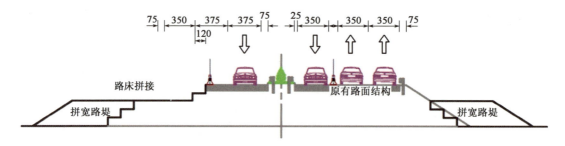

图 11-6 路基施工末期封闭半幅最外侧车道交通组织横断面(双向四车道)(尺寸单位:cm)

半幅施工至路面中面层后,将车流导改至此半幅,全线双向四车道通行,行车断面为:1.5m原中央分隔带+0.75m路缘带+2×3.5m车行道+1m中央分隔带+2×3.5m车行道+3m救援车道+0.75m土路肩。具体交通组织如图 11-7 和如图 11-8 所示。

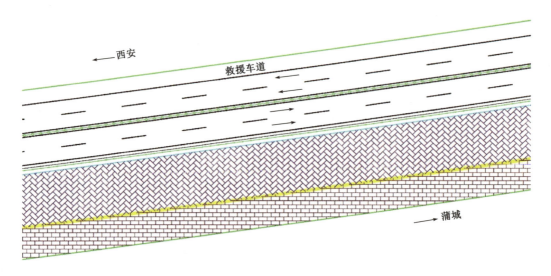

图 11-7 路基施工末期利用成形半幅中面层四车道通行交通组织

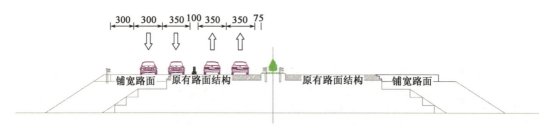

图 11-8 路基施工末期利用成形半幅中面层四车道通行横断面(尺寸单位:cm)

11.4.3 桥梁路段施工交通组织

桥梁施工交通组织难点主要在于路基改桥、旧桥换梁段落、路基改桥路段和桥梁拆除新建路段,新建桥梁半幅必须整体施工,半幅旧路或旧桥不具备四车道保通条件,针对这种情况,推

荐采取拼宽临时路面或临时便桥方式与较晚施工半幅构成四车道临时保通断面,具体施工及保畅步骤为:

(1)同硬路肩铣刨拼接施工方式,半幅三车道行车,另外半幅封闭最外侧车道,进行临时路基路面或便桥拼接,其中新建桥段落采取临时措施,两端连接段按土建设计永久工程施工,如图11-9和图11-10所示。

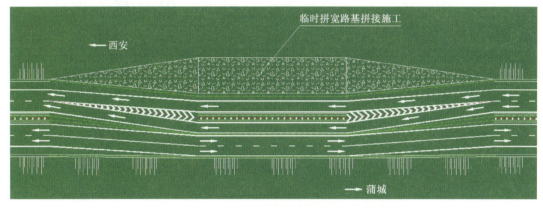

图11-9　路基改桥路段施工交通组织步骤一

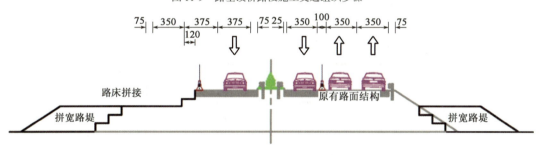

图11-10　路基改桥路段施工交通组织步骤一横断面(尺寸单位:cm)

(2)拼宽临时路基或便桥完成后,将车辆改至半幅四车道通行,另半幅封闭进行建设,如图11-11和图11-12所示。

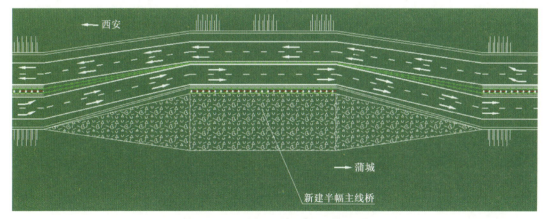

图11-11　路基改桥路段施工交通组织步骤二

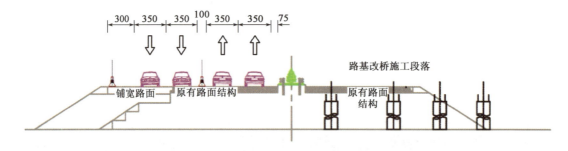

图 11-12　路基改桥路段施工交通组织步骤二横断面(尺寸单位:cm)

(3)半幅桥梁施工完毕后利用新建半幅桥梁四车道保通,进行另外半幅桥梁修建。

(4)另半幅桥梁修建完成好可实现桥梁段八车道通行。

旧桥需要更换梁板的桥梁采取新建拼宽桥梁和旧桥换板分别施工方案,利用新建 7m 宽的拼宽桥和另半幅实现四车道保通,进行半幅梁板的更换,具体施工步骤如下:

(1)旧桥维持双向四车道通行,进行拼宽桥下部施工,如图 11-13 所示。

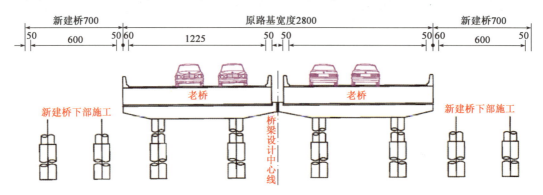

图 11-13　旧桥路段施工交通组织步骤一横断面(尺寸单位:cm)

(2)半幅拼宽桥施工完成后,封闭半幅旧桥,另半幅双向三车道通行,采用 Am 级移动式护栏隔离,新建拼宽桥通行一条车道,从而实现旧桥换板施工的四车道保通,如图 11-14 和图 11-15 所示。

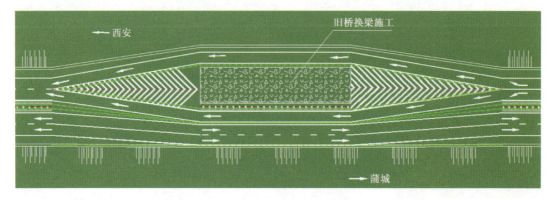

图 11-14　旧桥路段施工交通组织步骤二

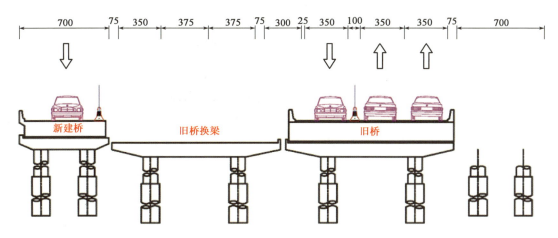

图 11-15　旧桥路段施工交通组织步骤二横断面(尺寸单位:cm)

待封闭半幅换梁施工完成后,封闭拼宽桥交通,进行新旧桥拼接作业,完成后封闭另外半幅,进行另外半幅旧桥换板和新桥半幅施工作业。

11.4.4　跨线桥(天桥和分离式立交)改建施工交通组织

跨线桥的改建既要考虑拆除重建工程实施,同时也要考虑地方路网交通需要。旧的上跨桥拆除和新桥梁吊装从半幅开始,再择日进行另半幅的拆除和吊装,左右半幅交通组织不断转换,复杂多变,涉及建设管理单位、施工单位及交警、路政、当地政府等多家机构,存在巨大的交通组织难度。上跨桥施工阶段交通组织,在保障主线交通流通畅的基础上,改善上跨桥交通流的通过条件,在上跨桥必须先拆后建时,须做好交通路径组织。

针对上跨桥的施工,为保障地区的交通出行,相应提出的施工交通组织原则是"先增后改,先建后拆,分批改造",即:对于移位重建的上跨结构物,先实施新增的上跨桥梁,再拆除老的上跨桥;对于原位重建的上跨桥梁间隔交叉安排,保证一定区域南北横跨改扩建路段的交通通行不瘫痪。

11.5　交通组织临时交通安全设施

11.5.1　施工标志类

1)施工距离标志

在警告区起点附近设置 3km、2km、1km 预告标志,以警告行驶车辆注意。具体要求及尺寸见表 11-1。

施工距离标志　　　　　　　　　　　　　　表 11-1

施工距离标志	
规格(mm)	1300×1300×1300、1200×400
材质	铝型材
支撑形式	$\phi 60 \times 3500$ Z 型立柱
颜色	△标志底色为橙色、黑边、黑图案；辅助标志底色为白色、黑边、黑文字
反光膜等级	Ⅳ类超强级反光膜

2）改道标志

在借用对向车道通行时，封闭方向警告区中点附近设置改道标志。具体要求及尺寸见表11-2。

改道标志　　　　　　　　　　　　　　表 11-2

改道标志	
规格(mm)	1300×1300×1300
材质	铝型材
支撑形式	$\phi 60 \times 3500$ Z 型立柱
颜色	标志底色为橙色、黑边
反光膜等级	Ⅳ类超强级反光膜

3）车道数变少标志

用于提醒车辆驾驶员注意前方车道数变少，应谨慎驾驶。设在警告区中点附近。具体要求及尺寸见表11-3。

车道数变少标志　　　　　　　　　　　　　　表 11-3

续上表

规格(mm)	1400×1900
材质	铝型材
支撑形式	$\phi76\times3800$ Z型立柱
颜色	标志底色为橙色、黑图案
反光膜等级	Ⅳ类超强级反光膜

4) 限速标志

表示该标志至前方解除限速标志或另一块不同限速值的限速标志的路段内,机动车行驶的行驶速度(km/h)不能超过标志中所示数值。具体要求及尺寸见表11-4。

限速标志　　　　　　　　　　　　　　　表11-4

限速标志	
规格(mm)	$D=1200$
材质	铝型材
支撑形式	$\phi60\times3500$ Z型立柱
颜色	标志底色为白色、红圈、黑文字
反光膜等级	Ⅳ类超强级反光膜

5) 导向标志

用以引导作业区行车方向,提示道路使用者前方行驶方向变化,注意谨慎驾驶。设置于作业区线形(行驶方向)变化处。具体要求及尺寸见表11-5。

导向标志　　　　　　　　　　　　　　　表11-5

导向标志	
规格(mm)	1800×800
材质	铝型材
支撑形式	加高型支架离地120cm
颜色	标志底色为橙色、黑边、黑图案
反光膜等级	Ⅳ类超强级反光膜

6) 附设警示灯的路栏

用以阻挡车辆前进或指示改道,设置于道路作业区前方。具体要求及尺寸见表11-6。

附设警示灯的路栏　　　　　　　　　　　　　　表11-6

附设警示灯的路栏	
规格(mm)	1800×(300+300+300)带夜神灯
材质	铝型材
支撑形式	支架离地20cm
颜色	标志橙色、黑色相间
反光膜等级	Ⅳ类超强级反光膜

7) 施工长度标志

用以预告施工路段长度,设置于缓冲区起点附近,辅助标志上的数字宜取缓冲区长度与工作区长度之和。具体要求及尺寸见表11-7。

施工长度标志　　　　　　　　　　　　　　表11-7

施工长度标志	
规格(mm)	1300×1300×1300、1200×400
材质	铝型材
支撑形式	φ60×3500 Z型立柱
颜色	△标志底色为橙色、黑边、黑图案;辅助标志底色为白色、黑边、黑文字
反光膜等级	Ⅳ类超强级反光膜

8) 作业区结束标志

用以说明作业区结束,设置于终止区后。具体要求及尺寸见表11-8。

作业区结束标志　　　　　　　　　　　　　　表11-8

第 11 章　交通组织设计

续上表

规格(mm)	1300×1300×1300、1200×400
材质	铝型材
支撑形式	$\phi 60×3500$ Z 型立柱
颜色	△标志底色为橙色、黑边、黑图案；辅助标志底色为白色、黑边、黑文字
反光膜等级	Ⅳ类超强级反光膜

9）施工提示牌

用以解释、指引道路或提示道路施工信息。具体要求及尺寸见表11-9。

施工提示牌　　　　　　　　　　　　　　　　　　　表11-9

施工提示牌	 （图示：前方施工 减速慢行）
规格(mm)	1360×2260
材质	铝型材
颜色	标志底色为白色、黑边、黑文字
反光膜等级	Ⅳ类超强级反光膜

10）限高提示牌

用以提示前方道路限制高度的标志牌。具体要求及尺寸见表11-10。

限 高 提 示 牌　　　　　　　　　　　　　　　　　表11-10

限高提示牌	 （图示：限高架 2.5m 2km）
规格(mm)	1380×2600
材质	铝型材
颜色	标志底色为白色、黑边、黑文字
反光膜等级	Ⅳ类超强级反光膜

11）大车强制分流提示牌

用提示前方道路大车强制分流。具体要求及尺寸见表11-11。

大车强制分流提示牌　　　　　　　　　表11-11

大车强制分流提示牌	
规格(mm)	1740×2870
材质	铝型材
颜色	标志底色为白色、黑边、黑文字
反光膜等级	Ⅳ类超强级反光膜

12）施工路段可行驶应急车道提示牌

用以提示前方内侧道路施工,车辆可行驶应急车道。具体要求及尺寸见表11-12。

施工路段可行驶应急车道提示牌　　　　　　　　　表11-12

施工路段可行驶应急车道提示牌	
规格(mm)	1740×1620
材质	铝型材
颜色	标志底色为白色、黑边、黑文字
反光膜等级	Ⅳ类超强级反光膜

11.5.2　灯光标志类

1）导向箭头灯

应符合《道路交通标志和标线　第4部分:作业区》(GB 5768.4—2017)规定,宜与其他安全设施一起组合使用,用以提醒引导作业区行车方向,提示道路使用者前方行驶方向变化,注意谨慎驾驶。设置于作业区线形(行驶方向)变化处。具体要求及尺寸见表11-13。

导向箭头灯　　　　　　　　　　　　　　表11-13

导向箭头灯	![导向箭头灯图片]
规格(mm)	1400×600
支撑形式	加高型支架离地120cm
像素管数量	黄色LED 32组×6=204颗
闪烁方式	左箭头、右箭头、禁行、左右箭头
材质	铝型材

2)警示频闪灯

应符合《公路养护安全作业规程》(JTG H30—2015)规定,宜布设在需加强警示的区域,宜为黄蓝相间的警示频闪灯。具体要求及尺寸见表11-14。

警示频闪灯　　　　　　　　　　　　　　表11-14

警示频闪灯	![警示频闪灯图片]
规格(mm)	530×165×135
支撑形式	$\phi60×2000+\phi760$ 直立柱
像素管数量	单组20颗灯珠
材质	铝型材

3)同步频闪灯

宜布设在需加强警示的区域,有"主动发光"和"被动发光"(反光膜反射发光)+同步闪烁(警示灯同时闪光或熄灭)功能的警示灯。具体要求及尺寸见表11-15。

同步频闪灯　　　　　　　　　　　　　　表11-15

同步频闪灯	

续上表

规格(mm)	620×140 黄、白
支撑形式	φ60×2000 直立柱
像素管数量	60 颗高亮 LED 灯珠
闪烁频次	GPS 同步频闪,55~75 次/min
材质	铝型材

4)施工警告灯

宜布设在需加强警示的区域,通过黄灯引导提示,提示车辆减速慢行,安全通过作业区。具体要求及尺寸见表 11-16。

施工警告灯 表 11-16

施工警告灯	
规格(mm)	φ8cm
像素管数量	3 颗
闪烁频次	55~75 次/min

11.5.3 警示设施

1)仿真警车

宜布设在纵向缓冲区以加强警示,提示车辆减速慢行。具体要求及尺寸见表 11-17。

仿真警车 表 11-17

仿真警车	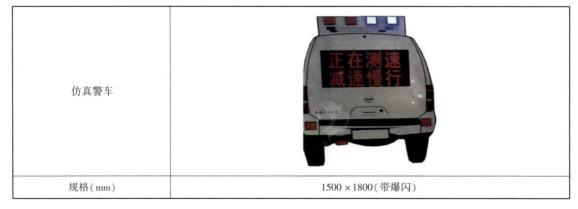
规格(mm)	1500×1800(带爆闪)

2)智能机械旗手

宜布设在需加强警示的区域提示车辆减速慢行。具体要求及尺寸见表 11-18。

智能机械旗手　　　　　　　　　　　　　表 11-18

智能机械旗手	
规格(mm)	高:1800
功能	左右臂均可自动摇摆,摇摆频率可按人体摇摆频率调整

3)雷达测速仪

宜布设在需加强警示的区域提示驾驶员控制车速。具体要求及尺寸见表 11-19。

雷达测速仪　　　　　　　　　　　　　表 11-19

雷达测速仪	
规格(mm)	1600×800
功能	测试距离大于100m,安全速度内显示为绿色数字,超速时显示红数字

11.5.4　交通安全设施类

1)交通锥

锥间用红、白相间反光材料粘贴,制作材料可采用橡胶材料,底部具有一定磨阻性能,用以阻挡或分隔交通流、保护作业现场设施和人员,根据需要设置于作业区上游过渡区、缓冲区、工作区和下游过渡区靠近交通流一侧,或对向行驶的交通流之间。具体要求及尺寸见表 11-20。

交通锥　　　　　　　　　　　　　　　表 11-20

交通锥	

续上表

规格	$H=900\mathrm{mm}$；底 $45\mathrm{cm}\times 45\mathrm{cm}$；质量 $4.5\mathrm{kg}$；印有"改扩建工程交通保畅标志"
备注	各施工单位需在交通锥顶端印上自己所在标段号码。 例如"1"标印

2）警报路锥

在夜间上游过渡区前段增设警报路锥，通过声音警报方式提示车辆提前减速慢行。具体要求及尺寸见表11-21。

警报路锥　　　　　　　　　　　　　　　　　　　　　表11-21

警报路锥	
规格（mm）	$330\times 330\times 770$
备注	警报 + 语音喊话 + 4 条红蓝警示灯

3）防撞桶

用以阻挡或分隔交通流、保护作业现场设施和人员，根据需要设置于作业区上游过渡区、缓冲区、工作区和下游过渡区靠近交通流一侧，或对向行驶的交通流之间。具体要求及尺寸见表11-22。

防　撞　桶　　　　　　　　　　　　　　　　　　　　　表11-22

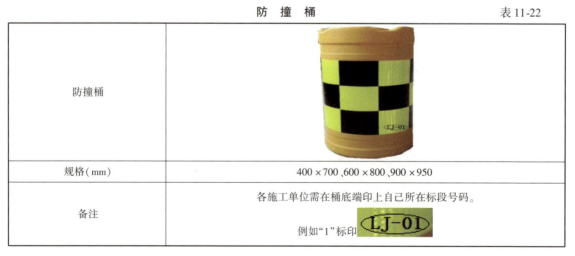

防撞桶	
规格（mm）	400×700、600×800、900×950
备注	各施工单位需在桶底端印上自己所在标段号码。 例如"1"标印

4）水马

塑料材质，腰间粘贴反光膜。用以阻挡或分隔交通流、保护作业现场设施和人员，根据需要设置于作业区上游过渡区、缓冲区、工作区和下游过渡区靠近交通流一侧，或对向行驶的交通流之间。具体要求及尺寸见表11-23。

水 马   表11-23

水马	
规格(mm)	1300×700
备注	粘贴导向反光膜

5)交通柱

塑料材质,腰间粘贴反光膜。用以阻挡或分隔交通流,保护作业现场设施和人员,根据需要设置于作业区上游过渡区、缓冲区、工作区和下游过渡区靠近交通流一侧,或对向行驶的交通流之间。具体要求及尺寸见表11-24。

交 通 柱   表11-24

交通柱	
规格	$H=800\mathrm{mm}$,印有"严禁穿插"
反光膜等级	Ⅲ类高强级反光膜

6)移动式A级钢护栏

应符合《公路护栏安全性能评价标准》(JTG B05-1—2013)公路护栏防护等级A级要求,用以阻挡或分隔交通流,保护作业区现场设施、人员或对象车道通行车辆,根据需要设置于作业区上游过渡区、缓冲区、工作区和下游过渡区靠近交通流一侧,或对向行驶的交通流之间。具体要求及尺寸见表11-25。

移动式A级钢护栏   表11-25

移动式A级钢护栏	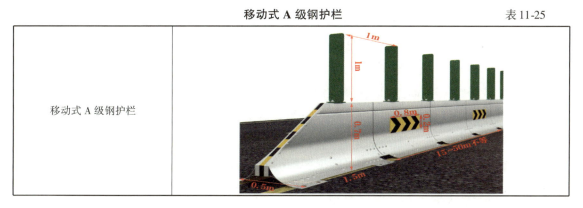

续上表

规格(mm)	1500×700×500
材质	钢材
表面处理	所有钢构件热镀锌防腐处理,锌层附着量不低于600g/m²
其他	配备防眩板、反光膜、爆闪灯

11.6 交通组织应急预案

高速公路改扩建施工期间,由于通行能力降低、交通处于不稳定状态等,使得一些微小的干扰都可能导致交通堵塞,尤其是交通事故等突发事件。同时,高速公路改扩建工期一般比较长,其间改扩建交通组织会经受小长假、春运、国庆等节假日交通高峰期,交通疏导的压力非常大。因此有必要结合交通管制措施,拟定应急预案,建立健全应急工作机制,保障行车顺畅。

11.6.1 交通保畅组织机构设置

交通组织应急预案牵涉许多部门,包括交通、公安、路政、改扩建管理处和施工单位等,必须设置一个强有力的工作机构,完善协同工作机制,提高决策效率和准确性,保障改扩建期间交通顺畅。根据我国现行的行政组织机构模式,建议成立交通组织应急管理三级组织机构。

第一级组织机构:由省交通运输厅、省应急管理厅、省卫健委、高速公路管理局、宣传部门(广电局)、高速公路监控中心和省公安厅组成的高速公路改扩建交通组织应急管理领导小组。

第二级组织机构:由沿线各市交通运输局、沿线各市公安局、沿线各市应急管理局、沿线各市交通管理局、沿线各市公路路政支队、沿线各市卫健委、沿线各市监控中心和沿线各市宣传部门组成的高速公路改扩建交通组织应急协调小组。

第三级组织机构:由高速公路扩建管理处、沿线作业路段的交警、路政、地方公路处(局)、地方卫健部门、施工单位、地方消防部门、沿线作业路段监控中心、宣传部门等有关单位组成的高速公路改扩建交通组织应急管理实施工作小组。各级组织机构应明确职责,结合改扩建实际情况,制订有针对性和操作性的交通组织应急预案。

交通安全保畅主体应为施工单位,改扩建管理处负责施工保畅与安全管理。局部交通组织方案审批、涉路施工审批应当由交警、路政依法执行,路政、交警应在法定权限内依法开展工作,救援施救与现场清理应当为同一单位。局部交通组织方案审批、涉路施工审批应由交警、路政依法执行。

根据调查,现有路政人员无法满足施工期间的路政管理包括施工监管、许可服务等需要,应以适当方式增加路政管理力量,或成立专门的交通保障队伍。

11.6.2 项目路周边路网分流应急预案

改扩建施工存在里程长、工期长等问题,需整合和利用周边路网的通行能力富余,对项目路上的交通进行分流。当周边路网中的某条道路出现严重交通堵塞甚至中断时,原先被分流至该道路的车辆可能选择绕行距离更远的次短路出行,甚至有可能无法从主线中分流出去,这将增加施工期间高速公路的流量。因此,需考虑应对周边路网容差因遭受突发事件影响变小后的应对措施。

在这种情况下,应根据受影响程度及时调整交通分流方案,并通过设置临时标志、可变信息标志,通过交通广播和手机短信等方式告知出行者项目路分流方案的调整情况。在确保电煤、蔬菜、鲜活农产品等物资运输畅通及特勤车辆、应急车辆通行畅通的前提下,考虑小车的灵活性特点,可让小车先行,大车后行,以使其影响减小到最低;还可启用便携式收费机等缓解站区拥堵、提高通行效率,确保车辆快速通行。必要时,暂停施工作业,所有施工人员撤离、撤除现场,并请求高速交警协助疏导,对因局部开挖不能及时修复的施工作业面,应完善施工作业区的标志、标牌和警示灯具等,以规范安全区的设置,避免发生交通事故。

11.6.3 改扩建作业区交通事故应急预案

高速公路改扩建施工侵占部分原道路资源,压缩有限的通行空间,降低道路的通行能力,使交通流极度敏感而且经常处于不稳定状态。当项目施工影响区内发生交通事故时,可能导致严重的交通堵塞,因此,要预先考虑应对交通事故的紧急措施。交通事故处理流程如图 11-16 所示。

11.6.4 恶劣天气下的交通组织应急预案

恶劣天气严重影响了行车和交通畅通和交通安全。恶劣天气条件下高速公路应急管理工作应坚持以人为本、统一领导、分级负责、反应快速、调度及时、保障有力等原则,根据恶劣天气的影响程度和社会需要,及时调整交通组织方案,灾害天气预警灯或预警设施需提前到位。恶劣天气状况下交通组织流程见图 11-17。

(1)参考刘文智在《高速公路可变信息标志控制方案的研究》中的研究成果,并结合高速公路改扩建中各阶段对应的通行状况,公路强降雨等级可划分为小雨、中雨、大雨、暴雨四种情况。

①小雨,对交通运行基本没有影响。

②中雨,对交通运行有较大影响。

各收费站监控室通知站长和入口收费员提醒驾驶员开启防眩目近灯光、示廓灯和前后位灯。提醒驾驶员控制车速并与同车道行驶的前方车辆保持行车间距,高速公路运营管理单位应在该段沿线多布设提醒驾驶员保持车距的标志,并在该段多布设交警和路政人员,以在发生交通事故后能够在最短时间内处理。

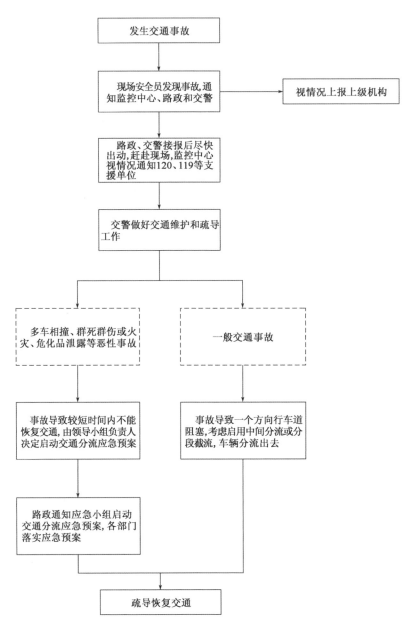

图 11-16 交通事故处理流程

③大雨,对交通运行有很大影响。

高速公路运营管理单位应对高速公路主体、桥涵构造物及其他附属设施进行全面、仔细地检查,做到发现问题立即抢修。

第11章 交通组织设计

各收费站监控室通知站长和入口收费员提醒驾驶员开启防眩目近灯光、示廓灯、前后位灯和危险报警闪光灯。

高速公路运营管理单位应在该段沿线多布设提醒驾驶员保持车距的标志,并在该段多布设交警和路政人员,以在发生交通事故后能够在最短时间内处理。

④暴雨、大暴雨及特大暴雨,对交通运行有严重影响。

高速公路运营管理单位与路政等相关部门应对高速公路主体、桥涵构造物及其他附属设施进行全面、仔细地检查,做到发现问题立即抢修。

在进入暴雨或特大路段及高速沿线各互通前 3~5km 处设置固定红色闪光灯,并增加互通立交处照明灯的数量。

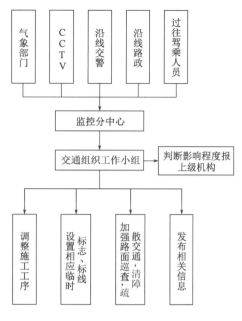

图 11-17 恶劣天气状况下交通组织流程

各收费站监控室通知站长和入口收费员提醒驾驶员开启雾灯、防眩目近灯光、示廓灯、前后位灯和危险报警闪光灯,建议暂时封闭暴雨或特大暴雨路段,对其路段车辆进行强制分流,分流至周边道路,对已驶入高速公路的车辆,须尽快从最近的出口驶离高速公路或驶入服务区休息。

(2)参考刘文智在《高速公路可变信息标志控制方案的研究》中的研究成果,并结合高速公路改扩建中各阶段对应的通行状况,依据水平能见度(L)来划分浓雾(低能见度)等级。雾天条件下,监控指挥中心要随时监测雾情,通过可变信息标志和交通广播等发布实时路况信息,并发布指令要求各收费站监控室通知站长和入口收费员按下列程序进行处理:

①薄雾,对交通运行基本没有影响。

②轻雾,对交通运行有影响。

提醒驾驶员开启防眩目近灯光、示廓灯和前后位灯,在行车过程中提醒驾驶员控制车速并保持一定的行车间距,高速公路运营管理单位应在该段沿线多布设提醒驾驶员保持车距的标志,并在该段多布设交警和路政人员,以在发生交通事故后能够在最短时间内处理。

在进入高速公路沿线雾区各互通前 3~5km 处设置固定黄色闪光警示灯,并增加互通立交处照明灯的数量,收费站是雾天交通事故的高发地点,需在进入收费站前 0.5~1km 处设置提醒驾驶员保持车距的标志。

加强高速公路沿线事故多发地段或危险路段的管理,警车在前压速带道,以保证限速效果。

③中雾,对交通运行有较大影响。

提醒驾驶员开启防眩目近灯光、示廓灯和前后位灯,在行车过程中提醒驾驶员控制车速并保持一定的行车间距,高速公路运营管理单位应在该段沿线多布设提醒驾驶员保持车距的标志,并在该段多布设交警和路政人员,以在发生交通事故后能够在最短时间内处理。

在进入高速公路沿线雾区各互通前 3~5km 处设置固定黄色闪光警示灯,并增加互通立交处照明灯的数量,收费站是雾天交通事故的高发地点,需在进入收费站前 0.5~1km 处设置提醒驾驶员保持车距的标志。

加强高速公路沿线事故多发地段或危险路段的管理,警车在前压速带道,以保证限速效果。

④大雾,对交通运行有很大影响。

提醒驾驶员开启雾灯、防眩目近灯光、示廓灯、前后位灯和危险报警闪光灯,在行车过程中提醒驾驶员控制车速并保持一定的行车间距。高速公路运营管理单位应在该段沿线多布设提醒驾驶员保持车距的标志,并在该段多布设交警和路政人员,以在发生交通事故后能够在最短时间内处理。

在进入高速公路沿线雾区各互通前 3~5km 处设置固定黄色闪光警示灯,并增加互通立交处照明灯的数量,收费站是雾天交通事故的高发地点,需在进入收费站前 0.5~1km 处设置提醒驾驶员保持车距的标志。

加强高速公路沿线事故多发地段或危险路段的管理,警车在前压速带道,以保证限速效果。
结合实际情况,进行适当分流。

⑤重雾,对交通运行有严重影响。

向值班负责人请示实施道路交通管制,对高速公路大雾段入口进行封闭,同时报交通大队值班室和上级监控指挥中心,已驶入高速公路的车辆,须尽快从最近的出口驶离高速公路或驶入服务区休息;结合实际情况,进行相应分流。

(3)恶劣天气下,实时发布路况信息是保障交通安全的重要手段。建议在各互通出入口前 0.5~1km 处设置可变情报板和可变限速标志。

雨天利用可变信息标志交替显示车距控制指令、"雨天路滑,谨慎驾驶"和"能见度低,开防雾灯"等信息,利用可变限速标志显示相应限速信息,并采用闪烁红色发布相关禁令信息、闪烁黄色发布警告信息、闪烁绿色发布正常信息。

雾天利用可变信息标志交替显示车距控制指令、"雾天谨慎驾驶,保持安全车距""雾天行驶,开防雾灯"和"能见度低,减速慢行"等信息,利用可变限速标志显示相应限速信息,并采用闪烁红色发布相关禁令信息、闪烁黄色发布警告信息、闪烁绿色发布正常信息。

在沿线各路段每间隔 5km 分别设置注意雨天和雾天的告示标志,如图 11-18 所示。

图 11-18　高速公路恶劣天气告示标志

(4)施工工序安排对交通运行影响较大,尤其是在施工和通行相互影响的"瓶颈"路段,相互之间竞相争夺道路使用空间,极易造成交通拥堵。对此,施工组织者应加强与气象部门的联系,及时收集天气信息,预先考虑施工方案、调整计划,在恶劣天气易发季节,根据项目所处地域气候特点和施工工艺要求,灵活调整施工工艺和工序,合理安排施工,确保交通安全畅通,并通过可变情报板、电台等发布改扩建路段的实时路况及施工信息,便于驾驶员选择合适的线路出行。

(5)不同的社会需求目标对交通运输有不同的要求。当恶劣天气严重到成为自然灾害时,首先要保证客运及救援物资安全、快速和及时运送,这种情况下,要及时调整分流车型,分流车型由原来的主分大货及以上调整为主分中小客货,通行必须以客车和物资运输货车为主,分流车型调整应充分进行交通适应性和路况适应性分析,选择或确定适当的车型及数量比例,在满足社会特殊需求目标的前提下,分时段进行调整,并与收费系统的协调,利用收费车道调节入口交通量,控制匝道交通流;还可考虑暂时封闭高速公路改扩建施工路段,将其车辆分流至周边国道、省道和地方性道路,尽量避免和减少重大交通事故的发生。

11.6.5 特殊事件下的交通组织应急预案

特殊事件是指对区域内社会政治、经济或人们日常生活有重大或特殊影响的事件,这类事件可能造成非节假日交通拥堵,对交通运输有着特殊的要求。

在项目施工期间,为应对上述特殊事件,交通组织管理领导小组应提前做好应急策划。待特殊事件发生时,首先应保证与该特殊事件相关的车辆优先顺利通行,然后再尽可能地保障小汽车和客车通行。对于能够公开的特殊事件,高速运营管理部门应提前通过媒体(报纸、电台、手机短信)进行宣传,并与高速公路监控系统联网监控,实现联动交通信息发布及交通诱导,建议驾驶员绕行其他道路或引导出行者采用其他交通方式出行,并及时发布各种车辆通行权、优先权、道路限速的相关信息。对于不能公开的特殊事件,交警、路政人员等在特殊事件发生时加强路面巡查,加强交通管制,并与收费系统协调,利用收费车道调节入口交通量,控制匝道交通流,必要时,对沿线路段进行强制分流。

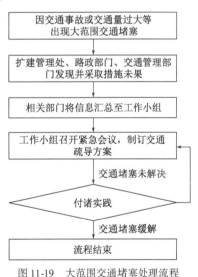

图 11-19 大范围交通堵塞处理流程

在项目施工期间且非节假日期间,若出现大范围交通拥堵,各级机构应及时组织落实相关工作,具体处理流程如图 11-19 所示。

11.6.6 节假日应急分流预案

与工作日和周末相比,高速公路节假日的出行特征有其独特点。工作日出行以通勤和短途流量为主,节假日的流量多以休闲为目的,出行距离也较长;高峰时间逐日后移,由"早高峰型"转为"晚高峰型";高峰流量集中,高峰小时流量比系数高于平常日;客车和大客车都有不同程度的提升。

高速公路改扩建工期一般比较长,其间将不可避免地多次遇到"五一""国庆"和"春节"等法定节假日。伴随着外出旅游、学生放假和务工休假人员的大规模流动,将形成节假日期间的客运高峰和我国特有"春运"节前返乡节后返工潮,并且具有明显的潮汐交通特性。具体表现为节假日前期离开城市的客运车辆急剧增加,节假日后期前往城市的客运车辆急剧增加。在此期间,客运需求急剧增加,供需矛盾极为突出,如何积极有效地保障客运通畅是改扩建交通组织应急管理机构的首要任务。

可制订如下具体措施:

(1)尽量减少由于施工需封闭的车道数目,在不影响施工的情况下最大限度缩短作业区的长度。

(2)节日期间施工区各入口设置宣传标语、告示牌,施工部门应检测安全设施数量是否足够,设置状况是否完好,并且还要有足够的安全员帮助维持车辆顺利运行。

(3)在高峰时段、易拥堵站区,可启用便携式收费机以缓解站区拥堵、提高通行效率,确保车辆快速通行。

(4)节假日期间施工应更加注重安全防护,严格规范设置和管理交通导向标志、警示标志,在各入口设置宣传标语、告示牌等,同时施工现场应配备足够的安全员协助维持和疏导交通,保障车辆有序运行,防止交通堵塞。

(5)相关部门密切配合,各监控分中心及时发布实时路况信息,沿线交警、路政人员加强路面巡查,随时准备疏导交通、排除交通堵塞,一旦发生事故,快速清理路障,完成现场处置,并尽快恢复交通。

11.6.7 交通突发事件应急处理流程

高速公路交通应急处理是一项系统性的工作,主要包括交通事件预警管理和交通事件应急管理。交通事件预警管理是对日常交通状态及运行环境进行动态监控,收集信息和数据,分析交通突发事件的影响因素、产生机理及分布特征,如事故多发路段的形成原因,异常天气下的交通安全管理措施等,判断交通运行是否安全,发现危险或异常情况,及时发出交通事件预警信息,为启动预案提供决策依据。交通事件应急管理是在发生重大交通事件时,立即启动预案体系,统一指挥和调配相关部门的救援人员、救援物资,迅速有计划地开展清障、疏通、医疗救援、消防和其他救援活动,并对整个救援过程进行实时监控和指挥调度,及时握反馈信息并调整方案,实现交通事件应急管理的科学化、规范化和高效化。交通突发事件应急处理流程如图11-20所示。

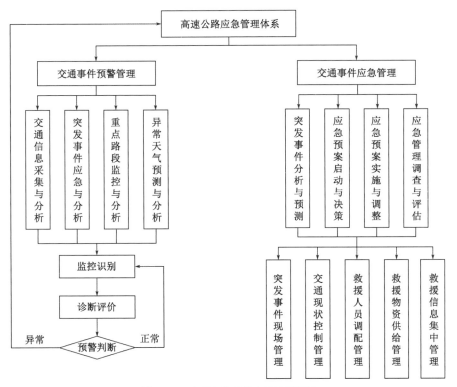

图 11-20 交通突发事件应急处理流程

第12章 环境保护与景观设计

12.1 总体要求

高速公路环境保护与景观设计的主要目的:一是保护公路沿线的环境要素,使公路融入自然;二是提升公路的景观效果,为驾乘人员提供良好的行车体验。需满足以下要求:

(1)"设计结合自然",坚持最大限度地保护、最小程度地破坏、最强力度地恢复原有生态环境。

(2)通过景观利用和营造,使公路和路域自然融合、和谐共生,展现区域风貌,避免刻意人工造景和雕琢的痕迹。

(3)高速公路改扩建工程中绿化工程应尽量减少对原有公路界内绿化和公路界外生态防护林带、景观绿地的破坏。

(4)对大树移栽应做专项设计,对沿线原有绿化植物长势良好、病虫害少的,应明确现状保留,移栽品种的分布,做好新建绿化和保留绿化的融合设计。

(5)高速公路改扩建工程应对原有声屏障进行全线专项检测,按照《公路技术状况评定标准》(JTG 5210—2018)和《公路养护工程管理办法》,对声屏障做专项维修、更换、提升设计,恢复其功能性、结构性。

(6)高速公路改扩建工程应针对单侧加宽、分离加宽、两侧加宽等形式设计不同的绿化栽植模式。

12.2 景观设计

12.2.1 景观规划与设计原则

结合沿线自然风光及旅游资源,合理确定设计主题,与沿线原有景观协调统一,使公路本身成为一道风景线。利用立交、服务区等景观节点划分景观段落,提取各个景观段落突出的环境形象,挖掘深层次隐魂、气质和精神,进行扩展和延伸,作为各个景观段落营造的主题。

改扩建项目应在方案阶段考虑保护利用原有绿化,分别拟定以保护利用原有绿化为主的方案和全面重新绿化的方案,方案比选应考虑生态环境保护、施工组织、交通保畅、投资估算等各方面因素。

12.2.2 线性景观设计

高速公路的路线植被绿化具有视线诱导、防眩等功能,主要通过路侧和中央分隔带的植物栽植实现。

1) 中央分隔带

完善中央分隔带的植物防眩、绿化设计,在保留原有防眩绿化树种的基础上进行优化设计。

(1) 保留路侧原有栽植防眩树种,对道路加宽后位于中分带的植物修建后满足防眩要求。

(2) 对满足防眩效果、树形完整、连续整齐的原有植物予以保留,在其空白区域进行补栽。

(3) 对存在脱腿现象、较为分散、防眩效果不佳的原有塔柏进行局部移除,平整场地后,结合中央分隔带宽度和立地条件,采取更新新栽植物进行绿化,使其到达防眩效果。

(4) 中央分隔带植物应选择枝叶浓密、低矮缓生、抗逆性强、耐旱、耐修剪的植物,以常绿乔木、灌木树种为主。地面应种植草坪或地被植物,起到保湿、固土和降噪的作用。

(5) 防眩植物的栽植间距在满足有效防眩的条件下,宜具有一定的横向通视性。

(6) 绿化栽植应考虑与地下通信管线等设施的布置相协调。

(7) 防眩植物的栽植密度应根据防眩角度、路线平纵线形的特点综合确定。单排列植时,苗木株距宜为 1.5~2.5m,修剪后树冠之间应保持一定的间隙。多排栽植时,苗木株距应适当增大。

(8) 中央分隔带宽度不大于 3.0m 时,直线及平曲线路段防眩植物修剪后高出路面的高度宜为 1.6~1.8m,横向不得超出中央分隔带宽度;凹形竖曲线路段的防眩植物的高度应适当增加;凸形竖曲线路段的防眩植物的高度与平直路段的设计高度相同,考虑到底部的防眩效果,可增加栽植地被植物进行遮光,增加的地被植物高度宜为 0.4~0.6m。防眩植物的冠径(蓬径)宜不小于 0.6m。

(9) 绿化区域一般应回填厚度 60cm 以上的种植土,栽植大乔木的区域应回填厚度不小于 100cm 的种植土。

2) 路侧

对路侧绿化形式进行完善和优化,强调对原有路侧绿化树种的保留利用,绿化树种选择也尽量与原有绿化树种保持一致。

(1) 路侧绿化包括碎落台、路肩外侧、护坡道、隔离栅内侧以及路基边坡的绿化。

(2) 路侧绿化应起到提升景观、恢复生态、保持水土、稳定路基、诱导视线等作用。

（3）路侧景观应形成与周围自然及人文景观环境相协调的景观带。针对沿线具有不良环境的路段，应进行遮蔽栽植；针对沿线具有特殊景观风貌的路段，应进行通透式栽植。

（4）路侧绿化布置应与路基防护工程、交通安全设施、环境保护等设施布置相协调，绿化种植不得影响路基边坡防护工程的稳定性，绿化植物的枝条不得侵入道路净空界限，不得遮挡交通标志。

（5）曲线路段外侧宜连续栽植乔木，使前方视野范围公路线形清晰，起到对行车进行视线诱导的作用；小半径曲线路段的内侧应考虑行车视距要求，合理确定绿化栽植位置及苗木高度。

3）碎落台绿化

（1）路堑边坡坡脚处坡面宜修饰为圆弧形，碎落台绿化可结合路侧边沟的设计。有条件的，可采用生态型植草浅碟形边沟，扩大路侧净区。

（2）碎落台宜栽植灌木或小乔木，常绿植物与落叶植物搭配，同时可适当选用彩叶植物，宜采用列植行道树、密植绿篱或两者相结合的栽植形式。石质边坡路段可在坡脚栽植攀缘植物。

（3）碎落台栽植小乔木或灌木的绿化区域应回填厚度60cm以上的种植土，仅种植地被植物的绿化区域应回填厚度30cm以上的种植土。

4）路肩外侧绿化

（1）结合沿线环境特点，可在填方路段的路肩外侧种植观赏性小乔木或灌木，丰富路域景观。

（2）不同路段宜采用不同的植物品种，苗木宜栽植于路肩外侧距路边缘水平距离1.0～1.5m处，乔木株距宜大于3.0m。

5）隔离栅内侧绿化

（1）一般填方路段的护坡道或路堤边沟外侧应分段栽植以高大乔木为主的行道树。

（2）隔离栅内侧宜栽植绿篱，可选用常绿灌木、刺篱类落叶灌木或攀缘植物，阻止人或动物进入高速公路界内。

12.2.3 节点景观设计

1）立交区

立交区景观设计，一方面需要作为整体公路景观风格表达的亮点，另一方面需要从环境心理和交通功能的角度考虑其空间形态的塑造。下面分别阐述重要节点互通和一般路段互通立交的绿化要点：

（1）互通式立交区的绿化应包含立交设计范围内的边坡绿化、互通立交绿地绿化、主线及匝道的路侧绿化。

（2）互通式立交区的绿化应达到诱导视线、提升景观、恢复植被、弱化人工构筑物痕迹的要求。

（3）互通式立交区的绿化宜根据所处的地理位置和周围环境特点，选择绿化栽植形式。

位于城镇及其周边的互通式立交区,可采取供人户外活动的公园式绿地设计;位于山区和远郊区的互通式立交区,宜采取生态修复为主的设计,不宜做模纹图案式绿化;位于风沙地区的互通式立交区,应视植物的立地条件进行绿化,同时考虑水土保持和防风固沙,不宜过度追求绿化景观效果。

(4)互通绿化设计时应考虑景观分区与视觉感知的标识性,通过乔灌草的合理搭配、常绿与落叶的结合以及季相变化,形成丰富的植物景观。

(5)互通立交绿地区域可根据要求设置雕塑、景观石或其他类型的标志性景观小品。

(6)互通立交绿地的栽植应富有层次,总体布局不宜繁杂,植物品种不宜过多,中心位置宜布置高大乔木,外侧及边缘宜布置灌木或地被植物。

(7)互通立交绿地的场地整理,宜尽量保留主线与匝道围合区域内原有起伏的地形。有条件时,宜对路基边坡的坡面、坡脚以及三角区进行自然化的坡面修饰,放缓填挖形成的高陡边坡,路基填方边坡坡率按照高度逐渐变化,越接近地面坡率越缓,由1:1.5~1:2减缓至1:4左右,并在3~4m宽度范围内将路肩处修饰成近似圆弧形。

(8)立交区车道合流处的通视三角区为限制栽植区域,不得栽植遮挡视线的植物。根据《公路路线设计规范》(JTG D20—2017)规定,汇流鼻前匝道与主线间应具有如图12-1所示的通视三角区。

(9)互通立交绿地在车道分流处、匝道外侧及车辆驶出匝道处的路侧宜进行诱导栽植,以利于对行车进行线形预告和视线诱导。

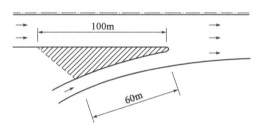

图12-1 合流鼻端前通视三角区示意图

(10)桥梁的桥台锥坡前宜通过栽植高大乔木或灌木来遮蔽人工构筑物痕迹,跨线桥两端桥台的两侧。

2)隧道洞口

隧道洞门形式应以与山体环境融合,最好以削竹式为主,洞门边仰坡绿化以优势乡土树种为基础,采用模拟自然植被的形式进行设计,使公路绿化融合于自然景色之中。

(1)隧道洞口绿化包括隧道洞顶、洞口边仰坡、洞口广场、隧道进出口分离式路基中间的隔离带和两侧绿化。

(2)隧道洞口绿化应起到协调周围自然环境、改善隧道内外光线过渡的作用,必要时可弱化人工构筑物痕迹。

(3)隧道洞口绿化应注重与周围山体植被的协调。隧道洞口广场宜采取乔、灌、草、花相结合的自然式绿化;边仰坡的坡面绿化应与排水系统的布置相结合,重点考虑对坡体的稳固和原有植被的恢复。

(4)绿化栽植应保障行车视距要求,保证横向净距,不得遮挡隧道洞口路段的交通标志和信号灯。

(5)隧道洞口广场可根据要求设置雕塑、景观石或其他类型的标志性景观小品。

(6)隧道进出口宜"近密远疏""近常绿远落叶",采取逐渐变化的形式栽植高大的常绿和落叶乔木,结合隧道照明系统,缓解隧道内外光线的急剧变化。

(7)端墙式洞门顶部回填种植土后可适当栽植常绿灌木或小乔木;削竹式及其他形式的洞门上部坡面宜种植草灌及攀缘植物。

(8)分离式路基中间的分隔带或隧道洞口联络线的可绿化区域,应根据所处地形及环境特点,结合可绿化区域的宽度和面积,灵活确定绿化种植形式。分离式路基中间的分隔带宽度较小时,不宜栽植浅根性的高大落叶乔木,以免对行车安全造成影响。

(9)在隧道进出口的中央分隔带应栽植高大常绿乔木,以缓解隧道内外光线的急剧变化。

3)房建区

在服务区、停车区内新增用地的可绿化范围内,采用乔、花灌及草相结合的布设原则进行绿化设计。主要建筑单体应体现地域文化特色、传统民居,满足交通与旅游服务功能。

(1)沿线设施绿化包括服务设施的场区绿化和管理设施的站区绿化。沿线设施场(站)区绿化应能满足基本功能需求,能改善环境、提升景观效果。

(2)沿线设施绿化应突出"以人为本"的理念,根据场区功能与规模,结合场地条件、建筑布局、行车安全、视线诱导和景观要求,通过合理布局绿化用地来划分功能区,确保场区内人流、车流的安全通畅。

(3)场(站)区宜采用园林式设计,突出对自然式植物群落的营造。绿化种植应形成丰富的层次,乔、灌、草、花相结合,速生树种与慢生树种相结合,常绿与落叶相结合。沿线设施的场(站)区绿化应与场(站)区建筑风格相协调,各场(站)区绿化宜形成不同的特点,避免千篇一律。

(4)房建区绿化布局应综合考虑场(站)区内建筑、道路广场、构筑物、地下管线等设施的布局。

(5)绿化设计应充分利用场地的自然地形,尽量保留原有水体和树木。绿化种植应尽量选用乡土植物,体现地方特色和生态效应。

(6)沿线服务设施场区的绿地率宜不小于20%;沿线管理设施站区的绿地率宜不小于30%。

(7)场(站)区绿化用地中主要种植大乔木的区域应回填厚度100cm以上的种植土;主要种植小乔木、灌木的区域应回填厚度60cm以上的种植土;主要种植地被植物或种植草坪的区域应回填厚度30cm以上的种植土。

(8)应区分服务区与高速公路连接处的绿化和高速公路主线路侧绿化,宜通过连续的标志性栽植进行视线诱导,出入口不应密集栽植乔木及大型灌木,保证安全视距和通透的视野。

(9)服务区加油站、加气站周围,不应种植有飞絮、含油脂的树种;加油站、加气站与周围消防通道之间不宜栽植绿篱;加油站、加气站罐组防火堤内的场地不得栽植乔木及灌木。

(10)服务区的休息区宜采用庭院式绿化设计,同时可布置景观小品及遮阴、避雨、休闲等服务设施。

(11)收费站站区绿化种植还应考虑降噪、防尘等要求。收费广场的边缘与站区之间的绿化带宽度宜不小于10m,并栽植高大常绿与落叶乔木。

(12)绿化栽植时,乔木栽植与给排水、电力通信、热力燃气管线的间距应不小于1.5m,与道路路缘石边缘的间距应不小于1.0m;乔木栽植位置与建筑有窗立面间距应大于5.0m,满足宿舍建筑对通风、采光的要求;乔灌木栽植位置与挡土墙、围墙、排水明沟等设施的间距应不小于1.0m,与路灯杆柱、消防龙头、测量水准点等设施的间距应不小于2.0m。

12.2.4 植被恢复设计

12.2.4.1 边坡绿化设计

路基边坡的防护工程注重生态防护与工程防护相结合,景观效果与防护功能兼顾。

(1)边坡绿化包括路堤边坡、路堑边坡绿化。边坡绿化应起到保护路基、稳定边坡、恢复生态、保持水土和提升路域景观的作用。

(2)边坡绿化应结合工程防护、植物立地条件及坡面环境等情况,选择适宜的植被恢复方法和施工工艺,做到经济合理。

(3)边坡绿化应选用抗逆性和固土能力强的水土保持先锋植物,兼顾绿化植物的多样性。

(4)边坡种植主要包括草本型种植、草灌型种植和草灌结合乔木点植的群落型种植等形式,具体应根据路基坡面的情况和路段的景观要求确定。

(5)一般路堤边坡宜采用以播种(包括人工撒播和喷播)为主、栽植为辅的方式进行坡面绿化。

(6)植物配置宜草木、灌木、小乔木结合。前期应以草本植物覆盖为主,后期应以乔灌木覆盖为主。

(7)路堑边坡绿化。一般土质路堑边坡可采用普通喷播、铺设植生毯、打穴栽植的方式进行绿化。其设计要点如下:

①气候较湿润地区的缓边坡,可普通喷播绿化,设计中应对喷播的施工方法提出明确要求;也可铺设植生毯绿化,设植生毯的坡面应作疏松处理,坡面表土或回填土的厚度应不小于10cm。

②打穴栽植的植物配置应以乔木、灌木为主,结合适生草种,乔木应避免选用根系浅、易倒伏的树种。

③打穴栽植的密度应根据环境条件确定,关中和陕南地区宜为 $12 \sim 16$ 穴/m^2,陕北地区宜为 $16 \sim 20$ 穴/m^2。

(8)一般岩质路堑边坡,以及锚杆或注浆加固的岩质边坡,可采用客土喷播或厚层基质喷播技术绿化。其设计要点如下:

①坡面为强风化岩面的岩质边坡,宜采用客土喷播工艺。

②坡面为弱风化岩面的岩质边坡,宜采用厚层基质喷播工艺。

③对于采用锚杆框架梁加固的岩质边坡,框架内宜用客土喷播绿化或植生袋绿化。同时可在坡脚及坡顶设置种植槽,种植槽内培土栽植常绿小乔木或攀缘植物进行辅助绿化。

④设计中应对喷播的施工方法提出明确要求。

⑤坡度过陡的岩质边坡,不宜进行喷播绿化,应根据坡面具体情况采取相应的工程防护措施。

(9)对于挡土墙、桩板墙、浆砌片石护面墙等混凝土圬工防护的边坡,可在坡脚及坡顶设置种植槽,种植槽内培土栽植常绿小乔木或攀缘植物,结合碎落台种植,形成"正挡、上爬、下垂"的绿化形式。

12.2.4.2 取、弃土场

取土场、弃土场是高速公路建设过程中堆积废弃土方的场所,往往含有工程垃圾和其他不适宜植物生长的物质。景观设计的重点是绿化遮挡和生态恢复,绿化应以恢复植被和保持水土为目的。

(1)取、弃土场及临时占地绿化应起到恢复原地植被、防止水土流失、保护坡面稳定及改善工程施工对自然景观的破坏的作用。

(2)应根据土质、灌溉条件、气候特征、生产功能及规划情况等合理确定取、弃土场及临时占地的利用目的,宜耕则耕,宜林则林。不宜恢复耕地、林地的,应及时进行绿化或采用其他治理措施,防止水土流失。水土保持造林和其他治理措施应符合《水土保持综合治理 技术规范 荒地治理技术》(GB/T 16453.2—2008)的要求。

(3)应选用与周围环境相协调的乡土植物进行绿化,宜乔灌结合、常绿与落叶结合。公路视线范围内的取、弃土场和临时占地的绿化,应在防止水土流失的基础上兼顾景观效果;公路视线范围之外的取、弃土场和临时占地的绿化,则应着重考虑防止水土流失。

(4)取、弃土前,应先将表土集中堆存,待取、弃土结束后,再将表土予以利用。

(5)取、弃土场坡面应进行植物防护,根据工程和环境特点,坡面应种植根系发达、耐寒、耐旱的乡土草种或灌木。

(6)植被恢复应根据用途确定覆土厚度:农业用地应为 30~55cm,林业用地应为 20~45cm,牧业用地应为 15~25cm。

(7)以石质弃渣为主的隧道弃渣场,其植被恢复应考虑弃渣场顶面的覆土植草。

(8)大树移栽技术。

①起苗准备

根据植物的生长习性,各种苗木的不同特性,移栽苗木规格大小不一,需保证土球大小,在保证景观效果的前提下,加强修剪,确保成活。

②挖掘土球

a. 准备工作:应准备吊车、吊带、草绳、木板、洋镐、锯子、剪刀、油漆等。

b. 修剪枝条:挖掘前根据树形将树冠中病枝、枯枝、重叠枝进行疏除,弱枝强剪、强枝弱剪,同时根据园林修剪造型原则,对树冠进行适当修剪,修剪造成的伤口应涂保护剂。

c. 对于胸径 25~30cm 的栾树,在挖掘前应进行支撑,以防止在挖掘过程中倾倒。

d. 挖掘土球:土球大小根据树木胸径的大小来定。

③树木吊装

a. 保护树干:先用草绳对树干紧密缠绕,同时必须对树冠进行包裹、保护,以免在运输及栽植过程中造成枝叶损伤。

b. 土球吊装:吊装时,起吊部位最好在树木重心部位,以使树木与土球保持平衡。

c. 处理伤口:对去掉的大枝伤口或擦伤部位,用油漆进行涂抹,保护伤口,防止过分蒸发水分。

④树苗运输

运输过程中要保持车速稳定,防止颠破土球。

⑤树穴开挖

a. 提前做好栽植位置的场地整平,根据定位点提前做好坑穴的挖掘工作,树穴宽度应比苗木土球大 20cm 以上,深度应比土球深 30cm 以上。

b. 树穴挖好后,进行灌水消毒,水应该灌足,使树穴充分吸水,栽植时,树穴水分不易流失,可充分浸湿土球,大树栽植前树穴无积水。

⑥树木栽植

a. 苗木到达工地后,应随到随栽,确保成活。

b. 栽植树穴后,对在运输程中造成的树冠损伤及时修剪。

c. 起吊前,树体保护措施与挖掘装车保护措施相同,起吊时树体直立,土球下垂,方便栽植、调整树木姿态。

d. 对于胸径较大的栾树,先利用电车进行帮扶,再用人工对树体进行调整,端正树木位置及土球深度。

e. 树体调整完毕,应去掉包装物,以利于根系恢复、生长。

f. 树木栽植完成浇水前必须支撑,防止树木倾倒,待浇水后须将撑杆松掉,待土球沉降稳定后,立即支撑。

⑦后期养护

a. 保水:用草绳或者保温带缠绕树干,避免强光直射和风干吹袭,减少树干、树枝的水分蒸发;可储存一定量的水分,使枝干经常保持湿润;可调节枝干温度,减少高温或者低温对枝干的伤害。

b. 促根:新移栽的树木根系吸水功能减弱,对土壤水分需求量小,在浇水的同时采用促根系生长剂促进根系生长。

c. 支撑:新移栽的大树尤其是大胸径的栾树、红叶李、大叶女贞,必须进行支撑,防止横风吹倒树木对行车安全造成影响。

d. 施肥:大树移植初期,根系吸肥能力低,采用根外追肥,视天气情况决定追肥次数。

e. 防冻:移栽在冬季进行时,要做好树木的防冻保温工作,采用覆土、地膜覆盖法保持土球温度,提高树木成活率。

12.3 环境保护

12.3.1 生态环境保护设计

改扩建项目将会改变沿线的生态环境,主要包括地貌、土壤、水土流失、植被损失、农作物损失、水文等方面。在原有公路两侧拓宽的方式,破坏了已有的生态系统,影响了周围动物的栖息环境。

设计中应对不可避免的破坏部分进行生态修复和生态补偿。同时,结合路线布设、桥梁涵洞设计考虑动物通道的设置,研究确定通道的位置、形式、植被环境。

(1)表土资源保护与利用。

工程建设占用耕地时,尽量保存表面的熟化土,地表腐殖土是植物赖以生存的条件,是一种有限的自然资源。保存的表层熟土在施工结束后应及时清理、松土、覆盖,用于耕作土或绿化用种植土。

(2)古树名木移栽保护。

路线的优化设计过程中,如遇古树名木,不得随意砍伐。针对有条件进行大树移栽的情况,应在施工图阶段,有针对性地进行移栽保护措施设计,按照相关大树移植规程和当地林业部门规定,确定实施流程。

(3)全面绿化恢复植被。

在永久用地范围内采用乔灌草结合方式,即选用乔木绿化植物的同时选用部分生长密度较高的常绿阔叶灌木作为林下植物,全面绿化,不留空地,以防外来物种入侵。

(4)桥梁、通道、涵洞设置兼做动物通道。

12.3.2 声环境保护设计

改扩建项目声环境保护设计,应基于环评报告,对声环境敏感点重新选取和测算超标值,结合原有声屏障形式进行设计,概预算中考虑原有声屏障的拆除费用。同时,从功能提升、材料耐久、资源节约、建养便捷与景观融合方面考虑新材料的应用。

依据《公路环境保护设计规范》(JTG B04—2010)的规定,对公路中心线距城乡居民区大于100m及距离学校、医院、养老院等敏感区域200m范围进行噪声监测和预测。在运营期,针对声环境敏感点,设计上采用的工程降噪措施主要包括设置声屏障、隔声窗、降噪林带等。

声环境敏感点主要为沿线两侧较密集的居民区,对各声环境敏感点采用的降噪措施应因地制宜。针对路侧分布较集中,受影响范围较大的敏感点,宜首先考虑设置声屏障降噪;针对路侧分布较分散,且受影响的住宅数量较少或路侧不具备设置声屏障的情况下,宜考虑安装隔声窗降噪;对于噪声超标量较小,且路基填挖交接处或路侧用地宽裕的情况,可采取种植降噪林带的措施进行降噪;其他的措施包括环保拆迁等。

(1)设计前应进行现场调查和资料收集工作。现场调查声环境工程的几何异常、表观病害、材料劣化等。

(2)设计前应开展专项检测;高速公路、一级公路应进行全线检测;二级及以下公路宜根据具体养护需求进行重点路段检测,具体专项检测要求见表12-1。

专项检测要求表 表12-1

分类	检测项目	检测内容和要求	检测方法
路域声环境治理设施	基础、导墙及地脚(锚固)螺栓	基础、导墙开裂、倾斜程度,钢筋及地脚螺栓有无外露、松动、锈蚀面积	目测、放大镜、水平仪、铜锤
	立柱	柱体倾斜程度,焊缝裂纹大小,固定螺母及垫圈有无缺失、松动、锈蚀面积,涂层剥落、龟裂、风化情况,杆件锈蚀面积	目测、放大镜、铜锤、扭矩扳手、水平仪、涂层测厚仪
	屏体	框架平整及破损程度、端部有无外露,五金件有无破损,密封胶(条)有无老化、开裂、缩短、脱落情况,涂层剥落、龟裂、风化情况,杆件锈蚀面积	目测、钢卷尺、水平仪、涂层测厚仪
	卡件	贴合是否完好,有无变形、失效、脱落、位移,锈蚀面积	目测、塞尺、钢卷尺、铜锤
	防坠落装置	是否固定、有无松动,绳索锈蚀、脆化、失效情况	目测、弯曲、游标卡尺、千分尺
	罩板及雨水导流板	是否固定、有无松动,破损、缺失程度,涂层剥落、龟裂、风化情况,杆件锈蚀面积	目测、涂层测厚仪、铜锤
	防雷装置	接闪器焊接是否可靠、有无脱落,锈蚀情况	目测、放大镜、铜锤

根据《公路技术状况评定标准》(JTG 5210—2018)和《公路养护工程管理办法》(交公路发〔2018〕33号)相关规定,按修复养护的定义及内涵进行分类,将声环境保护为维修设计、更换设计和提升设计。

维修设计:对于环境保护工程与绿化景观工程出现部分功能缺失,通过维修设计,恢复其原有功能,具体维修设计措施见表12-2。

声环境保护设施维修设计措施表　　　　表12-2

序　号	病害与缺陷		养护措施
1	路域声环境治理设施	声学构件裂缝长度大于等于50mm	密封
2		立柱和底板倾斜度偏差大于4mm	纠偏
3		屏体局部发生扭曲变形	矫正
4		涂层表面风化、干裂、锈蚀的面积达到30%	除锈
5		螺栓松动、螺丝脱落	紧固
6		罩板松动、缺损	紧固和补缺
7		防雷装置接闪器焊接节点脱落	修补

更换设计:原有环境保护工程与绿化景观工程出现功能缺失,并不具备修复条件的,通过更换或替代设计,实现功能恢复,具体更换设计措施见表12-3。

声环境保护设施更换设计措施表　　　　表12-3

序　号	病害与缺陷		养护措施
1	路域声环境治理设施	屏体大面积松动,出现摇摆	更换屏体
2		透明材质屏体易破损、维护成本高	屏体或立柱破损无法修复、或修复经济性差的,更换屏体或立柱
3		裂缝过大,以致影响结构功能	更换构件
4		防坠落绳锈蚀、脆化、失效	更换防坠落绳

提升设计:对于原有工程应设而未设的情况,或者国家、行业关于环境保护工程与绿化景观工程有新要求的情况,进行提升设计,实现功能提升,具体提升设计措施见表12-4。

声环境保护设施提升设计措施　　　　表12-4

序号	病害与缺陷		养护措施
1	路域声环境治理设施	—	原有工程应设而未设的,增设
2		—	周边环境变化较大,社会影响较大,国家或行业强制要求的,增设或更新
3		—	交通组织或路网功能发生重大变化的,增设或更新
4		现有常用屏体对生物存在危害	更新或改造,如透明玻璃屏体添加棕色、黄色或嵌入不透明条纹等设计指标,降低鸟类撞击概率

12.3.3　水环境保护设计

在施工、运营期间,充分保护沿线水资源,倾力打造绿水青山、最美高速路品牌。

施工期水环境保护设施主要涉及对桥梁钻孔桩施工、隧道施工、施工场地及施工营地在工程施工过程中产生的污废水。

涉及的主要敏感水体包括冲河、秋河、洪石河、浪河、南江河等河流以及平利县古仙洞水库水源地保护区。沿线水体均为Ⅱ类水体,因此公路路面径流、公路建设过程中产生的污水以及公路沿线设施污水均不得直接排入上述水域及其上游沟道。施工期水环境影响包括桥梁和隧道施工过程中的施工废水,以及施工营地、施工场地(拌和站、预制场)的生产生活污水,施工期应严格针对上述环节加强环保措施和管理控制。

桥梁施工期对泥浆、生产废水进行处理;隧道施工期对生产废水、隧道涌水等的处理。

(1)桥梁施工水环境保护措施

河道中桥梁施工期对地表水的污染主要来自桥梁基础施工作业产生的钻渣、施工引起的生产废水(钻机污染水、含油污水)。

对泥浆、废水进行沉淀处理,设置沉砂池-沉淀处理池-集水池成套工艺,沉砂池、沉淀池、集水池外壁用钢筋混凝土砌筑。用管道或车辆将钻孔过程产生的废弃物和废水抽送到岸边经絮凝沉淀后回用,不外排。沉砂池和沉淀池底泥和固体废渣清掏外运至城镇垃圾填埋场处理,具体的桥梁钻孔桩施工泥浆污水处理工艺流程见图12-2。

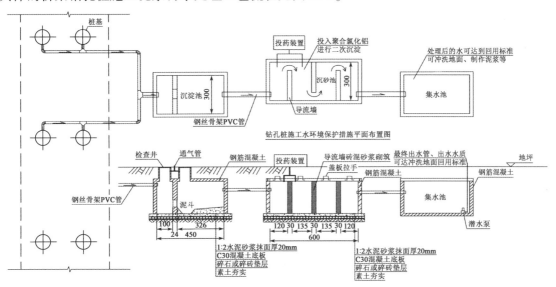

图12-2　桥梁钻孔桩施工泥浆污水处理工艺流程图(尺寸单位:cm)

(2)隧道施工水环境保护措施

隧道离敏感水体较近时,隧道出水若直接排入河流对水质影响较大。隧道施工期生产废水主要来自开挖、钻孔和盾构施工产生的泥浆水,隧道爆破后用于降尘的水,喷射水泥砂浆从中渗出的水,拌和过程和预制场中排出的废水,以及涌水混合泥浆水和基岩裂隙水等。一般来说这些废水多偏碱性,SS(悬浮物)和石油类浓度较高。

施工期隧道洞口采用三级沉淀(沉淀-隔油-蓄水)工艺处理施工废水。在隧道进出口设置三级沉淀池,处理隧道施工排水。处理后出水回用,不得排放。沉淀池大小按隧道出水量进行现场设计,出水口应设置隔栅阻隔异物,上盖防护栏以防发生意外,具体的污废水处理流程见图12-3。

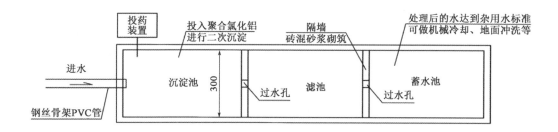

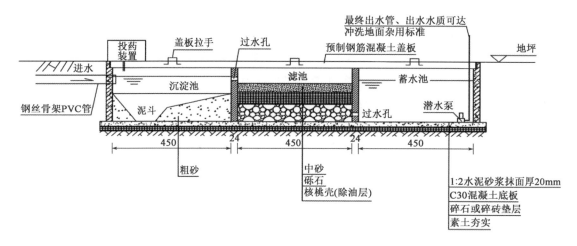

图 12-3　隧道施工污废水处理工艺流程图(尺寸单位:cm)

(3)施工营地水环境保护措施

公路施工期生活污水主要来源于各施工营地,主要是施工人员就餐和洗涤产生的生活废水及粪便污水。桥梁等大型构筑物较多,施工人员产生的生活污水按80L/(人·d)计。

施工营地设置化粪池集中收集处理生活污水,污水定期清运至当地污水厂,或联系当地农民作为肥料使用。施工结束后化粪池覆土掩埋。

(4)施工场地(拌和站、预制场、碎石加工场)水环境保护工程措施

预制场、拌和站、碎石加工场设置临时沉淀池,集中处理生产废水、污水,处理后的废水用于洒水降尘或绿化用水,不得直接排放。临时沉淀池池体采用M7.5浆砌片石砌筑,厚度20cm,池内表面采用M10水泥砂浆抹面,厚度2cm。沉淀池规模可根据实际产生污废水量确定。

对施工场地的施工材料(包括沥青、油料、化学品等)和机械、车辆设置篷布苫盖。

(5)营运期水环境保护设计

①在跨越和伴行Ⅱ类水体的桥梁、路基外侧时应选择适宜位置设置地埋式一体化雨水径流处理设备,用以处理路面初期雨水,经设备处理后,出水要求需达到中水回用标准,水质需满足《城市污水再生利用　城市杂用水水质标准》(DB14/T 1103—2015)。路面径流处理设施同时兼作事故应急收集池,具体雨水径流净化处理池剖面见图12-4。

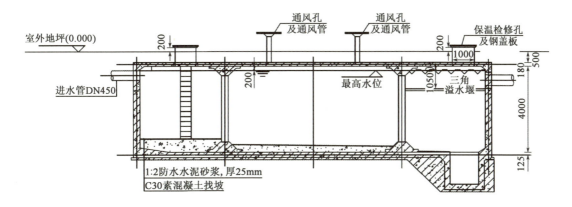

图 12-4 雨水径流净化处理池剖面图(尺寸单位:mm)

②全线桥梁设置 SS 级防撞护栏。

③水源保护区路段的桥梁两侧设置防抛网(规格为 1.5m×2.5m),共计 3389 延米。

④饮用水源保护区警示标志牌、警示牌等。依据《饮用水水源保护区划分技术规范》(HJ 338—2018)、《饮用水水源保护区标志技术要求》(HJ/T 433—2008),在路线进入和驶出饮用水源保护区的位置设置饮用水水源保护区界标、饮用水水源保护区交通警示牌,具体图标如图 12-5 和图 12-6 所示。

图 12-5 饮用水水源保护区图形标志　　图 12-6 饮用水水源保护区道路警示牌示意图

⑤沿线服务区、停车区和收费站设置污水处理设备处理生活污水。

第 13 章 结 语

随着经济的不断发展,我国高速公路以前所未有的速度与规模建设,改扩建工程也陆续成为高速公路建设的一大亮点,尤其是 20 世纪 80~90 年代建成的高速公路,由于区域经济的快速发展,交通流量增长迅速,服务水平下降明显,交通事故有所增加,现有双向 4 车道已不能适应交通量继续增长的需要,不得不进行拓宽改造。

高速公路改扩建工程是新时期高速公路建设的发展趋势,是新一轮经济增长的必然需求。高速公路改扩建工程较新建工程复杂,受制约的因素更多,除受沿线地形地貌、国土规划、生态红线、既有路网、构造物等因素制约外,既有道路是各专业在确定改扩建方案时最大的约束条件。相对于新建高速公路,改扩建工程勘察设计具有全面化设计、精细化设计、动态设计和"四新技术"设计等特点。

(1)全面化设计

高速公路改扩建工程的勘察设计应更全面、系统。首先,要充分了解既有道路建设、运营、养护情况及现状病害,梳理出需妥善处理的问题;其次,在制订各专业改扩建方案时,不仅要处理好新旧路间的关系,还要处理好改扩建期间各专业间的协调问题,避免相互冲突;最后,在研究确定各专业设计方案时,还应兼顾施工工艺及工期、施工交通组织等要求。

(2)精细化设计

既有老路既确定改扩建方案的重要参考依据,也是主要的制约条件。设计应结合历年养护资料、路检及桥检报告,开展各专业设计。如路线纵断面应结合既有路面改造方案逐段拟合,新、老路面横坡拟合,根据老路路基填料性质及实际边坡坡率设计路基、路床、路面拼接构造,结合施工交通组织设计桥梁拼接缝构造等。

(3)动态设计

既有道路在运营期间因维修养护,各路段现状复杂多变;改扩建勘察设计与最终实施存在一到两年的时间差,老路一直处于运营状态,病害会继续发生甚至加剧。因此,动态跟踪设计须贯穿建设全过程,如老路路面病害处治、老桥加固维修等,一般结合施工交通组织,在处理前重新调查,调整病害处治方案和规模。

(4)"四新技术"设计

高速公路改扩建工程勘察设计一方面需面临更多的控制因素、更高的要求,另一方面需深入贯彻落实"品质工程、绿色公路"建设理念,因此,在勘察设计阶段,应注重顶层设计,坚持创新驱动,做好前期技术攻关策划,并在各阶段设计中与科研工作密切结合,积极探索应用新技术、新材料、新工艺、新设备,解决改扩建工程面临的技术难题。

目前,我国交通基础设施建设领域已由以"新建为主"逐渐转变为"新建、改扩建并存"的局面,很多省(区、市)已进入高速公路改扩建建设的高潮期。本书围绕高速公路改扩建工程勘察设计的重点、难点,坚持问题导向,对勘察设计阶段的一些关键技术进行了探索和总结,形成了一批可复制、可推广的经验和成果,但仍有很多关键问题需要我们进一步探索研究,如应继续寻求更合适的办法来检查评价原有道路与设施,以便合理制订既有道路资源利用方案;应继续强化前沿关键技术研发,实现重载交通下路面的长寿命,实现老路旧料更高附加值的再生利用;应结合最新收费模式,灵活设置和改造服务型互通立交,贯彻落实节地理念等。社会在发展,技术在发展,公路行业的从业人员应积极探索,勇于创新,不断打造新时期高速公路改扩建高质量精品工程。